建築をあたらしくする言葉

編
市川紘司
連勇太朗

TOTO出版

建築と言葉の連携、その新陳代謝をめざして
──まえがきにかえて

市川紘司＋連勇太朗

編者の2人は、いま建築は過渡期にあると感じている。いや、「過渡期」というニュートラルな表現ではなく、より強く、「変革期」や「パラダイムの転換」と呼んでもいいかもしれない。建築は大きく変わりつつあるのだ。

近年における社会やテクノロジーのドラスティックな変化が、建築を成り立たせる前提条件を揺るがしていることは明らかだろう。建築家が「設計」する対象は、建築物や空間にとどまることなく、概念的にも物理的にもかつてなく拡張している。それをめぐる思考も、生態学、都市・自然環境、事業スキーム、社会関係資本、物質連関……等々、これまで建築の外部として扱われてきたことを柔軟に取り入れる態度こそが重要になってきた。少なくとも、「空間」や「作家」といった近代を通して育まれてきた概念では、現代の状況や関心をクリティカルに捉えることは難しくなっている。おそらく、多くの建築の実践者や研究者も、編者らと同じよ

うに、現在が建築や都市にかかわる概念をつぶさに点検し、更新するべきタイミングである、という時代感覚を共有しているのではないかと思う。
このような時代に、いま一度、「言葉」を手がかりに建築や都市、そして私たち自身のあり方を問い直すことができないだろうか。

建築と言葉はいつだって深く強く連関してきた。ある時は建てられた建築物が新しい言葉の発生を促し、ある時には言葉こそが新しい建築を生み出してきた。ひるがえって現在、（これもまた多くの人に共有されている感覚だと思うのだが）建築文化における言葉・批評・理論の存在感と影響力は表面上衰退しつつある。しかし、言葉の役割や有効性そのものが失われてしまったわけではないはずだ。実際、この10～20年のあいだ、建築内外から多くの新しい言葉が紡ぎ出され、それと呼応しながら新しい建築の姿が芽生えてきている。言葉はいまでも、私たちの実践と思考をダイナミックに展開するための「道具《ツール》」なのだ。建築と言葉、そのさまざまな連携のかたちが見えづらくなっていることこそが、現在の問題なのではないか。

本書『建築をあたらしくする言葉』は、以上のような問題意識に基づいて制作された。建築の実践、そしてそれを思考するための言葉は、近年、いちじるしく新陳代謝している。そのように変容する建築と言葉の新しい連携の見取り図を描くこと——それが本書の目的である。

▼2010年代以後の建築の「言葉」

さて、本書は、これからの建築や都市を考えるうえで有効な概念や理論を紹介する本であり、書籍の形式としては、いわゆる「キーワード本」に類するものだ。

少しだけ過去を振り返ると、20世紀建築研究編集委員会編『10+1別冊 20世紀建築研究』（INAX出版、1998）、土居義岳監修『建築キーワード』（住まいの図書館出版局、1999）、飯島洋一『キーワードで読む現代建築ガイド』（平凡社、2003）、山崎泰寛+本橋仁編著『クリティカル・ワード　現代建築――社会を映し出す建築の100年史』（フィルムアート社、2022）などが、現代建築や都市をテーマとするキーワード本の代表例として挙げられる。あるいはより辞典・事典的なものでは、日本建築学会編『建築論事典』（彰国社、2008）などもある。

本書に収録されているのは、編者を含む総勢33名による、39個の「キーワード=言葉」の解説である。書き手は主に1980〜90年代生まれの建築や都市、美術にかかわる実践者や研究者であり、キーワード本であると同時に「若手」世代の短編アンソロジー集のような書物となることもめざした。この点では、1970年代生まれの建築家や研究者の「言葉」を一覧した、藤村龍至／TEAM ROUNDABOUT編著『1995年以後――次世代建築家の語る現代の都市と建築』（エクスナレッジ、2009）が本書の重要なレファレンスだ。

収録されている39の「言葉」は、21世紀――とりわけ2010年代以降によく見聞きするようになったものである。2010年代から現在に至るまで、私たちの価値観を揺るがすさまざまな出来事が世界的に起こっている。気候変動の進展、自然災害や戦争・紛争の発生、AI技術の進歩、

MeToo運動、ブラック・ライヴズ・マター(BLM)、フェイク情報の蔓延やポピュリズムの台頭、そしてウイルスのパンデミック……等々。日本の文脈でいえば、2011年に発生した東日本大震災とそれにともなう原子力発電所事故も、大きなインパクトをもつ出来事だった。時代状況が激しく変化すれば、建築や都市をめぐる「言葉」もおのずと変わる。本書では、そのように現在進行形で移ろう「言葉」について、まさに当事者として向き合っている人たちが自らの知見や経験をもとに論じている。

「言葉」は建築・都市分野に内在的なものに限っていない。人文・社会科学やデザイン、美術などの「言葉」で、この間の建築カルチャーに影響を及ぼしているものも取り上げている。建築史家の土居義岳は前述『建築キーワード』において、建築は確固とした基盤と体系性を保持するだけでなく、「開放系」の領域として他分野との回路を増やすことで歴史的に発展してきたと指摘している。建築には本質的に、そのような領域横断性――ある種の「不純」な性質が備わっている。とりわけ、変化の激しい時代においては、建築それ自体の専門性に閉じこもるのではなく、むしろ積極的に開いて知識をハイブリッドさせていくことのほうが重要だろう。

21世紀以降ないし2010年代以降とは、日本の建築系メディアが体力を失い、海外の建築理論や状況がかつてのようには活発に伝えられなくなった時代でもある。もちろん、インターネットを使えばグローバルな建築情報に簡単にアクセスできる環境にある。しかし、多くの文化領域がそうであるように、建築分野でも言説やコミュニケーションで起こっているのはむしろ「内向化」の傾向だろう。世界に目を向ければ、新しい時代状況に合わせて刺激的な建築の諸実践(設計実務や研究活動)と「言葉」が生まれているにもかかわらず、国内的にはそれがうまく受容されていないのではないか。そのような問題意識から、国内外の知見を積極的に絡み合わせることも本書では意図している。

▼教養ではなく、運動として

本書のもうひとつの重要なコンセプトは、「教養」の本ではなく「運動」の本として制作する、ということだった。

多くの概念や理論を幅広く紹介する「キーワード本」は、基本的には「教養」のための書籍といえよう。もちろん本書でも、現在そして今後の建築・都市を考えるために押さえるべき知識を網羅することは意識された。各ワードの解説では、多種多様な事象や作品、近接概念、そしてその「言葉」をより深く理解するためのレファレンス（参考文献）が提示されている。本書を読むことで、現在における建築の「知のネットワーク」をある程度つかまえることができるはずだ。

しかし同時に、あるいはそれ以上に、本書では編者の2人が重要だと独断した「言葉」を優先してセレクトしてもいる。価値観の転換期である現在、知識のスタティックな網羅性よりも、たとえ偏りがあったとしても、思想や方向性のはっきりとした「運動」的性格を本書に帯びさせることが重要だと考えたからだ。

教養ではなく、運動。そのような本書の全体コンセプトに基づき、各ワードの解説では、通常の「キーワード本」のように古今東西の事例や言説をひもとく「解説」にとどまらず、執筆者それぞれの実践についても積極的に言及されている。牽強付会や我田引水を避けることは前提としつつ、そのほうが、「言葉」を抽象的な知識としてではなく、実践や状況と結びつくダイナミズムのなかで読者と共有できるだろうと考えたためである。単なる解説から一歩踏み込んだ内容とするために、各テキストの文字数は標準で5000〜6000字と少し長めのものとなっている。前述したとおり、本書はキーワード本であると同時に「若手」の態度がよく表現されたエッセイ・アンソロジーとなることが目指されている。

　結果として、一つひとつのテキストの書きっぷりはかなり異なるものとなった。一人称の使い方も「私」「執筆者」「ぼく」などとバラバラである。キーワード本や事典という書籍形式にとってはルール違反な気もするが、「運動」という本書のコンセプトにとっては、こうした多様性こそが大事だと考えた。次の時代をつくっていく力強く柔軟な概念や理論は、執筆者の日々の具体的な実践・暮らし・個性と切り離せるものではない。テキストから滲みでる執筆者の人柄も含めて、その「言葉」の内容と可能性を理解するための重要な手がかりにしていただきたい。

　なお、本書では「運動」を掲げているが、それは単一の決まった方向を全員でめざす、といった類の運動ではない。いままで信じられてきた考え方や方法が反省され、更新を迫られる時代状況のなか、実践や思考を展開するための手がかりをだれもが模索している。各個人が自らの力で創造的に現代をサバイブし、新たな価値観や変化を実現するために、本書は「運動」をコンセプトにして、「道具《ツール》」としての言葉を採集している。

▼本書の「使い方」

目次構成は五十音順となっている。最初からていねいに読み進めていただく必要は一切ない。目次を眺めたり、パラパラとめくりながら、いま生活のなかで、あるいは実践のなかで気になっている言葉のページを開くところから、始めてほしい。各ワードのテキストには関係する別のワードへのリンクもある。それをヒントに、しらみつぶしに読み進めてもらいたい。

繰り返しになるが、本書は「教養」ではなく「運動」のために「言葉」を集めている。そのため、大事なのは、より多くの概念や理論を「知っている」ことではなく、「言葉」に支えられながら他者と対話し、新しいことに挑戦することだ。読者の方々には、複数のキーワードを横断的に読みながら、自らの興味関心にしたがって、各々自由に連関性を創造してもらいたい。「言葉」の解説のなかには、使われている固有名や概念が直接的に重なっている場合もあるし、関係性が潜在している場合もある。

最後に、本書がだれに、どのように読まれることを想定してつくられたのかを記しておこう。

本書が主に想定する読者は、学生を含む「若手」と呼ばれるようなジェネレーションである。編者らと同じか、それ以上に若い人たちが、不確実な現代社会を歴史的・理論的・概念的な視点から見定めるガイドブックとして、あるいは、そうした状況のなかで自らの思考や実践を展開するために用立てる「道具《ツール》」として、本書はつくられた。とくに制作段階から編者たちがイメージしていたのは、設計課題や研究論文にいそしむ学生の空間（製図室や研究室）や建築家のアトリエに本書がバラバラと散在されている様子である。自分の問題関心を広げたり深めたり、あるいは仲間と議論するための素材として、ぜひ書き込んだりドッグイヤーで折り曲げたりしながら、とことん使い倒してもらいたい。

本書は全体としてていねいな記述を心がけたが、現在進行形で移ろう「言葉」を取り上げているがゆえ、ある程度、前提知識が必要な部分もある。それなりに高度な内容も含む。それゆえ、初学者向けの「建築入門書」というよりは、おそらく大学院生くらいが読みこなすに妥当なレベルだろう。しかし学部生にも少し背伸びしてがんばって読んでほしい。早熟で意欲的な建築学生に手にとってもらえるのは、編者らにとってこれ以上ない喜びである。

建築の実践者や研究者でない読者にとっては、本書の39の「言葉」をつうじて、現在の建築の文脈や思考がどのようなものであるのか、また近接分野の概念や理論が建築分野のなかでどのように（変形を多分に含みながら）受容されているのかが垣間見えるだろう。「言葉」はコミュニケーションのためにこそある。本書をつうじてジャンルを横断した協働や対話の道が開けることもまた、編者ふたりが期待するところである。

CONTENTS

三谷繭子　アーバニスト　14　都市を生き、都市らしさを生む者たち

市川紘司　アクターネットワーク理論　20　すべてが連関する世界のなかに建築を位置づけてみる

吉本憲生　移動　28　建築的想像力と移動・都市の再縫合に向けて

雨宮知彦　インフォーマリティ　34　人間の主体性をとりもどすための取り組み

海法圭　エコロジー　42　大きな環境体とふれる、生態学的コンテクスチュアリズム

砂山太一　エレメント　48　建物の向こう側

須崎文代　家族　54　拡張する家族とハビトゥス

川勝真一　キュレーション　60　建築へのアクセシビリティを回復する実践

長谷川香　空間の政治　66　東京の都市空間から考える

谷繁玲央　グラデュアリズム　72　漸進的な建築の実践とその倫理

林憲吾　グローバルサウス　78　南からの近代

金野千恵　ケア　84　制度や専門性を超えた建築へ

小見山陽介　建築情報学　90　情報を媒介に建築はより広く異分野とつながる

連勇太朗　公共空間　96　がんじがらめの世界の余白

連勇太朗　コモンズ　102　なにを資源とみなし、どのように共有するのか？

大村高広　コレクティブ　108　異質な個人の連帯による集団性の枠組み

根来美和　ジェンダー　114　規範を解体する――インターセクショナリティを考慮したデザイン思考

川島範久　持続可能性　120　自然とつながるデライトフルな建築へ

岩元真明　循環　128　サーキュラーデザインをめぐる歴史的考察

市川紘司　ソーシャルエンゲージメント　134　建築はより倫理的に——しかし同時に、より美的に
板坂留五　チューニング　140　ヒトとモノの持続的な関係性をめざす建築のつくり方
青田麻未　日常美学　146　生活者による建築の「フレーミング」と美的評価
川崎和也　人間中心主義批判　152　多元世界について——人間のリデザイン
元木大輔　ハック　158　意味の反転ゲーム
宮崎晃吉　場の運営　164　機会を生む場を実装する
湯浅良介　フィクション　170　揺れている
小松理虔　福島　176　共事者とひらく建築
酒井康史　プラットフォーム　184　集積と分散、民主化と権威化
山道拓人　プログラムミックス　190　サードプレイスの先へ
小柏典華　保存と活用　198　保存と活用への現代的な試み
連勇太朗　メタデザイン　204　環境を創造するシステムのデザイン
市川紘司　（ポスト）メディア　210　ソーシャルメディアの時代に建築はどう変わるか
小田原のどか　モニュメント　216　それは必要か？　どのようにともにあれるか？
市川紘司　らしさ　222　建築の不純さ——「新国立競技場問題」から考える
連勇太朗　RtD（リサーチスルーデザイン）　228　客観的把握から動的世界の獲得、そして社会変革
江本弘　歴史　234　近現代建築史の歴史教科書問題
井本佐保里　レジリエンス　242　複雑性のデザイン
鮫島卓臣　労働　248　建築設計はけっして特別な労働ではない
杉田真理子　惑星都市　256　都市を「惑星」的視座から再考する

【凡　例】

アーバニスト

本書で取り上げた39の言葉が、各テキストに関連する「言葉」として参照された場合は、太字・線引きで記した

建築をあたらしくする言葉

都市を生き、都市らしさを生む者たち

三谷繭子
都市環境デザイナー

▼都市を豊かな場所としていくために

都市に生きる私たちは、なぜ都市に住み、そこに生き続けるのだろうか。あるいは、都市は今後どのようなかたちであり続けるべきだろうか？　2024年現在、コロナ禍による価値観の大転換を経て、都市のみならず地球の持続性の観点からも、そのあり方を問い直されている。また現代日本においては、都市再生というワードが叫ばれており、都市の負債をいま一度価値に変えるチャレンジが各地で行われている。

アーバニストは、都市を楽しみながら、都市そのものをつくる担い手であり、また、その場所を創造的にする存在である。その立場や活動は多様でありながらも、アーバニストに共通するのは、自らの置かれた環境や他者とのかかわり、都市・地域のもつ物語や文脈を読み解き、そして未来へのまなざしを持つことから始まる、という点である。アーバニストとは、はたして何者だろうか。

▼2つのアーバニズム

では、アーバニストが実践する対象としての「アーバニズム」という概念はどういったものなのだろうか、まずはそこから紐解いていこう。現代においてアーバニズムと解釈されるものの特徴として、「こうあるべきである」という規範概念と「いまこうである」という事実概念の両方が含まれる。そのアーバニズムの起源には、以下2つの潮流があると考えられている。

1つ目は、規範概念的なアーバニズムの潮流である。アーバニズムはラテン語の“urbs”（都市）を語源とする語群（urbanisme［仏］、urbanismo［西］、urbanistica［伊］など）が起源であるという。19世紀に生まれた「ユルバニズム」は、欧州において都市計画に関する総合的な原理と学問を意味する概念として広がり、フランスで始まった都市改造、またそれらの空間秩序を体系的に整理した規範概念として展開された。ウィーンの建築家・都市計画家であるカミロ・ジッテ（『広場の造形』大石敏雄訳、SD選書、1983／原著＝1889）やエベネザー・ハワード（田園都市論を提唱）など都市空間への批評や計画技術の立案を経てその概念は確立されていき、ル・コルビュジエらの活動によって世間に浸透していった。そののち、ナチス・ドイツの台頭や、戦争危機のなかでヨーロッパからアメリカに渡ったCIAM（近代建築国際会議）メンバーらによって「アーバンデザイン」という概念のもと展開されていく。当時アメリカではモータリゼーションの進行や中産階級の郊外居住等により、都市部の荒廃が進んでいた。そのため、建築やランドスケープ、都市計画などを架橋するスケールのデザインを担う人材育成が急務となっていたこともあり、アーバンデザインは都市の新たな課題を解決するデザイン分野として確立されていった。ユルバニズムは、アーバンデザインという名のもと、ややデザイン領域に焦点を絞るかたちで受容されていった。

2つ目は、事実概念的なアーバニズムの潮流である。20世紀初頭に、シカゴ社会学を源流とする都市社会学が隆盛したことに端を発し、広がったものだ。もともと、社会学とは社会現象の実態や、社会を生み出す個人、集団、人間関係において、社会の法則性を見出す学問である。当時、アメリカ大都市では都市における社会の解体、コミュニティの喪失などが起きていた。それら都市の事象を扱った新しい学問が都市社会学である。

大都市を対象とした都市社会学者のルイス・ワースは、「生活様式としてのアーバニズム」（1938）という論文を発表し、都市の特性を規模、密度、社会的特性の3点で捉え、都市での生活様式との関係を理論的に考察した。ルイスは、これらの都市の課題が社会病理を引き起こすという法則性を示した。その際に、都市での人々のふるまい、生活の仕方など都市の生活様式そのものを「アーバニズム」と名づけた。この時提唱したアーバニズムの理論は、その後の都市社会学に大きな影響を及ぼした。のちにネガティブな都市の現象としてのアーバニズムだけでなく、都市ならではのコミュニティや、伝統に捉われない行動様式など想像的・革新的な生活様式を説明する研究者（クロード・フィッシャー等）も現れ、徐々に、アーバニズムのポジティブなイメージの転換が図られていった。

▼ニューアーバニズムの台頭とその後の運動

これら2つのアーバニズムが合わさり生まれた現代アーバニズムの代表例が、1990年代初頭にアメリカで始まった脱車依存型車社会をめざす運動である。この「ニューアーバニズム運動」はアーバン・デザインの誕生から20年以上が経過し、社会に対する新たなアーバンデザイン・マニフェストとして発表、採択された「ニューアーバニズム憲章」（1994）にまとめられた一連の取り組みを指す。これらは、都市の生活様式としてのアーバニズムの意味内容に加え、都市問題解決のためのビジョン探究というアーバンデザインの動的要素が組み入れられ、アーバニズムの規範と事実の両義性をもつことになる。ニューアーバニズム運動はアーバニズムの普及に大きな貢献を果たし、その結果、さまざまな建築家が多様な都市像の提唱を行った。

2011年には、アーバンデザイナーのジョナサン・バーネットは、アメリカ都市計画協会の機関誌に掲載した文章において、60例ほどのさまざまなアーバニズムを集め、システム、グリーン、伝統、コミュニティ、社会政治、ヘッドラインという6つに分類した。その一例には、都市を整備するための最良の方法は、都市における建築によるものではなく、街の景観・ランドスケープデザインによるものであるとする「ランドスケープ・アーバニズム」や、小規模で短期間での実践／実験を、長期的な都市の変化へつなげる「タクティカル・アーバニズム」などがある。また近年では、自然環境を積極的に修復・改善しながら、自然のシステムとともに都市をデザインする「リジェネラティブ・アーバニズム」なども生まれている。このようにアーバニズムが多元化する現象は、アメリカだけではなく各国で起きており、「アーバニズム」という言葉に別の形容詞や名詞を付加し、拡張していく状況などもみられる。のちに、このような現代の状態を、建築家のドンセイ・キムは、さまざまなかたちの「アーバニズム」の増加、拡散が生じているとして総括している。

▼都市を創造的にする存在としてのアーバニスト

アーバニズムが規範概念と事実概念、両方の性質を併せ持つ概念とするならば、アーバニストとは、〝暮らし／日常生活の展開〟とともに、〝都市はこうあるべき／こうありたいというビジョン〟の双方を併せ持ち実践する者のことといえるだろう。辞書（『デジタル大辞泉』）でアーバニストを引くと、①都市の専門家、②都市に住み、都会の生活を楽しんでいる人という意味が記されていることからも、アーバニズムの二重性を読み取ることができる。

アーバニストといえば、の問いで真っ先に挙げられることが多い人物は、近代的都市計画を痛烈に批判し、都市に多様性を生み出す条件を論じたジェイン・ジェイコブズだ。また先に挙げたユルバニズム時代のアーバニストといえば、20世紀の近代建築運動に大きな影響を及ぼしたル・コルビュジエ、さらに人間のアクティビティに着目して分析とデザイン活動を行う建築家、アーバンデザイナーであるヤン・ゲールなどだろう。これらの人物は、都市のあるべき姿や形を提唱するだけでなく都市に対する実践、働きかけを行っていたという点がやはり共通点であろう。しかし、アーバニストとは、都市分野で歴史的功績を残した人物を指すのではなく、主体的な実践を行う者のことである。では現代を生きるアーバニストとはどのような存在だろうか。

▼現代におけるアーバニスト像とは

一般に、「まちづくり」とはある共通ビジョン／方向性の実現を集団としてめざすものを指すが、「アーバニスト」は活動する個人を指す。またその活動はアーバニストであるその人の思想や、ある種の原体験に端を発するものが多い。
以下、大まかに属性分類してみることとする。

①物的環境デザインから活動を行う者

都市や建築、ランドスケープなど物的環境づくりを行うバックグラウンドをもつ人々。例としては、さまざまな地域のまちなか広場づくりに伴走する山下裕子、名古屋市の錦2丁目におけるエリアマネジメントに携わる名畑恵、全国各地のまちなか再生や**公共空間**のプレイスメイキング、山口県長門湯本温泉再生などに携わる泉英明、台東区谷中で建築設計事務所を営みながら古民家をリノベーションし事業運営する宮崎晃吉などが挙げられる。

②アート／デザインから活動を行う者

アートやデザインの世界でも、地方あるいは地域を舞台／テーマとして取り組む人たちが増えている。例えば、防災リスクの高い墨田区向島でアートやデザインの力を用いて芸術祭「すみだ向島ＥＸＰＯ」を主催する後藤大輝、小豆島・長浜・岡崎などで「ローカルフォト」という地域の人々がその土地の暮らしや文化を写真に撮ってＳＮＳ等で発信し、観光や移住につなげる活動を広げる写真家のＭＯＴＯＫＯなどが挙げられる。

③地域コミュニティ・事業活動を行う者

前述の①②は外から地域に対しての働きかけや考え方の

提唱を行っているが、その地域に根差して活動を行いながら直接的に都市・地域の変化の主体となっているアーバニストもいる。例えば、尾道市の山手地区で「尾道空き家再生プロジェクト」を行う豊田雅子、熱海のリノベーションまちづくりに取り組む市木浩一郎、真鶴町で行政職員／住民として地域内外をつなぐ活動を推進する卜部直也、「銀座ミツバチプロジェクト」を立ち上げ各地に広める田中淳夫などが挙げられる。

④企業として活動を行う者

都市は、人の暮らしの集積の場であり、同時に課題を生み出す器である。現代的な都市課題として最も大きなものは、環境問題であろう。都市を持続可能にする活動として、環境・経済・社会の３つの観点を併せ持った活動を企業内で行う人々もアーバニストと呼べるだろう。ここでは個人名は挙げないが、このような企業型アーバニストの存在はこれからの時代、より重要になってくると考える。

これらの例からひとつ言えるのは、アーバニストは、固有の職業・職能に括られないということだ。また、多様な分野（建築や都市計画のような分野だけでなく、アートや編集、不動産、環境など）の経歴をもっていたり、各人の軸となる領域から派生する活動が多く見受けられる。

▼「まちを愛し行動したくなる人」を増やすアーバニスト活動

アーバニストの活動はここに挙げた属性、立場に限るものではない。複数の立場を兼ねるアーバニスト像も考えられるだろう。

都市プランナーでもあり、地域事業者としても活動する筆者自身の活動も参照してみたい。筆者は大学を卒業したのち、都市計画コンサルティング会社を経て、2017年に都市環境デザイン事務所Groove Designsを起業した。国内さまざまな地域で、外部からコンサルタントの立場として地域の人が主体となり動きだすためのまちづくり支援にかかわっている。また、2023年には出身地である広島県福山市へUターンし、家業である建設会社・大和建設の後継ぎとしての立場も加わり活動している。

東京に住み、いわゆるコンサルタントとして第三者的に地域にかかわり続ける選択肢もあったが、なぜこのような2つの顔を持ちながら活動することに至ったのか？　アーバニストとして活動するに至る原体験を振り返る。筆者が都市づくりを意識するようになった原点は、幼少期から「自分のまちが嫌い」だったことにある。幼い頃は、まちという大きな存在は変えられないという無力感があったが、大学時代を経てまちと自分の関係に関心をもち、まちづくりの支援者という道に進んだ。そのなかで、多様な人々が力を合わせ協働して目的に向かう活動や、そのプロセスを通じ、「まちは変えられる」という実感をもてるようになってきた。そこで30歳の時に起業。自らのまちを愛せなかった経験を反面教師に、「まちを愛し行動したくなる人」を増やすことを軸として、事業活動を展開している。具体的には、共通的な課題に対するアプローチとして、地域の現場に入り伴走するプレイスメイキング支援や、まちづくりのDXとして地域エンゲージメントプラットフォーム「my groove」を開発し、地域プロジェクトへの実装をする活動を行っている[1-1]。また、外部からの支援ではなく、自身がプレーヤーとなってまちを変えていく実践として、広島県福山市の福山本通商店街にてコミュニティの拠点「imanoma」を運営し、周辺のエリアリノベーションや、瀬戸内の価値創出のためのデザイン建築活動等に取り組んでいる[1-2]。

1-1：市民参加型まちづくりのDXプラットフォーム「my groove」。個人と地域のエンゲージメントを強める新たな手法として開発・プロジェクト実装している

これらの活動を振り返ると、結果として、自ら感じる問題意識や違和感から、既存の領域を越境し、異分野との融合や接続を行っていくことを繰り返してきたように思う。アーバニスト属性としては、①④の性質を併せ持ち、見る人の角度によっては異なる見方もあるだろう。そしてある種、アーバニストそのものを増やすための実践をしているともいえる。

著名であったり、異端な人物だけがアーバニストではない。誰もがアーバニストになりえる、そんなことも体現できたらと思っている。この本の読者には、ぜひ自分のまわりのアーバニストと思える人を探してみてほしい。また、もしかしたらあなた自身が、すでにアーバニスト活動を実践しているかもしれない。

▼都市に人が集まるポジティブな理由をつくる

なにをもって、アーバニストはその像をかたちづくり、実践に向かうのだろうか。都市と人の積極的なかかわりのなかでの、個人的な動機から芽生える思想、姿勢、アウトプットを総合した生きる態度そのものが、アーバニストをかたちづくっているのではないかと、筆者は感じている。

縮退社会のなかで、都市暮らしは、それを享受するだけでは保たれないし、改善もしない。現代を生きる私たちは、いま一度この現実を認識しておく必要がある。自助、共助、公助という考え方が提唱されることがあるが、人口減少のなかで、公助のみによって都市を保ち、活発にしていくことはまず現実的に不可能だ。かといって、自己責任論や地域協働の強制も現実味はない。一方で、アーバニストは、自分の人生と都市の重なりあいを楽しみながら、都市を豊かにする実践活動をしていく。アーバニスト活動はこの探究心から始まる実験であり、都市の課題に対して悲壮感というよりも冒険心をもち立ち向かう。個として始まった思いや活動が、地域でつながりネットワーク化し、個では成しえない展開をつくり出していく有機的な体験がアーバニスト活動の醍醐味ではないかと思う。

1-2：商店街内の交流拠点でもある imanoma で行っているコンポストコミュニティの活動（広島県福山市）

人間社会がある限り、都市は存在し続ける。ひとの思いが伝播し、大きなうねりとなり、創造的な都市がつくられていく。また同時に、創造的な都市は創造的な人を引き寄せる。課題が多く、かつ不確実性の高い社会のなかで、なお都市に人が集まるポジティブな理由をつくり続けることが、アーバニストの存在意義といえるのではないか。

「アーバニスト」をより深く知るために

- 根岸情治『都市に生きる――石川栄耀縦横記』（作品社、1956）
- 笹原克『浅田孝――つくらない建築家、日本初の都市プランナー』（オーム社、2014）
- 饗庭伸＋山崎亮＋小泉瑛一編著『まちづくりの仕事ガイドブック――まちの未来をつくる63の働き方』（学芸出版社、2016）
- 中島直人＋一般社団法人アーバニスト『アーバニスト――魅力ある都市の創生者たち』（ちくま新書、2021）
- The 100 Most Influential Urbanists, Past and Present, 2023.

「アクターネットワーク理論」

すべてが連関する世界のなかに建築を位置づけてみる

市川紘司
建築史家

▼建築は「クリエイション」ではない

「アクターネットワーク理論」(Actor Network Theory、以下ANT)は、科学技術研究者であるミシェル・カロンとジョン・ロー、そして哲学者、人類学者、社会学者であるブルーノ・ラトゥールらが提唱する社会科学の理論だ。その起源は1980年代におけるサイエンス・スタディーズ(科学論)にあるが、20世紀末あたりから、ほかのさまざまな研究・実践領域にも応用的に展開されてきた。建築分野でもANTを研究手法とする研究者や実践的に援用する建築家が現れている。

ANTのポイントは、なによりもまず、人間と人間以外のあらゆる事物——動物、植物、人工物、さらには抽象的な概念などを「アクター(アクタン)」と見なし、それらを等価に扱おうとする点にある。人間と人間以外、あるいは「社会・文化」対「自然」といった私たちが所与の前提として受け入れがちな「二元論」を批判し、世界をアクターとそれが一時的に織りなすネットワークとして、広くフラットに把握すること。ANTが提示する世界観とはそのようなものだ。この意味でANTは脱人間中心主義的な理論といえる。オブジェクト指向存在論(Object-Oriented Ontology)などの哲学の潮流にも影響を与えている。

さて、ANT的な研究アプローチをとる建築論としては、例えばラトゥールに師事したフランスの人類学者ソフィー・ウダールによる『小さなリズム——人類学者による「隈研吾」論』(港千尋との共著)[2-1]が挙げられる。現代日本の隈研吾建築都市設計事務所を対象とした、一種の「建築事務所研究」だ。

同書でウダールは、民族学や文化人類学の研究者がエスノグラフィを書くように、隈事務所の「日常」をつぶさに観察し、追跡し、記述する。隈、事務所のスタッフたち、図面やその他書類資料、大小さまざまな大量の模型、現場調査や施主とのミーティング等々、そうした種種雑多な人やモノや出来事すべてが、ウダールによる観察・追跡・記述の対象となる「アクター」である。それらアクターがいかに相互に連関することで、「建築設計」という彼らの職能的作業が進んでいるのか。ウダールが試みているのは、その一連のプロセスの実態にできるかぎり迫ることである。ちなみに、こうした研究アプローチは、「科学が生まれる現場」としての「研究室」のエスノグラフィ的研究であるラトゥールらによる『ラボラトリー・ライフ――科学的事実の構築』（立石裕二＋森下翔訳、ナカニシヤ出版、２０２１／原著＝１９７９）からの直接的な影響がうかがえる。

『小さなリズム』は「建築が生まれる現場」である建築設計事務所の日常を詳らかにする。そうして明らかになるのは、建築のデザインはひとりの特権的なクリエイター――例えば隈事務所でいえば「隈研吾」というスター建築家ひとりによる「創造」の行為ではない、ということだ。事務所内外の人・モノ・出来事などのさまざまなアクターとそれらが連関するネットワークのなかで、建築のデザインは徐々に、時に偶然性を含みながら形成されていく。隈研吾はそうしたネットワークのなかで大きな役割を果たすアクターであることはいうまでもないが、あくまでも「一アクター」である。

ルネサンス以降、建築は絵画や彫刻などとともに「芸術」のジャンルとして位置づけられるようになる。そしておおよそ18世紀から、偉大な建築家はそのほかのアーティストと同様、「独創的」に自分の世界を「創造」する「天才」として神格化されるようになる。実際、「独創性（オリジナリティ）」「創造（クリエイション）」「天才（ジーニアス）」などはもともとはヨーロッパのキリスト教文化において神的な存在にかかわる概念にほかならず、定冠詞つきの「ザ・クリエイター」とは世界の創造主としての「神」を指す（井奥陽子『近代美学入門』ちくま新書、２０２３）。ウダールのＡＮＴ建築論は、建築家をそのような超越的な次元から引きずり下ろすものだといえる。建築はゼロから「クリエイション」されるものではないし、建築家も「（ザ・）クリエイター」ではないのだ。

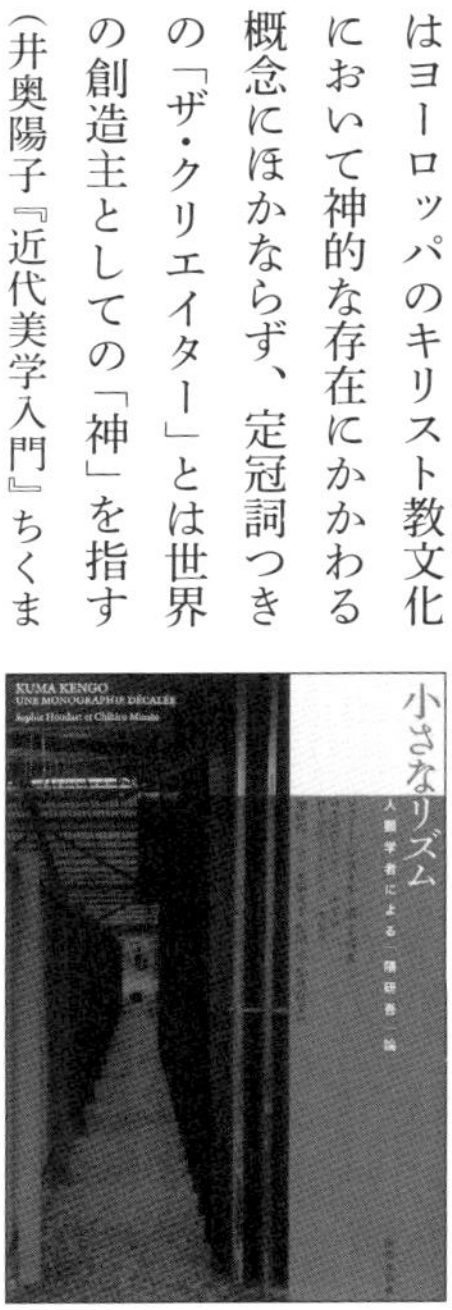

2-1：ソフィー・ウダール＋港千尋『小さなリズム』

このように、特権的な主体を仮想することを拒否して、むしろ多様なアクター同士の関係性（連関性）をこそ重視するＡＮＴは、それゆえ「関係性の社会学」と呼ばれることがある。『小さなリズム』は、まさにそうした「関係性」に重きを置く建築論・建築家論だ。なお、創作の現場における人とモノの「関係性」に着眼するという点では、美学研究者の森田亜紀『芸術の中動態――受容／制作の基層』（萌書房、２０１３）や社会人類学者のティム・インゴルド『メイキング――人類学・考古学・芸術・建築』（金子遊ほか訳、左右社、２０１７）の視点とも重なるところがあるだろう。

▼オブジェクトではなく、プロジェクトとして

ブルガリア出身の建築理論家アルベナ・ヤネヴァも、ウ

ダールと同じくラトゥールに直接薫陶を受け、ANT的アプローチによる建築論研究を実践している研究者だ。ラトゥールとの共著論文「銃を与えたまえ、すべての建物を動かしてみせよう——アクターネットワーク論から眺める建築」は、彼らのANT建築論の基本的な視座が提示されているテキストである。その視座とは、一言でいえば、建築物を完結・自律する「オブジェクト」ではなく、設計から建設、そして竣工後の利用や改変までの一連の動的なプロセス——「プロジェクト」として見立てる、というものである。

2000年代末から旺盛に展開されているヤネヴァのANT建築論は、大まかに3つの方向性に分けられるだろう。

1つ目の方向性は「事務所研究」。ヤネヴァの主たる研究対象はレム・コールハース率いる国際的な建築事務所OMAであり、その成果は『Made by the Office for Metropolitan Architecture: An Ethnography of Design』(2009)などに見ることができる。スタッフから模型まで、多種多様なアクターの絡み合いやその「うごめき」として建築デザインの現場を記録する点はウダールの『小さなリズム』と通底する。近作の『Crafting History: Archiving and the Quest for Architectural Legacy』(2020)では、同様の手法と態度から、設計事務所ではなくカナダ建築センター(CCA)という建築アーカイブの現場を研究している。また最新著作である『Architecture After Covid』(2023)は、「新型コロナウィルス」という新しいアクターの登場が建築設計の現場にいかなる変化を生じさせたのかが検討された。

2つ目の方向性は「論争研究」だ。あるエリアで大型の公共建築などがつくられる時、しばしば「建築界」から「一般社会」までを巻き込んだ論争が生まれることがある。そうした論争は、「建築/社会」といった安易な二元論を退け、さらには動的な「プロセス=プロジェクト」として建築を論じようとするヤネヴァにとっては格好の研究サンプルなのだ。『Mapping Controversies in Architecture』(2016)では、《シドニーオペラハウス》や北京の《中国中央放送新本部ビル(CCTV)》といった都市の**モニュメント**が引き起こした「論争」を例にとり、建築界内外の人々の言説や行動がどのように絡み合っているのかが分析されている。こうして二元論的に分割される手前の「建築」と「社会」の複雑な関係性を描き出すのだ。コンピュータエンジニアとの協働をつうじて、数多の言説をネットワーク状にマッピングするビジュアライズを含めた研究手法も興味深い。

3つ目の方向性は現実の施設を対象とした「環境分析」である。『Five Ways to Make Architecture Political: An Introduction to the Politics of Design Practice』(2017)[2-2]では、ある大学校舎のアトリウム空間を対象に、動線計画や空間構成のディテールがユーザーの活動やコミュニケーションといかなる相関関係を結んでいるのかが読み解かれる。物的な環境と人間の活動やふるまいの関係を論じている点では、ジェームズ・J・ギブソンによるアフォーダンス理論や「環境管理型権力」を問題とするアーキテクチャ論に近い。

▼「蟻」の眼からようやく見えてくるもの

以上で紹介したラトゥール門下のウダールとヤネヴァによる仕事は、アクターネットワーク理論を用いた建築論研究の代表例といえる。特にヤネヴァの一連の著作は、ANTの手法と視点は一貫させつつも、建築事務所から社会現象である「論争」、そして現実の施設空間まで、対象を幅広くとりながら展開しており、ANT建築論の基本レパートリーを示すものとして注目に値する。現代建築研究の方法論として日本でも今後さまざまに応用可能だろう。また、ヤネヴァは『Latour for Architects』(2022)という、建築界に向けたラトゥールとANTの入門書も最近出版している。

ところで、本稿でもそうしているが、アクターネットワーク理論は「ANT」と略称される。つまり「蟻」なのだが、実際にANTという研究アプローチには「蟻」のような特徴がある。まさしくエサを求めて勤勉に地面を這いまわる「蟻」のように、ANTの研究者はさまざまなアクターとそれが織りなすネットワークを地道に追いかけるのである。「アクターを追跡せよ」はANTの基本テーゼのひとつだ。

逆にいえば、ネットワーク全体を鳥のように俯瞰してはいけないし、(人間的に?)アナロジカルに思考を展開させて別の概念や事象へと抽象化・還元してもいけない。こうした「非還元の原則」もまた、ANTという研究方法論の根幹をなすものである。ヤネヴァは、建築をその「裏側」にあるもの——例えば建築家の生い立ちや影響を受けた思想などと結びつけて解釈する態度を「批評」的アプローチと呼び、細々とした現実のアクターを追跡することに徹底するANTをそれとは対照的な「プラグマティズム」的アプローチと位置づけている。

2-2：Albena Yaneva, *Five Ways to Make Architecture Political.*

ウダールとヤネヴァの著作ではこうしたプラグマティズム的アプローチがじつに忠実に実践されている。彼女たちの文章は徹頭徹尾「ディスクリプション」(記述・描写)というべき性格のものだ。動的な「プロジェクト」としての建築にかかわる種々雑多なアクターの連関を「蟻」になってストイックに追跡=ディスクリプションしている。結果として、その文章は、誤解を恐れずにいえば「きまじめな研究者」による実証主義的な学術論文のような印象のものとなる。それゆえ読んでいると退屈な局面も多少ある。少なくとも、異なる時代や場所の議論をダイナミックにつなぎ合わせる、二次創作にも似る「批評」のドライブ感はほとんどない。

　とはいえ、現代建築論においてＡＮＴを援用することそのものには大きな批評的価値があるはずだ。「創造主としての建築家神話」は、建築界ではさすがにすでに疑われて久しいが、おそらく一般には根強く残存している。それゆえ設計事務所という「ブラックボックス」をていねいに開けていく作業は軽んじられるべきではない。また、**ソーシャルエンゲージメント**という社会課題に応答する建築実践は世界的に増えつつある一方、建築家の思考にはなお「建築／社会」という二元論が残されたままであることも多い。建築を生み出す建築家の諸活動を、ひとつの社会現象として広汎なネットワークのなかに位置づけなおすＡＮＴは、その既成の価値観を揺るがす有効な道具となるだろう。

　私見では、多種多様なアクターを可能な限り多くつかまえ、それらをフラットにディスクリプションすることをめざすＡＮＴの研究方法論としての利点は、通常の議論では取りこぼされがちなマイナーでマージナルな存在への目配せを促す点にある。それゆえ、例えば設計事務所や建築業界における**ジェンダー**やエスニシティの偏差を批判的に検証しようとする際などには、とくに具体的に有効だろうと思われる。

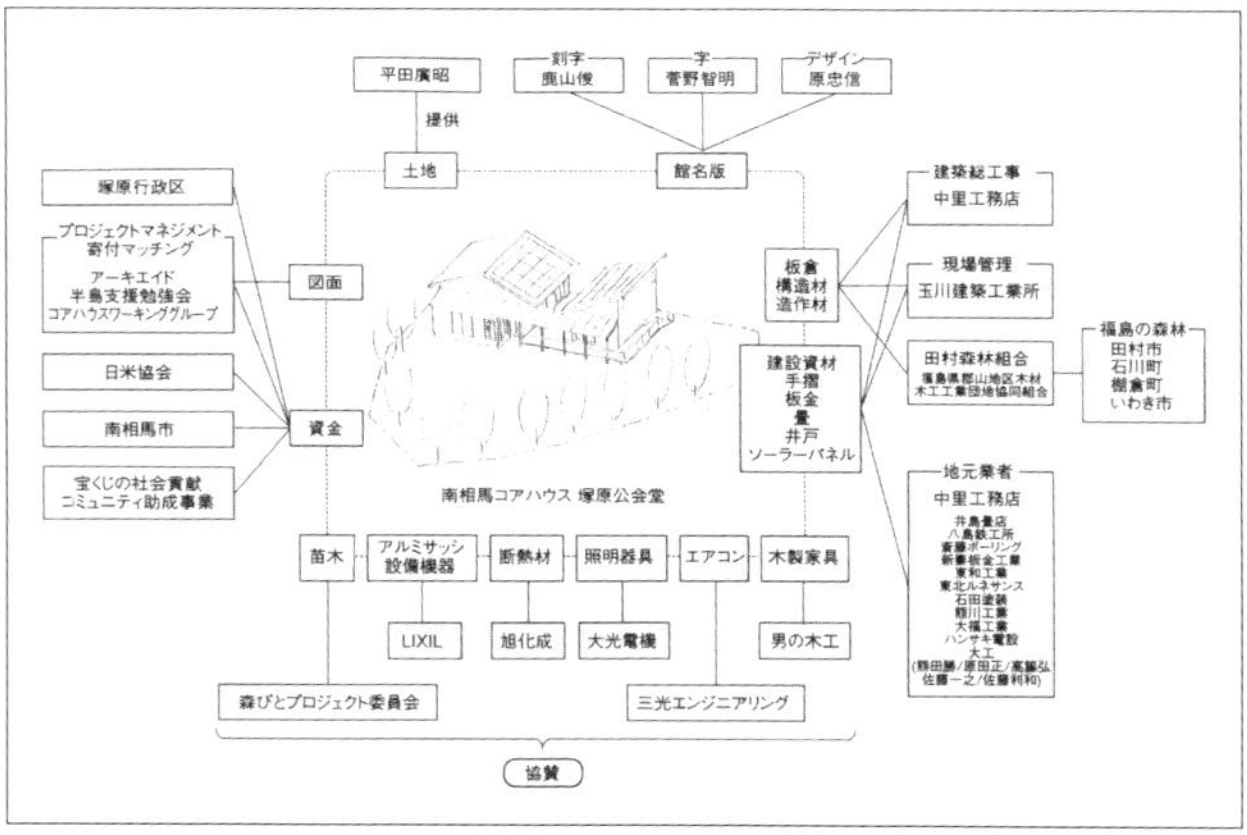

2-3：アトリエ・ワン《南相馬コアハウス 塚原公会堂》の「アクターネットワーク図」 作成＝筑波大学貝島研究室

▼塚本由晴とビヘイビオロロジー

　日本の建築界でＡＮＴを先駆的に参照しはじめたのはアトリエ・ワンの塚本由晴だろう。

　塚本は２０００年代から「ふるまい学」（ビヘイビオロロジー）を提唱していることで知られる建築家だ。「ふるまい学」とは、人、建築物、そして光や風や熱といった自然現象までを「ふるまい」（ビヘイビア）という次元でフラットに捉える学問、というか思想である。突飛な考え方に聞こえるが、建築の設計とはモノのレイアウトを通じて人の動きや自然現象をコーディネーションすることにほかならず、ゆえに建築家の思考においては人・モノ・自然現象はある意味では本質的に等価である。塚本の「ふるまい学」はそのような建築家的思考がストレートに言語化されたものといってよい。塚本が当初参照していたのは『空間の生産』（１９７４）や『都市への権利』（１９６８）で知られるマルクス主義の哲学者アンリ・ルフェーヴルだった。しかしその視点は、あらゆる事物・事象をアクターと見立てるＡＮＴときわめてよく似ていよう。塚本がＡＮＴに言及しはじめるのは２０１１年の東日本大震災以降のことだが、「ふるまい学」との類似性からすれば、なかば当然の成り行きだった。

　塚本が２０１５年に書いた「非施設型空間とネットワーク――ふるまいを解放する建築」は「ふるまい学」とＡＮＴが交錯した興味深いテキストだ。ここで塚本は、近代世界あるいは戦後日本で大量生産されることを通じて定型化した「施設」を批判し、現在の建築の課題とは、そうした「施設」が排除してしまう自由で生き生きとした人々のふるまいを包摂することだと指摘する。そしてそのために、建築を「ふるまい学」の視点から見なおすこと、また、人やモノや技術が織りなす地域のネットワークの「結節点」として位置づけて実践していくことの必要性が説かれている。

　同論文を収録した『新建築』２０１５年１月号にはアトリエ・ワンの建築プロジェクトも掲載されており、そこでは建築の部位や資材、プロジェクトの多種多様な関係者を図解する「アクターネットワーク図」[2-3]が試験的に描かれている。塚本自身が「方法としての未熟さが残るが」と述べているように、ぎこちない表現ではある。が、画一的な「施設」を生み出すシステマティックな建設産業から抜け出し、リージョナルな人や技術や自然環境の連関のなかに建築を位置づけようとする意図がはっきり読み取れるだろう。このようなネッ

トワークによる建築プロジェクトの成り立ちの図解は、近年では「定番」といってよいほど建築家がよくとる手法だ。

▼ＡＮＴの日本的展開？
――ネットワーク時代の揺れる建築論

　以上から明らかなように、塚本由晴によるＡＮＴの「使い方」はウダールやヤネヴァとはかなり違う。ラトゥール門下の二人はＡＮＴを建築論の研究と叙述の手法として用いており、「非還元の原則」などのいわゆるＡＮＴの基本ルールにもあくまで忠実である。対して、建築家である塚本は、「ふるまい学」という自身の思想とからめながら自身の設計実践へと柔軟に応用している。リージョナルな連関を示す前掲「アクターネットワーク図」で描かれる多種多様な「アクター」も、じつのところ大胆に「還元」されている。また近年では、そもそも「アクターネットワーク理論」という専門概念は使わず、「ネットワーク」や「事物連関」といったより一般的な言葉へと置き換えることも多い。この「事物連関」という言葉は、塚本が議論することも多い建築史家の中谷礼仁が著作で用いた「事物連鎖」からの影響を思わせる（中谷礼仁『セヴェラルネス＋――事物連鎖と都市・建築・人間』鹿島出版会、２０１１）。ここでは詳述できないが、先行する建築や都市の「かたち」を注意深くまなざす中谷の視点は、おそらくＡＮＴと比較可能である。

とはいえ、しばしば指摘されるように、ANTは体系化された理論ではない。それは人間と人間以外を等価に見るための「実験的」な「運動体」のようなものである（栗原亘編著『アクターネットワーク理論入門――「モノ」であふれる世界の記述法』ナカニシヤ出版、２０２２）。それゆえ、ウダールやヤネヴァといった研究者による「正統」なANT建築論だけでなく、塚本による柔軟な応用もまた、私たちはANTの建築領域における展開例と理解しておきたい。

　ANTへの直接的な参照の有無をいったん置けば、ネットワーク状に広がる人やモノや技術の関係性のなかに自身の建築プロジェクトを位置づけようとする態度は、塚本に限らず、近年の建築家にはよく見られるものだ。例えば、東京工業大学で塚本に師事した能作文徳は、改修プロジェクトである《高岡のゲストハウス》（２０１６、能作淳平との共同設計）において、建築物を物的に構成するマテリアルの一つひとつを「アクター」と位置づけ、既存家屋における「ネットワークの組み換え」として改修設計の作業を捉えなおす。神奈川を拠点にするtomito architectureの「出来事の地図」［2-4］は、横浜の小さな集会場建築である《CASACO》（２０１６）がつくられる時間的・空間的広がりをネットワーク状に事細かに描いたドローイングだ。また、静岡県浜松市で多くの改修プロジェクトを連続的に手がけた403architecutre[dajiba]は、「マテリアルの流動」をコンセプトに掲げ、地方都市における人や建材のネットワークのなかに自分たちの仕事が組み込まれていることを強調する。

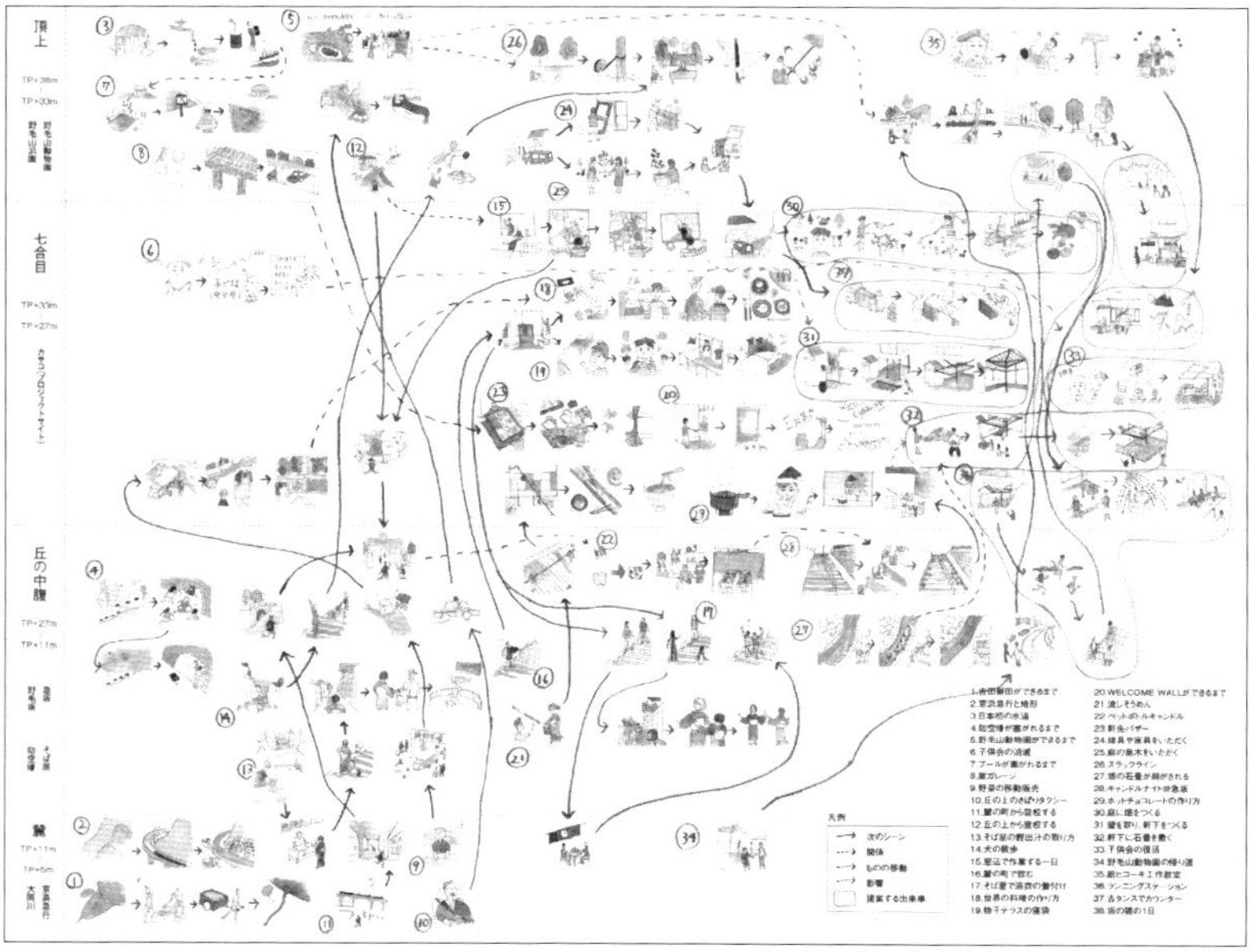

2-4：tomito architecture「出来事の地図」

　このような「ネットワーク志向」の建築実践が目立つようになったのは、建築家の仕事に小規模で断片的な改修プロジェクトが増えていることも一因だろう。前記の３つのプロジェクトもいずれも改修だ。建築家が設計者として実際に介入できるテリトリーが小さく、不確かになっている反面（あるいはだからこそ?）、その視野は逆説的にプロジェクトにかかわる広汎な人やモノを包摂しようと拡張している点が興味深い。

　他方で、文化人類学者であり『ブルーノ・ラトゥールの取説』の著者でもある久保明教は、能作らとの座談会において、ANTは「具体的な事例においてアクターを数え上げ、その関係を分析する便利な方法論」ではない点に注意を促す（「アクター・ネットワークは建築に適用できるか――ノンモダニズムの観点からデザインを考える」『建築雑誌』2020年5月号）。これは塚本の「アクターネットワーク図」に象徴される近年の日本の建築家によるANT理解を念頭に置いた指摘だろう。そして久保は、ANTは本質的にはもっと抽象的で原理的な、「近代的な発想を根底から揺れ動かすやり方」を提示する理論であると述べている。この点はむしろ、ウダールやヤネヴァのANT建築論が示す世界観を思い出したい。なるほどANTというレンズを通して見れば、建築家は一般に認識されるような建築を生み出す唯一単独の「クリエイター」ではとうていない。これをさらに理論的に突き詰めれば、建築デザインのオーサーシップを根本的に揺さぶるところまでいくだろう。この意味で、ANTは建築家という職能にとってはきわめて「危険」な理論でもあるのだ。

　言い換えれば、ANTは現在の建築にとって二重の意味で重要である。それはたしかに、個別具体のプロジェクトに向から建築家の視界をぐっと拡張させる「便利」な概念的道具である。よって、建築の前提条件が揺らぐ現在、ますます参照されてよい。ただし同時に、その道具には建築家という職能（建築デザインの主体性）の根幹を揺るがす可能性が内在している。この意味でANTは、建築家にとっては「危険」きわまりないアイデアとなる。しかしそのようにして建築家という職能をシリアスに再考することもまた、私たちがいま取り組むべき課題にほかならないのだ。


「アクターネットワーク理論」をより深く知るために

● ブルーノ・ラトゥール、アルベナ・ヤネヴァ「銃を与えたまえ、すべての建物を動かしてみせよう――アクターネットワーク論から眺める建築」（吉田真理子訳、「10+1 website」2016年12月号、LIXIL出版／原著=2008）
● ソフィー・ウダール+港千尋『小さなリズム――人類学者による「隈研吾」論』（加藤耕一監訳、桑田光平+松田達+柳井良文訳、鹿島出版会、2016／原著=2009）
● 塚本由晴「非施設型空間とネットワーク――ふるまいを解放する建築」（『新建築』2015年1月号、新建築社）
● Albena Yaneva, *Five Ways to Make Architecture Political: An Introduction to the Politics of Design Practice*, Ava Pub Sa, 2019.
● 久保明教『ブルーノ・ラトゥールの取説』（月曜社、2019）

建築的想像力と移動・都市の再縫合に向けて

吉本憲生
都市・デジタルコンサルタント

「都市計画」において、交通・移動はつねに中核的な計画対象・分野として位置づけられてきた。しかし、建築デザインの議論のなかで、「交通」「移動」の問題が扱われることは少ない。そもそも交通ネットワークの計画を含めた「都市デザイン」とは近代建築の議論・運動の最中に誕生したものといえ、空間的な問題を孕む領域である。そして、いままさに、移動・交通と建築・都市デザインの関係は、重要なテーマになりつつあり、領域を横断した想像力が求められている。

▼近代建築・都市デザインにおける「交通」と「モビリティ」

移動・交通という概念に目を向けた建築・都市デザイン論の嚆矢はＣＩＡＭ（近代建築国際会議）だろう。ＣＩＡＭは1928年に開始された近代建築の国際的な運動・会議体であり、建築家ル・コルビュジエらが主導者となり都市計画の基本的な考えを示し、世界的に影響を与えた。ＣＩＡＭによる1933年のアテネ会議では、「機能的都市」をテーマとしながら都市の主な機能として「住む」「働く」「楽しむ（余暇）」「往来する（交通）」の4つが挙げられ、交通が都市の根本的な機能のひとつとして位置づけられた。その際、新たに登場していた自動車等の「機械的交通機関」に対応した道路空間の必要性が主張され、交通量や乗り物の機能・速度を考慮した道路設計の考え方が提言された。

他方で、ＣＩＡＭによる「機能的都市」のコンセプトを批判したTeam 10（チーム・テン）は、ＣＩＡＭ終盤の参加建築家を中心に組成された団体であり、ＣＩＡＭ解散後、18回の会議（1960〜77）が開催された。Team 10の主張として興味深いのは「モビリティ」（移動）という考え方が示された点である。磯崎新はTeam 10のメンバーであったアリソン&ピーター・スミッソンやサドラッチ・ウッズらの計画について言及しながら、「道路パターンが、都市の諸活動の基本」となっており、機能主義的な「抽象的な循環回路」ではなく「かつての街路のように、散策やいこいや買物や、庭や集会場などの都市生活をささえる諸活動が内在できるように計画されている」と評している（『空間へ』）。また、Team 10の主要なメンバーであったアリソン&ピーター・スミッソンは、都市のなかの「アイデンティティ」(固有の不変的な存在性)を統一する役割を道路システムに見出していた。つまり、社会構造と道路ネットワークの関係について着目している(『チーム10の思想』)。

このように、自動車交通の登場に伴う量・速度へ着目する視点から、歩行者・生活者の諸活動を含めた社会活動と移動ネットワークの関係、つまり流動パターンやネットワークそのものをデザインする視点に着眼点が移行した。

また一方で上記の建築・都市デザインの文脈とは異なる土木工学的なアプローチとしては、アメリカにおいて1920年代に主に道路・自動車交通を扱う「交通工学」(Traffic Engineering)が登場し、計量的なデータに基づき道路・鉄道等の各種交通施設を総合的な計画対象とする「交通計画」(Transportation Planning)が1950~60年代に発達する。主に建築デザインを中心とする物的なイメージ・パターンを対象とした提案・構想に対し、土木工学の分野において計量的な計画手法が発展していく。

なお、磯崎新は、都市デザインを「フィジカルパターン」(物理的実態のパターン)と「アクティビティパターン」(都市活動の分布)の統合の操作であると定義している。フィジカルパターンとアクティビティパターンの双方からのデザインが求められる都市デザインとはまさに、Team 10の動きや交通工学・交通計画の発展と連動している。

▼ウォーカブル、公共交通重視の都市デザインの登場

上述したような自動車交通に着目した都市デザイン・計画手法が登場・発展するなかで、1950~60年代の欧米では自動車の普及(モータリゼーション)が進展し、深刻な環境問題となる(日本では少し遅れて1970年代に問題化される)。

このような社会状況に伴い、都市デザインの文脈においても、新たな展開がみられる。それは自動車が普及する社会状況のなかで、移動手段として「歩行」ないし「公共交通」に焦点を合わせるものだ。例えば、アメリカの建築家サイモン・ブライネスは1974年に『歩行者革命』を著し、自動車普及による混雑やエネルギー・環境問題を背景に、歩行者の環境づくりの重要性を述べ、一般車両の進入を禁止した歩行者空間である「公園化住宅街路(パーク・ストリート)」や「自転車街路網」などの空間的アイデアを提示した。

ブライネスの議論と同時期には、同様の問題意識・視点からの議論が多数提示される。例えば、通称「ブキャナン・レポート」と呼ばれる、イギリスの都市計画家コーリン・ブキャナンらによる『都市の自動車交通』(1963)では、自動車交通に対応したうえで歩行者の安全性を確保するため、道路の段階構成や歩車分離の考え方が提示された。また同時期の議論としては、過度な自動車交通中心の都市計画・都市再開発を批判し、人間性の復権を唱えたジェイン・ジェイコ

ブズの『アメリカ大都市の死と生』（1961）、屋外・公共空間における歩行者の「活動」に注目したヤン・ゲールの『建物のあいだのアクティビティ』（1971）などがある。当該期の議論では、都市における「歩行」の重要性が唱えられ、まさにウォーカブルデザインの嚆矢ともいえる時期であった。

　また、1990年代には、産業中心・急成長により失われた都市と人間の親和性を再生させることを企図したニューアーバニズムという計画概念・運動が生まれ、そのなかで、アメリカの建築家・都市プランナーであるピーター・カルソープにより「TOD」（Transit Oriented Development、公共交通指向型開発）という「公共交通」を軸とした都市デザインのコンセプトが提示される。これは公共交通（鉄道やバス等）の拠点から歩行圏内に歩行を促すための施設立地・街区形態等を計画するための方法論である。さらに同様の問題意識で、都市デザインの観点から公共交通に着目したものとして、イギリスの建築家ブライアン・リチャーズによる『トランスポート・イン・シティーズ』（1990）がある。リチャーズは、公共交通の利用を促し、自家用車利用を抑制するためのさまざまな都市・交通施策（トランジットモール、バス専用レーン、連節バス、乗り換え施設、ロード・プライシング、カープーリング等）を紹介・解説し、公共交通にかかるサービス・制度・空間のデザインに着目した議論を展開した。こうした公共交通そのもののデザインを、建築家が提示している点もきわめて興味深い。

3-1：広場化されたタイムズスクエア
筆者撮影

　2000年代以降、このようなウォーカブルデザイン・公共交通重視の都市デザイン（TOD）の潮流はより現実的なものとなり、さまざまな実践が生まれている。ウォーカブルデザインの代表例としては、ニューヨークのタイムズスクエアをはじめとする歩行者空間の拡大の取り組み「プラザ・プログラム」が挙げられる[3-1]。この取り組みは、プラザ（広場）の運営主体となる地域コミュニティと、ニューヨーク市が整備を進めたい場所のマッチングを行うものである。プラザでは、車道や駐車空間が歩行者空間として再編され、拡張された街路がカフェ・マーケット、ストリートパフォーマンスなど多様な活動場所となる。なお、タイムズスクエアは、公共空間の活動調査・交通量調査や歩行者空間拡大（車道削減）の社会実験（2006、2009）を経た後、広場の恒久化（2016）に至った（恒久的な広場の設計は建築設計事務所スノヘッタが行っている）。

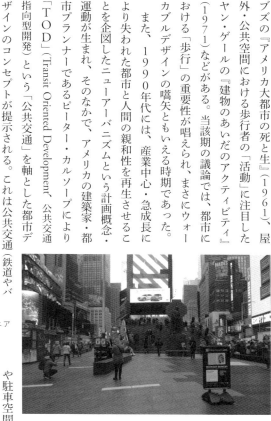

▼建築をあたらしくする移動／移動をあたらしくする建築

　前述したように「移動」ないし「交通」というテーマは、ある時代以降、狭義の建築デザインの主要な問題意識から離れ、

〝都市デザイン・都市計画〟の問題として扱われる傾向にあった。しかし、そのような状況にあっても「デザイン」という行為が関係する時、「建築家」という職能の人材が関係してきたこともまた事実である。本書の「建築をあたらしくする言葉」というコンセプトを考えた時、「移動」（モビリティ）の問題とはまさに革新を志向する建築的な想像力を要請するキーワードとなる。以下では、こうした仮説を後押しし、これからの取り組み・議論のヒントとなりうる関連した議論・実践を整理する。

①流れのデザイン

建築における「流れ」のデザインに関して、18世紀に建築家エティエンヌ＝ルイ・ブレーが公共**モニュメント**の設計の際に大量の人々がいかにアクセスし、動くかというサーキュレーションの問題に意識を向けていたことが建築家ピエール・ヴィットリオ・アウレリにより指摘されている。またル・コルビュジエも「建築的プロムナード」という建築内の散策路を導入していたことはよく知られている。

他方、現代建築の議論として、建築家の小嶋一浩は、社会の思考の枠組みや価値観の変化を〈大きな矢印〉から〈小さな矢印〉への変化として表現しながら、「人々が発見的に空間に出合える」状態をひとつの目標像として掲げている。その際、師である原広司の「◇-traversing」（ダイヤモンドトラヴァーシング）「□-traversing」（スクエアトラヴァーシング）という移動にかかわる概念を引用し、後者が「目的に向かって一直線に歩く」ものであるのに対し、前者は「さ迷い歩き」のような移動であると述べ、前者を生起・許容する空間をめざす空間の姿として示した。なお、交通工学の分野でも、上記と類似した概念として、「本源需要」と「派生需要」という概念がある。前者は、移動そのものが目的となる移動（散策やサイクリングなど）、後者は何らかの目的（通勤、通学、買い物等）に派生して発生する移動を指す。従来、交通行動については、派生需要に着目して評価・計画がなされてきた傾向にあるが、時代の変化とともに、派生需要が減少することに伴い、本源需要の重要性が相対的に増す可能性があることも指摘されている。このような状況において、「◇-traversing」を生起させる空間のあり方はより求められるはずである。

②モビリティデザイン・交通まちづくり

建築デザインと移動・交通の関係をより近づけていくために、交通計画分野のアプローチについても触れたい。交通計画を専門とする中村文彦は、「モビリティデザイン」について「都市デザイン活動の一環」とし、「都市デザインの活動と移動のシステムのデザインが、より密に連携することが望ましく、またその際には、さまざまな交通手段や移動のシーンが包括的にデザインされているべきである」（『都市交通のモビリティ・デザイン』）と述べる。このような都市デザインと移動システム（モビリティサービス）を重ね合わせていく視点は、建築デザインと移動の関係を考えていくうえでも重要である。

また同じく交通計画を専門とする羽藤英二は、これからの「交通まちづくり」のあり方に関して、従来都市交通を支配してきた「速い交通」だけではなく、舟運や歩きなどの「遅い交通」に着目している。また、「「遅い交通」が支配的であった時代のまちの骨格を正しく理解し、今日の流動パターンに対する理論と観測に接続させたうえで、その可能性を発展的に描き、連帯の中で実現していくこと」（羽藤英二＋原田昇編『交通まちづくり』鹿島出版会、2015）の必要性を述べる。このように移動に関するデータ分析やシミュレーション、コミュニティとの連携を踏まえたうえで、デザインにつなげていくことも必要になるだろう。

③　移動にかかわる社会的・文化的課題

移動にかかわる社会的課題のひとつとしては、外出率の低下が挙げられる。国が実施する全国都市交通特性調査の結果をみると、人々の外出率は2010年に約86％だったものが、2015年には約81％、2021年には約74％となっており、2010年以降低下が続いている。なお、これは海外でも同様の傾向にある。他方で、脳科学分野の研究において、移動を多様化させることが人々の幸福度につながることが指摘されている。これらを踏まえれば、外出率の低下は大きな社会問題であるともいえる。

また、移動と社会関係・文化の関連性の観点から問題点を提示するものとして、社会学者ジョン・アーリらが展開するモビリティ・スタディーズという研究領域がある。アーリは自身らによる社会科学の展開を「移動論的転回」と位置づけ、その方法論的特徴を「時間をかけてさまざまな空間を横断して重層的に営まれ組織化されている経済・社会生活が、さまざまなかたちの旅行、交通、通信に対する分析へとつなげられていく」（ジョン・アーリ『モビリティーズ』）ことにあると述べる。なお、社会学者の吉原直樹は、アーリによる「移動論的転回」を、1980、90年代の社会科学において起こった「空間を社会的活動にとってのアリーナであると同時に社会的に生産されたもの」（同書「日本語版解説」）とみなす「空間論的転回」をさらに進め、グローバルなフローに着目したものとして整理している。このような評価の背景には、アーリらによる議論が時間・空間の認識の変容を前提にしていることが挙げられる。アーリは、社会生活のネットワークが従来のように「場所や家」ではなく、「人」そのものを起点にしており、「個々人とその固有のネットワーク」が重要になっていること、家・仕事・社交の合間にある非規定的な「中間空間」が稠密になってきていることを指摘する。そのうえで、このような「個別化したネットワーク」を維持・拡張するためには、移動や通信により人とのつながりをつくる「ネットワーク資本」（運動能力、移動手段や情報へのアクセス、通信手段の利用等）が求められていくことを述べる。

④ 移動・交通デザインの近年のキーワード

移動・交通デザインにかかわる近年のキーワードとしては、MaaS（Mobility as a Service、マース）やモビリティハブがある。MaaSとは、鉄道・バス、ライドシェア（UBERなどの相乗りサービス）、カーシェアリング・自転車シェアリングなど、さまざまな移動サービスにかかわる検索・予約・決済等の機能を統合しパッケージ化するものである。これにより、自家用車以外の選択肢を人々に与え、持続可能な社会構築につながることが期待されている。また、モビリティハブとは、近年普及し始めているシェアリング型の移動サービスをはじめとした多様な移動手段の利用拠点を集約する試みである。モビリティハブには、移動サービスの乗換機能以外にも、「プレイスメイキング」等の場所づくりの機能も期待される。

3-2：筆者が関与したモビリティハブの事例〈渋谷SMILE〉 撮影＝日建設計

ここでは、交通計画的なアプローチに加えて、建築・都市空間デザインの構想力が大きく求められる。［3-2］

前述のように、人々の外出率が低下し、移動の活性化が求められ、新しい移動サービスの形態（MaaS等）が登場するなかで、それに応じた都市の姿や空間のあり方を具体化する必要がある。このような議論を進めるうえでは、建築学が蓄積してきた空間的な構想力・想像力に加え、都市計画・交通計画・社会科学等が蓄積してきたステークホルダー間のマネジメント、エンジニアリング、社会関係に関する視座など多様なスキルを結集させる必要があるだろう。CIAMやTeam 10の時代において、大きく展開した移動・交通と建築・都市デザインの融合は、半世紀以上の時間を経て、再び重要なテーマになりつつあり、そこでは、領域横断の視点がきわめて重要になっている。

「移動」をより深く知るために

- アリソン・スミッソン編『チーム10の思想』（寺田秀夫訳、彰国社、1970／原著＝1968）
- S・ブライネス、W・J・ディーン『歩行者革命』（岡並木訳、鹿島出版会、1977／原著＝1974）
- ブライアン・リチャーズ『トランスポート・イン・シティーズ』（岡並木監修、木村知可子訳、論創社、1992／原著＝1990）
- ジョン・アーリ『モビリティーズ――移動の社会学』（吉原直樹＋伊藤嘉高訳、作品社、2015／原著＝2007）
- 小嶋一浩『小さな矢印の群れ――「ミース・モデル」を超えて』（TOTO出版、2013）
- 中村文彦『都市交通のモビリティ・デザイン』（サン・ネット、2017）

人間の主体性をとりもどすための取り組み

雨宮知彦
建築家

「インフォーマリティ」や「インフォーマル」は、アフリカやアジア、ラテンアメリカなどで、特にスラムのような高密度居住地区でプロジェクトにかかわる場合、必ず向き合うことになる重要な概念だ。地理学、経済学、政治学、文化人類学、都市研究など広範の学問領域にまたがって国際機関や特に欧米の研究機関で探求が進んでおり、これからの世界を考えるための主要な概念として認識・注目されている。建築や都市の分野でも、2010年代以降、欧米の大学を中心にインフォーマリティを取り扱う実践が増加しており、例えばチューリッヒ工科大学では、リサーチや設計スタジオ、書籍の出版など、インフォーマリティについての研究・実践を精力的に継続している。日本でも、Y-GSAの「次世代居住都市」研究ユニットによる『Creative Neighborhoods——住環境が新しい社会をつくる』(2017)が、住民の自発的な住環境形成に向けた問いのひとつとしてインフォーマリティを取り上げ、検討している。また、日本建築学会の「都市インフォーマリティから導く実践計画理論［若手奨励］特別研究委員会報告書」(2022)では、世界のさまざまなインフォーマル地区をフィールドに研究を進める若手研究者・実践者らによる研究成果が紹介されている。

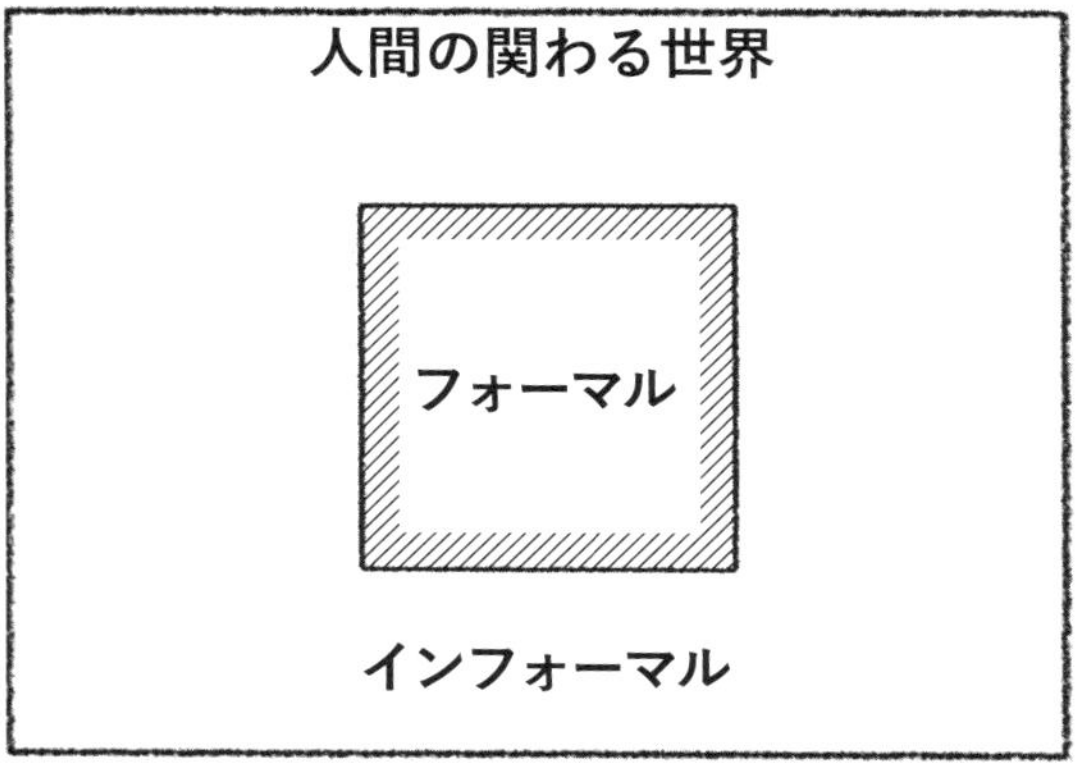

4-1：フォーマル／インフォーマル　筆者作成

▼「インフォーマル」の定義

日常的には「ラフな」「カジュアルな」といった意味で使われる「インフォーマル」であるが、『オックスフォード英語辞典』など一般的な辞書を開くと、インフォーマルとは「形式を欠くこと」「認可・規定された形式に従わないこと」「確立された手続きやルールを遵守しないこと」とある。否定の接頭語イン(in)がフォーマル(formal)についていることからもおわかりの通り、インフォーマル(非公式、非正規)はフォーマル（公式、正規）「でない」こと、を意味している。つまり、インフォーマルはそれだけで認識されるのではなく、誰かがまずフォーマルの領域を囲うことによって、その外側として認識されはじめる領域といえそうだ［4-1］。

▼フォーマル／インフォーマルの相似性と複層性

ここで、なぜフォーマルがまず領域化されるのかというと、ある主体が社会を管理・統治しやすくするという目的がある。だから、管理主体と社会および管理ルール（形式）という関係が相似的であれば、フォーマルを規定する管理主体は国家や行政、町内会、団体、**家族**、など多元的に現れうるし、定めるルールもさまざまである。

こうした検討を延長していくと、フォーマルが「第三者（管理者）による論理」であるのに対して、そこに含まれないインフォーマルは「当事者（内部者）間の論理」といえ、［4-2］のように関連用語も含め整理できそうだ。

例えば、あなたが水の入ったペットボトルを持っているとして、それを私がいきなり飲んだとしよう。この場合、あなたと私の「当事者間の」合意があれば、すなわちインフォーマルにはOKとなる。一方、場所が飲食禁止の場である、違法な飲料であるなど、「第三者の決めた」ルールによって、すなわちフォーマルにはNGとなることもあるだろう。逆もまたしかりで、外部的なルール上はOKでも当事者の関係上NGのこともある。このように、ある物事の正当性にはさまざまなフォーマル／インフォーマルの力学が複層的に影響しており、そういう視点で日常を見渡してみると、第三者に決められている、すなわちフォーマルな領域の広さに気づかされるのではないだろうか。

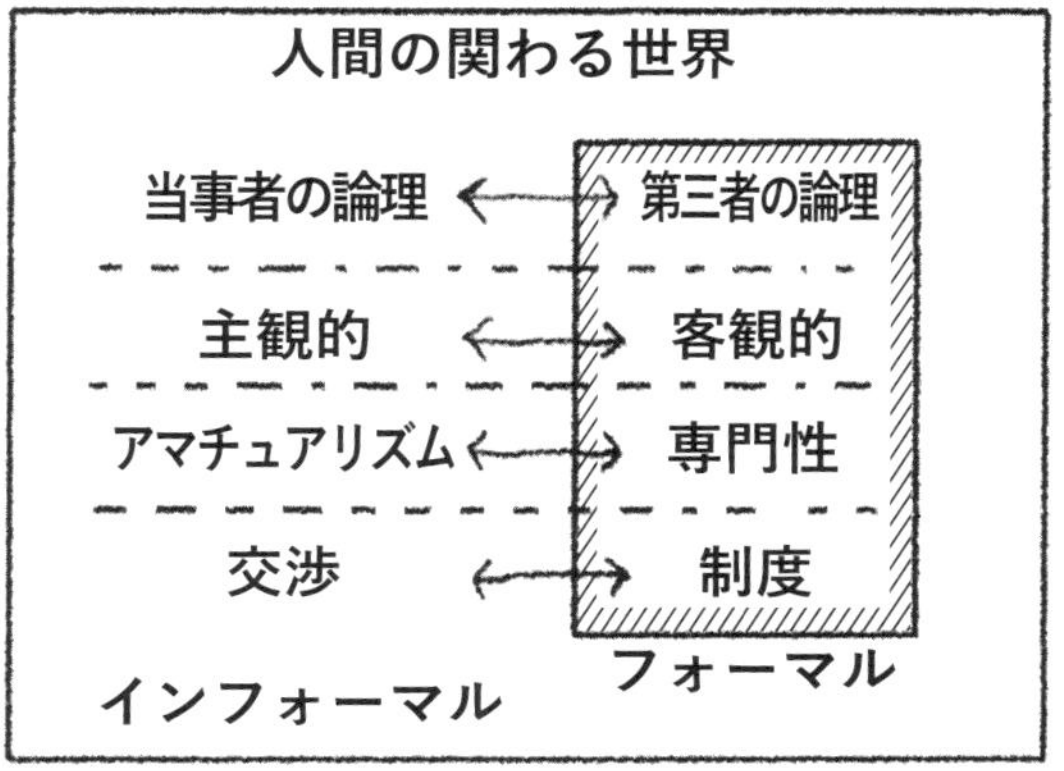

4-2：論理としてのフォーマル／インフォーマル　筆者作成

そして、近年、第三者に決めて「もらう」こと、フォーマルに頼ることで弱体化してしまっている人間の主体性を取り戻すべく、当事者の論理で人が物事を決断していく態度であるインフォーマルの価値が再注目されている、というのが本稿の基本的な見解である。

では、インフォーマルの枠組みは都市や建築を考える場合に、実際どう使われ、あるいは役立つのだろう？　フォーマル／インフォーマルに関する論考を数多く発表している都市研究者・理論家のコリン・マクファーレンやアナーニャ・ロイによる議論を参考に、都市に現れるフォーマル／インフォーマルの枠組みを、それが生成されるプロセスに着目してトップダウン型／ボトムアップ型に分類しながら、整理してみよう。

▼トップダウン型
――外的に規定されるフォーマル／インフォーマル

前者のトップダウン型は、「ある主体によって外的に規定されるフォーマル／インフォーマル」である。これは、ガバナンスを目的とした装置（規制や制度）としての機能に着目するものだ。管理すべき、望ましい状態を「フォーマル」として限定することで管理コストを抑えることが主眼にあり、ロイが「インフォーマリティは「計画」の前には存在しない」と指摘するように、インフォーマルは領域化されたフォーマルの「外」として定義される。

この視点で歴史的に最初に扱われたのは、労働における「インフォーマル部門」に関する議論だ。途上国の近代化の過程において、近代的な産業構造や経済活動に参入できない人々の現象を捉えるために生まれたもので、1971年に社会人類学者のキース・ハートが初めて用いて以降、「インフォーマル経済」「インフォーマル労働」などと合わせ、インフォーマルにかかわるものでは最も多くの研究や議論が蓄積されてきた。露天商や日雇い労働者、バイクタクシーなどさまざまな姿で都市に現れるインフォーマル部門は、ILO（国際労働機関）の目標がそうであるように、法や社会保障の保護下にあるフォーマル部門へと移行すること（フォーマライズ）が基本的にはめざされている。ところが、仕事の中身に目を向ければ、経済合理性に一元化されない多様な働き方の受け皿としてインフォーマル部門が機能しているという視点もあるし、それらインフォーマル部門が都市のストリートにもたらす空間的な魅力も見逃せない。特に途上国では経済活動の半分から4分の3がインフォーマル部門に従事しているともいわれ、それらすべてをフォーマライズすることは非現実的な状況である。

また、空間的分類をもたらす枠組みとして、「インフォーマル地区」を扱う議論が挙げられる。「インフォーマル地区」は「スラム」と領域的に重なることが多いので同義的に使われることも多いが、「スラム」の定義が物理的な環境の劣悪さを含むのに対し、「インフォーマル地区」はフォーマルな土地所有権やインフラが「ない」場所であることに主眼のある呼び方だ。衛生環境や治安など安全な居住のため、「インフォーマル部門」の場合同様、基本的にはフォーマライズすることが目指されており、これまで、インフォーマル地区をクリアランスし新たな土地への再定住を進める方策や、居住地はそのままでフォーマルな土地所有権の付与を促す方策などがとられてきた。しかし、いずれも一定の成果はあったものの、やはり量的な規模に対応しきれないことや、長期的に見るとコミュニティや生業の持続性を損ねる点など、安定的な居住の保障には必ずしも成功していない。

　このようにすべてをフォーマライズすることの限界が見えているなか、どうやって実質的に安定した生活を確保していくか。フォーマルとインフォーマルの相補的な関係を理解していれば、両者を分断し互いに無関係で閉じたビジョンを掲げるのでは不十分なことは明らかだろう。これからの都市空間を構想していくためには、二者択一のオルタナティブとして、互いの価値や役割を再読し、フォーマルとインフォーマルの生産的な共存・共犯関係をデザインすることが不可欠であり、そういう視点での検討や実践が拡がっていく必要がある。

▼ボトムアップ型
——ダイナミクスとしてのフォーマル／インフォーマル

　次に後者のボトムアップ型は、「当事者間の交渉や実践によって変動するダイナミクスとしてのフォーマル／インフォーマル」である。これは、フォーマルとインフォーマルの線引きを、第三者に決められるものではなく、そこに生きる当事者間の切実な交渉や実践によって動的に動くものとみる視点である。ロイによれば、フォーマルが価値の固定化の働きであるのに対して、インフォーマルは価値の絶え間ない交渉可能性の働きであり、インフォーマリティとはこのような動的な関係性や変化し続ける状態そのものである。

4-3：カンポンでの建設　筆者撮影

　例えば筆者はインドネシア・ジャカルタの高密度居住地区カンポンでの建設［4-3］に携わったことがあるのだが、そこでの建設プロセスは私たちの常識とはかなり異なる。建築物についての法的な基準が明文化されておらず、法的な構造計算や防耐火の仕様も要請されない。当然確認申請もなく、せいぜい町内会に図面を見せに行ってOKをもらえばよい。そして、ほとんどのこと（コンクリート柱の寸法、路地への2階床の張り出し寸法、隣の家との壁の接し方……）が町内会での打ち合わせや近隣との粘り強い交渉で決まってくる。

　もちろん、ルールがまったくないわけではなく、こういった個別ケースが積み重なった結果として地域で共有されている慣習的な規範もある。これは、当事者たちの内側からインフォーマルがフォーマライズされたものと見ることができる。

厳密には、当事者間で決めたインフォーマルな事象であっても、次の瞬間には誰かが参照可能なフォーマルな事象＝制度となりうる。繰り返し参照、模倣されて価値が固定化されていくこともあれば、すぐに捨てられる事象もあるだろう。居住福祉・社会開発研究者の穂坂光彦は、このように地域のコレクティブなプロセスを経て内側からフォーマルを確立していくことを「セルフ・フォーマライゼーション」と呼び評価している。

原広司は『集落の教え100』で、こういったインフォーマルとフォーマルの内発的な運動が、濃密な共同幻想や意図された制度として、集落の姿に転写されることを指摘している。ここで、原が「無意識に制度や慣習を踏襲するのではなく、あらゆる場合にそれらを検討せよ」というように、この固定化した価値に見える慣習もじつは**フィクション**で、明日には形が変わるかもしれない動的な価値であることを忘れてはならないだろう。ボトムアップで地道に醸成されたフォーマル／インフォーマルも、いつの間にかトップダウンのフォーマル／インフォーマルへと形骸化する可能性を、つねにはらんでいるのだ。

4-4：《メガシティの小さな躯体》筆者撮影

▼インフォーマルな領域を保持する実践

建築家や都市計画家といった専門家は、基本的にフォーマル側、第三者側の立ち位置であることからは逃れられない。その場合、トップダウン型のフォーマル／インフォーマルの関係性そのものをデザイン対象とし、インフォーマルな実践を支えるためのフォーマルを構想する戦略に可能性を見出せる。

ひとつには、インフォーマルな実践を可能にする最低限のフォーマルのみ用意する方法がある。ELEMENTALによる《キンタ・モンロイの集合住宅》（2004）や筆者らによる《メガシティの小さな躯体》（2014）［4-4］は、住民によるその後のインフォーマルな増改築を可能にするために、完成していない建築を引き渡すものだ。コアハウジングの歴史が示すように、住宅供給のシステムと相性が良いが、個別の建築設計でも、長坂常／スキーマ建築計画による《武蔵野美術大学16号館》（2021）のように、ユーザーによる改変を見越した「余白」のある建築の実践が見られる。フォーマル／インフォーマルが互いに従属的にならないように、いかに「未完」なフォーマルを計画できるかが鍵となる。

また、クリストファー・アレグザンダーの「パタン・ランゲージ」的に、計画や設計のソースをユーザーが共有しやすいものとして、フォーマルな計画からインフォーマルな利用までを連続的につなげようとするやり方がある。例えば乾久美子は日常生活のなかにある平凡な空間の在りようを採集し、それらをアッセンブルして《House M》（2015）を設計した。そこでは、設計者が重ねていったのと同じように、居住者が生活を送りながら自由に手を加えていきやすくすることが目指されている。

インフォーマルな実践を支える「システム」を提案する方法も有効である。モクチン企画による「モクチンレシピ」は、木造賃貸アパートを改修するための部分的なアイデアをカタログ化したもので、ユーザー側が取捨選択して組み合わせることができる。VUILDが提案する「EMARF」（家具づくり）や「NESTING」（家づくり）は、ユーザーが自らの手で家具や家をつくることを支援するデジタル**プラットフォーム**であり、「つくる」ことに誰もが気軽に参加できる「建築の民主化」が標榜されている。

自力建設が当たり前のスラムから東京の住宅街まで、実践の地域によってそこにいる「人」の能力が異なるから、場所に応じたフォーマルの設定の仕方は入念に検討される必要があるだろう。もちろん、設定した枠組みによってインフォーマルな部分がコントロールされる側面はあるものの、空間があまねくフォーマル化されていく動きに抗い、インフォーマルな領域を保持しようとする取り組みの拡がりは今後ますます期待される。

▼インフォーマルな領域を耕す実践

一方、計画者がインフォーマル側に当事者として同一化し、ボトムアップ的にフォーマル／インフォーマルの枠組みや境界そのものに揺さぶりをかけ、インフォーマルな領域を耕していく道筋も興味深い。

dot architectsは、いわゆる建築家として建築を計画・設計することにとどまらず、その役割を拡張・越境し、「設計すること」「つくること」「使うこと」すべてに関与するような活動を展開している。住宅《No.00》（2011）を皮切りに施工や運営にも加わってさまざまな関係者の創意を取り込みながらつくる実践を重ねており、材料の転用や原初的な構法、即興性などが重なり、専門性とアマチュアリズムが渾然一体となった建築を実現している。また、都市史・建築計画学者の川井操は、滋賀県彦根市の足軽屋敷を購入し、自力で解体・改修した《旧彦根藩善利組足軽屋敷》（2019〜）のプロセスから百姓的建築の可能性を主張する。資本主義社会の流通に乗らない地場の有機建材を用い、建築確認申請が不要な範囲でのインフォーマルな建設ならではの建築づくりを通して、既存の社会や制度を再生産する存在としての建築家像に疑問を投げかけている。

都市計画学者の岡部明子は、インフォーマリティがもたらす地域の連関に着目する。館山の朽ちかけた茅葺古民家《ゴンジロウ》の管理を引き受け（2009〜）、学生を含めた実践の場として使用しているのだが、大がかりな増改築を計画的に行うのではなく、茅の葺き替えや水回りの部分改修など、建物の切実な「手当て」を地域住民の助けを得ながら当事者として少しずつ実施することによって、建築がコミュニティのハブとして定着していくプロセスが観察されている。

このような当事者側からのインフォーマル実践はほかにも数多くあるし、おそらく世界中で無数の取り組みがあるだろう。一昔前であればそれら個別の実践が運動としてスケールすることは難しかったが、SNSなど個人メディアの進歩によってその道筋も想像しやすくなってきている。フォーマルに支配されず、フォーマルが規定するものをつねに相対化して内側から修正していくような切実な実践が同時多発的に連担し、個性的で豊かな場所が増えていくことを期待したい。

▼インフォーマリティの美しさへ

トップダウンにしろ、ボトムアップにしろ、インフォーマリティの価値を再認識し、人間の主体的な創造力や人と空間の切実な関係を保ち続けようとする実践は、硬直化・平準化していく世界を豊かな空間に変えていく力となるだろう。ただし、インフォーマリティを無批判に肯定し、その表層に情緒的に飛びつくあまり、根本的な課題としての衛生問題や安全問題をなおざりにするのでは論外だ。あくまでも改善することへの希望を支える枠組みとして、インフォーマリティの価値を冷静に見極めてほしい。また、資本主義がもたらす消費社会のなかで、スラム風、闇市風、セルフビルド風、といったインフォーマルっぽい姿をまとい消費している建築にも注意が必要だ。文脈がなく、記号的に固定化された価値観の現れだとすれば、既存のフォーマル／インフォーマルの枠組みの再生産に加担しているにすぎないからだ。フォーマルな価値観の外で、インフォーマルな交渉や切実な検討の結果として固有につくられてはじめて、インフォーマリティ特有の価値や美しさをもつ建築や都市の可能性が拓けるのではないだろうか。

「インフォーマリティ」をより深く知るために

- Ivan Illich, *Tools for Conviviality, World Perspectives*, Vol.47, Harper & Row, 1973.
- 原広司『集落の教え100』（彰国社、1998）
- Ananya Roy, "Why India Cannot Plan Its Cities: Informality, Insurgence and the Idiom of Urbanization," in *Planning Theory*, 8(1), 2009, pp.76–87.
- Colin Mcfarlane & Michael Waibel, *Urban Informalities: Reflections on the Formal and Informal*, Sage, 2012.
- 横浜国立大学大学院／建築都市スクール〝Y-GSA〟『Creative Neighborhoods——住環境が新しい社会をつくる』（誠文堂新光社、2017）
- 「都市インフォーマリティから導く実践計画理論［若手奨励］特別研究委員会報告書」（一般社団法人日本建築学会、2022）

大きな環境体とふれる、生態学的コンテクスチュアリズム

海法圭
建築家

▼自然か人間かの二元論を越えて

僕が建築設計の実践でエコロジーを希求する際には以下が重要だ。自然か人間かの二元論から離れて人間を取り巻く環境を正確に認識すること。近代への批判的眼差しは持ちつつ前近代に戻るだけでない新しい原理を探求すること。それにより次世代が心身を健やかに生きられる社会の構築や世界的問題の改善につなげることだ。

英英辞典(Dictionary.com)によると、「ecology」は、

1. 生物学の一分野であり、生物とその環境(ほかの生物を含む)との関係や相互作用を扱う。
2. 生物とその環境の間に存在する一連の関係。
3. あらゆる複雑なシステムとその周囲または環境との間に存在する一連の関係。
4. ヒューマンエコロジー。人間生態学。
5. 環境汚染やその影響から天然資源を守ることを主張すること。

とある。1.はエコロジーが学問であり、5.と相まって思想や運動になりうることを示唆する。2.は生態系を指す「ecosystem」と少々混同しやすい。3.はいまや「生物」と無関係に他分野で多用される言葉であるということだ。4.はエコロジーに対して分野をまたぎ総合的知見を取り扱う学問の重要性を示す。

まずは環境思想の観点から「人間」か「自然」の二元論を揺るがす例に注目したい。

例えばエコロジー発生(19世紀半ばといわれる)のはるか前、紀元前5世紀に生きた釈迦(仏陀)の悟り「縁起」はあらゆるものが相互に依存して存在する関係を示しており、きわめてフラットでエコロジカルな視点といえる。社会理論家のマレイ・ブクチンの「ソーシャル・エコロジー」は二元論により人間を一緒くたにする危険性を指摘する。人間が人間を支配する構図がある限り、人間が自然を支配する構図もなくならないとし、環境問題の根源は人間社会の只中に在ると説いた。

近年では環境哲学を専門とする上柿崇英が二元論に代わり「自然環境」と「社会環境」の2項を示したうえで「社会環境」は集団によって異なる点を注視し、膨張を続ける社会環境のなかで、うつや自殺者のように人間自身が適応不全を引き起こす事態を「人間存在の持続不可能性」と呼んだ。環境哲学、人間学を専門とする尾関周二はよりマクロな視点を展開し、核戦争の脅威や、食をはじめとする衣食住等の生存手段の安全な確保、格差の拡大、人口爆発等の世界的な問題がおしなべてエコロジーと密接にかかわると述べる。つまりエコロジーがもはや人間と自然の二元論を前提とした自然保護や環境保全におさまらない概念であることを認識する必要がある。

▼生態学的コンテクスチュアリズム

では日々の実践を通して建築家がこの認識をどう活用できるか。僕はまずは敷地を含むある領域内の「生態系」への注目から始める。生態系については、特定の地域に生息する生物と非生物的環境要素との相互作用のシステムと解釈しているが、そのシステムを援用して領域内の多様な要素をコンテクストとして読み解き、設計すべき対象を検証する。

研究指導した学生と、敷地を分析するツールとして「環境連関図」[5-1]の作成を試みた。環境連関図は特定の地域に存在する環境要素を気候、地形、生物、人間活動の4象限に円環状に並べ、関係を記述した図だ。人工物も含む生態系が生み出す事象を慎重に理解し、一般的な調査や図面では気づかない要素や関係を発見する。設計作業はこの図に示されるような特定の領域の生態系を織り成す要素をコンテクストとしてフラットに捉えつつ、そのなかで尊重／更新すべき要素や関係性に手を施していく更新作業だ。このような設計上の考え方を「生態学的コンテクスチュアリズム」と名づけた。

1950年代から概念化したコンテクスチュアリズムは、まずはゲシュタルト理論に基づく物理的コンテクストとして応用される形態論として提起され、次に意味作用を含む文化的コンテクストへと概念を拡張させた。生態学的コンテクス

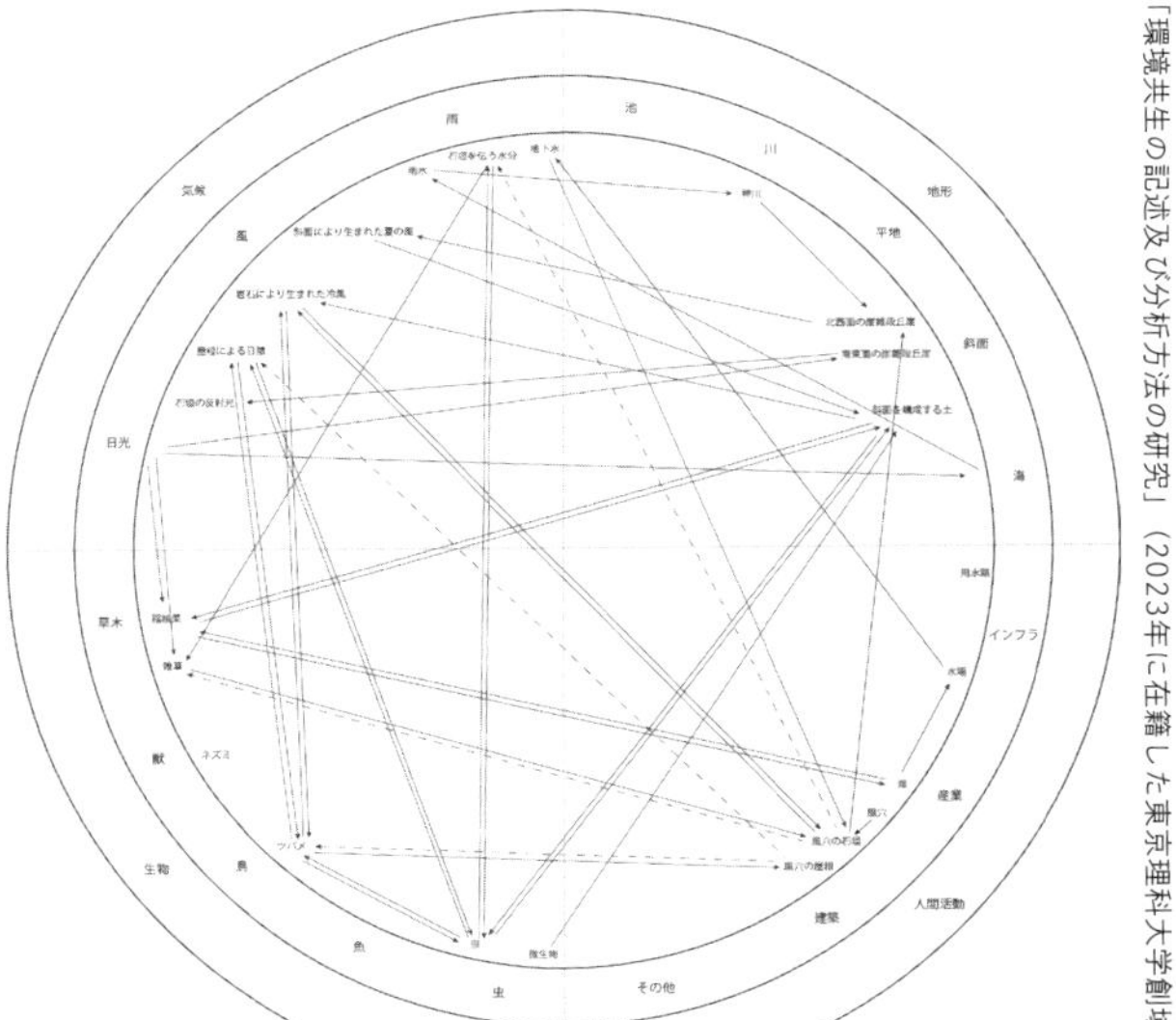

5-1：環境連関図。特定の領域に存在する環境要素同士の関係を記述するためのツール　出典＝大本＋高松＋高安＋渡部「環境共生の記述及び分析方法の研究」（2023年に在籍した東京理科大学創域理工学部建築学科西田司研究室における卒業論文）

チュアリズムは、その引用対象の種類が建築や都市の形態や意味作用に限らず、環境連関図に示される多様な要素群である点が過去のコンテクスチュアリズムと異なる。例えば生業を含む人の生活全般、産業等を含む人間活動、地形などの土木的事象、人間以外の生物や非生物、はるか彼方から運ばれてくる水や種子といった大きなスケールの現象にまで引用先を見出すことを前提とする。ある領域において尊重すべきコンテクストが見つからない状況も十分にありえ、コンテクストを批判的に見る眼差しの必要性や、尊重／更新すべき対象の抽出に力量を問われる点も過去のコンテクスチュアリズムと同様である。

現段階での仮説としては、生態学的コンテクストには包含性（とりまくもの）と接触性（ふれるもの）の2種類の性質があり、両者を適切に相手にする必要がある。包含性はここでは触れないが哲学者のティモシー・モートンが『自然なきエコロジー』のなかで示したアンビエントとしてのエコロジーは感性が近い。接触性については以下で触れてみたい。

▼人智を超えた「大きな環境体」との接点

僕のレクチャーは「東京に雪が降る日」の風景から始める。人口が集積する都市では、デザインは人間関係やお金がからむ責任問題で決まることがほとんどだ。そんななか雪が降る日だけは、打ち合わせに遅刻しても電車が止まっても「今日はしかたない」といえる気配に満ちている。雪という人智を超えた「大きな環境体」とある人の日常生活がふれる時、人が本来持つ強さを思い出せる、そんな日だと理解している。僕は建築を設計する際にも、両者のふれ方をデザインすることを命題としている。

この考えの根源は万物に神を見出す日本人の自然観・宗教観にあり、近代化の過程で畏敬の対象を失った日本社会への批判的眼差しでもある。僕の経験上「大きな環境体」は、生態学的コンテクストの要素のうちで、近代が見失った畏怖の対象に近しい性質を持つものと考えられる。

例えば、人間が項目として認知できるが詳細や内実までを容易に理解・認識できない事象や、背景が複雑である等の理由で人間が制御する対象に容易になりえないもの、ある領域の生態系を強く特徴づける要素同士の関係性そのもの、などである可能性が高い。正直なところ設計初期から大きな環境体が明確に前景化することはほぼなく、設計を進めるなかでその曖昧な輪郭を徐々に認識していくことになる。

大きな環境体に近い概念の例として、モートンの「ハイパー・オブジェクト」がある。気

5-2：《ユキノハコ》（2021）撮影＝水津惣一郎

候やウイルス等の人間の規模を超越する広がりを持つ対象への概念だ。地球上に大量に存在し、1万年後にも物質として存在しうる発泡スチロールを引き合いに、人間の認識を超えたわからなさや複雑性を「不気味さ」と表現する。

大きな環境体とハイパーオブジェクトの共通点は、物体の分子構造や状態変化といったミクロな即物性を認識しつつ、その莫大な物量、範囲といったマクロな不可視性にも同時に目を向ける点である。ひとつの建築をつくるためには万を超す多種多様な事柄を決定する必要があるため、自分にとって日頃から前景化しやすい要素を主要な設計対象にしがちだ。しかしエコロジーの定義によれば、背景にある要素や環境同士の複雑な関係性や相互作用こそが本質であり、その複雑性を認めたうえで環境体を把握する必要がある。僕のいう「大きな環境体」は自律的で認知可能で、それ自体が運動し、時に日常生活とまじわり、ふれる動的な現象のようなものである。

▼あらゆる対象を動的事象とみなす

《上越市雪中貯蔵施設ユキノハコ》(2021)[5-2]は、地域の棚田の米を保冷する天然の冷蔵倉庫である。地球上を巡る水の**循環**の一形態である雪を高断熱の貯雪室に入れ、その隣に米を通年で保冷貯蔵する。建物の詳細説明は割愛するが、雪を中心に、風、農業従事者、訪問者、米、木材、鳥や昆虫などあらゆる対象を動的事象としてフラットに捉え、規模の大小や時間軸の長短が異なるそれぞれの循環の接点を建築のかたちにしようと試みた[5-3]。雪室四周を囲む回廊を設けて断熱壁への直達日射を防ぎ、季節風を取り込んだ。回廊外皮を目透しにして川や鳥の音に訪問者が気づけるようにした。また農業従事者が雪国で農業を営むことを誇りに思えるよう周辺風景を切り取る開口を設けた。久方ぶりに回廊を訪れると、コウモリの痕跡や隙間で越冬するてんとう虫など、人間以外の居場所になっていることを確認できた。

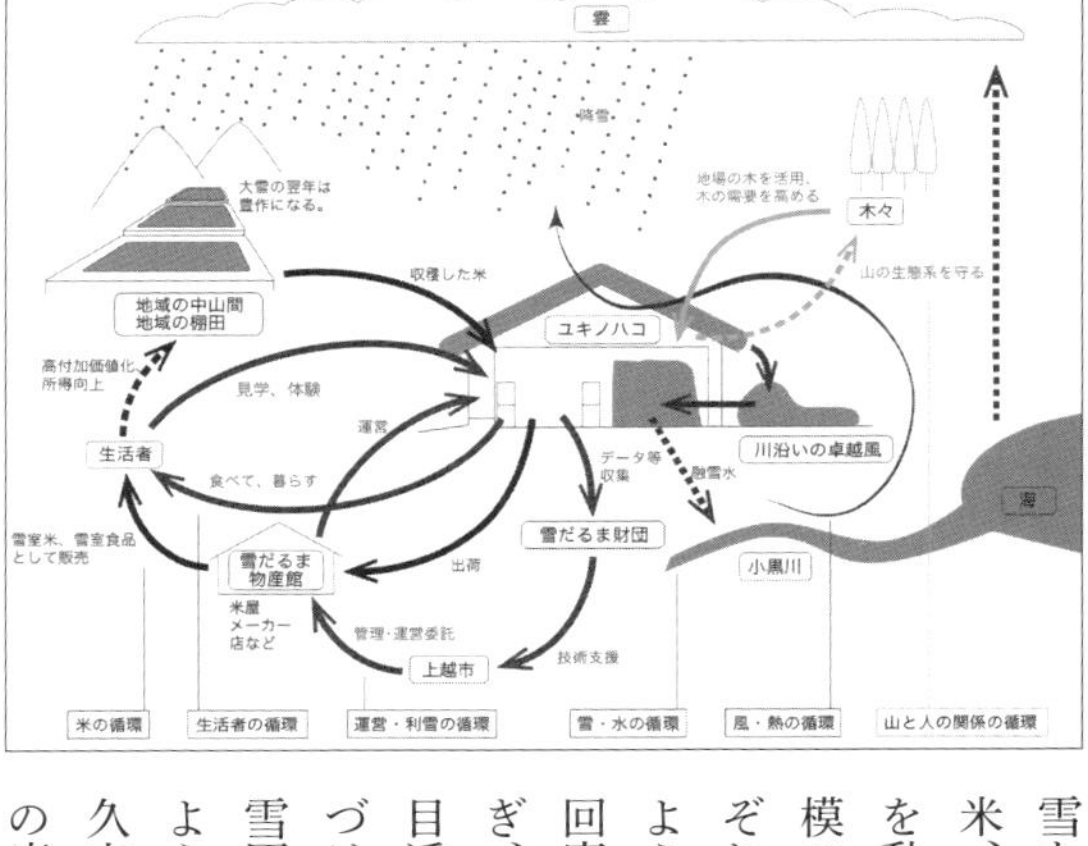

5-3：雪室の循環ダイアグラム。雪、人、米、木、風、熱など、多様な規模や特性を持つ「循環」が重なる　提供＝海法圭建築設計事務所

さまざまな雪室を視察するなか、最も感銘を受けた雪室がある。屋外に大きな雪山をつくり、周囲を断熱のためウッドチップで被覆した雪室だ[5-4]。林業で余った木片を利用し、雪表面の融雪水の吸水及び蒸散の役も果たす。融雪後には水と紫外線で朽ちており農業の土壌づくりに活用できる。オーガニックでサステイナブルな雪室の極致と思えた。第17回ヴェネチア・ビエンナーレ国際建築展(2021)でのプロジェクト《Melting landscape》はこの対極となるケミカ

ルな態度で、断熱性能のないメイン・パビリオンの一室を雪室に転用する試みである。虫や黴が発生しうる木片ではなくアルミ蒸着した気泡緩衝材で雪を覆い、断熱性能より輻射性能に頼ることで省スペース性に配慮した。将来的には空き家を断熱改修せずに雪室に転用する可能性を視野に入れている。

▼複雑さをそのまま受け入れる

新宿から電車で1時間。高尾山口駅前にある建物を改修したホテル《タカオネ》(2021)においても、同様の態度で設計した。《タカオネ》は登山に限らない高尾山との多様な関係を築くための活動拠点である。

《タカオネ》は街が終わり森が始まる境界線に位置する。初めて敷地を訪れた時、元は駐車場だった中庭のアスファルト舗装から、裏山から落ちて堆積した土や種子により植物が繁茂していた。この舗装と植生の動的な拮抗状態を尊重し、既存舗装を残しつつも切り込みやスリットを入れ、新しい種が芽吹き成長する余地を設計した。

植栽は高尾山に現在自生する種を中心とした。環境作家のエマ・マリスが指摘するように、都市環境に適応進化しつつある種の多くは非在来種である。高尾山の登山客は年間200～300万人といわれる。少々象徴的な物言いになるが、庭師ジル・クレマンの『動いている庭』(山内朋樹訳、みすず書房、2015/原著=1991)にならえば、都心と高尾山を行き来する靴裏の種子が壮大に混淆し、東京の都市生態系を進化させる可能性を秘めている。この動的な実験にささやかな振れ幅を与えられるように靴洗い場を設けている。

5-4:ピラミッドのように貯めた雪山の周囲をウッドチップで被覆した屋外型の雪室。ある程度解けた夏の様子　提供=海法圭建築設計事務所

国定公園ゆえ植物の葉をもぎることができないため、逆説的に落ち葉が貴重になる。そこで落ち葉を拾い集め、アプローチ床の土間コン打設時に落ち葉のスタンプを施した。《タカオネ》は150人規模の団体客も受け入れるため、大人数で集会する空間が求められた。そのためにRC壁をいくばくか壊す必要があり、建物全体で耐震補強を行ったうえで、RCガラはアプローチの縁石に利用した。落ち葉とガラに共通するのは、葉が落ちた/解体された状態を拾い上げてそのまま素直に活用する点だ。素材の利活用に消費するエネルギーを最小化する態度が今後より重要になるだろう。

▼自然とデザインを架橋する理論たち

生態系とデザインを結ぶ伝統的な手法として、エコロジカル・ネットワークは1970年代より発展してきた。例えば緑地や土壌に連続性を持たせて生態系への影響を最小化したり、トンボや鳥の飛距離からビオトープや止まり木の配置を計画するなど、人間と動植物をつなぎ生物多様性を保全するための設計手法である。

近年では、この伝統的知見に対する生物学者のメノ・スヒルトハウゼンの指摘は注目に値する。彼によると都市生態学的には緑地の連続性は必ずしも正解ではないという。公園や地下鉄など閉じた領域で独自の進化を遂げる生物の例が確認されており、むしろ都市が進化と多様性の最前線であるという（自然に根拠を持つ設計手法として、造園学者のイアン・L・マクハーグのエコロジカル・プランニングや環境計画学者のランドルフ・T・ヘスターのエコロジカル・デモクラシーも要参照）。

▼先進国にいる僕らのエコロジー

またわれわれが日頃話すエコロジーの議論が、先進国中心の視点になっていないか注意したい。この議論については環境政治学者ピーター・クリストフによる「弱い－強い」エコロジー的近代化という分析概念を引用すると説明しやすい。例えば「弱い」エコロジー的近代化論では、環境問題を経済的領域のみに関連づけて科学技術による問題解決を志向したり、先進国のみが分析対象であったり、伝統的な物質的経済成長という単線的な社会発展モデルを前提としたりするのが特徴だ。対して「強い」エコロジー的近代化論は、各国のさまざまな社会・経済状況に応じた、多様な発展のモデルを追求すべき態度に立つ。

モンゴルで提案した都市計画「遊牧経済圏構想」（2015）においては、「強い」近代化論の立場から、交通計画と土地利用政策を連動したブラジル・クリチバの都市計画を参照しつつ、かつて人口の9割が遊牧民であったモンゴルの風土・文化に根ざす新しい近代化のあり方を提案した。

以上、紙幅の許す限りでエコロジーの議論がじつに多岐にわたることを示した。前述の通り、平和や格差等の世界的問題がある時代において、デザイナーとしての知見・議論・実践がエコロジーのある狭い範囲に限定されず、世界的問題の解決に少しでもつながる状況を目指せられればと願う。

「エコロジー」をより深く知るために

- イアン・L・マクハーグ『デザイン・ウィズ・ネイチャー』（下河辺淳＋川瀬篤美監訳、集文社、1994／原著＝1969）
- ティモシー・モートン『自然なきエコロジー――来たるべき環境哲学に向けて』（篠原雅武訳、以文社、2018／原著＝2007）
- 松野弘『環境思想とは何か――環境主義からエコロジズムへ』（ちくま新書、2009）
- 上柿崇英＋尾関周二編『環境哲学と人間学の架橋――現代社会における人間の解明』（世織書房、2015）
- メノ・スヒルトハウゼン『都市で進化する生物たち――〝ダーウィン〟が街にやってくる』（岸由二＋小宮繁訳、草思社、2020／原著＝2018）

「エレメント」

建物の向こう側

コンピュテーショナル・デザイン
砂山太一

▼この世界を構成するものへの眼差し

エレメントとは全体を構成する各要素のことを指す。例えば古代からの四元素説は土、水、火、風を、世界を構成する基本的なエレメントと数えた。建築においてエレメントといった時、「壁」「屋根」「柱」など建築の部位を意味することが多い。一方で、これらは一般的にはビルディング・コンポーネントといわれることのほうが多く、エレメントが使われる時はなにかしらの概念的な含みを持つ。

2014年に開催された第14回ヴェネチア・ビエンナーレ国際建築展では、建築家レム・コールハースが総合ディレクターとして主導的な役割を果たし、「Fundamentals（本質）」という全体テーマの下、メイン会場であるセントラル・パビリオンではキュレーション展「Elements of Architecture」が開催され、床、壁、天井、窓、ドア、階段、廊下など建築を構成する具体的な部位に焦点を当て、それぞれの「エレメント」がどのように進化し、社会やテクノロジー、環境、世界情勢の変化とどのような影響関係をもってきたのかが考察された。建築における永続性と流動性の両面を、エレメントを介して古いものと現在のもの、地域固有のものと標準化されたもの、機械で生産されたものと自然発生したものなど、異なる時間性・経済性・発生原理で生成されたあらゆる事物を等価に並べ結びつけた。この展示は、イルマ・ボームによって書籍としてまとめられ、建築に対する根源的なまなざしと、現前する事物に対する直接的で理論的な手法は、リサーチベースのプロジェクトとして建築・デザイン・アートを跨ぐあらゆる領域に影響を与えた。

環境をつぶさに観測し記述することで対象の本質や課題を掘り起こす態度は、日本において「考現学」や「デザイン・サーヴェイ」として発展してきた調査手法にも見られる。このような手法は近代の建築運動が

6-1：「第14回ヴェネチア・ビエンナーレ国際建築展日本館展示「In the Real World：現実のはなし〜日本建築の倉から〜」展覧会風景　撮影＝中谷礼仁
写真提供＝国際交流基金

目指してきた「計画」や「構成」によって空間の全体制を制御する態度と対極にあるボトムアップの手法として理解できるだろう。レムが主導したヴェネチア・ビエンナーレ国際建築展における日本館での展示は、太田佳代子ディレクション、建築歴史研究者の中谷礼仁・本橋仁がキュレーションを行い、日本館を「倉」に見立てて、1970年代を中心としつつ日本の近代建築の100年におよぶ多様な資料や物証、文化の断片が、連続した風景として提示された［6-1］。この展示における手法もまた、「考現学」や「デザイン・サーヴェイ」に通じるものであり、環境や事物を注意深く観察し、その断片を収集・整理・提示することによって、対象の本質や隠された課題を浮き彫りにするアプローチであった。

▼現実をそのまま受け入れること

建築家の門脇耕三は2010年代よりエレメントに関して独自の建築意匠論として展開する試みを行っている。門脇のエレメントへの注視は建築構法研究者内田祥哉らが1950年代後半に提唱した「ビルディング・エレメント論」にその出自を持つ。この理論は、建物を床や壁などの機能要素に分解してその特性を理解するもので、伝統的な一般構造の概念を科学的な建築手法へと変貌させた。一方で、門脇のエレメントはより広義で存在論的な意味をもつ。

2012年、『SD2012』で門脇は「構築へ向かうエレメント――構法と建築家の言葉」という特集記事を企画し、建築の部位に建築的思考を色濃く反映させることができる側面があることを指摘しつつ、5つの建築的部位をテーマとする建築家のインタビューを通して、「荒々しいとまで形容できる存在」であるエレメントに内在する「部位の形成とともにそこで醸成されてきた知性」を建築家がどのように拡張することができるのかを深堀りしている。また2015年、門脇は「10＋1 website」(LIXIL出版)2015年2月の特集「空間からエレメントへ――ニュー・マテリアリズムの現在」において、『SD2012』でのエレメントへの注視を発展させ理論化を試みる。19世紀末にヨーロッパで誕生した建築の非物理的な属性である空間という概念に対して、エレメントは「反-空間」のひとつの視座として建築の物理的な部分や物に着目するとしている。そのうえで、大工仕事や土着的・風土的な文化のなかで育まれた近代以前の建築のあり方を参照し、近代主義は世界の複雑さを制御しようとするが、「エレメント」は現実の複雑さをそのまま受け入れ、物自体にまとわりつく特定の社会や文化のなかでの意味・文

6-2：門脇耕三《門脇邸》(2018)
撮影＝森崎健一／マルモスタジオ

脈も含み、建築の限界を現実の豊かさで補う考え方を持つものであるとしている。

2018年に竣工した門脇の自邸《門脇邸》［6-2］では、このエレメントに関する理論を具体的な建築設計で詳察するべく、異なる素材や部材の不連続な配置、それぞれの部分が独立して存在しながらも全体としての建築を形成する試みを行っている。雑誌『新建築住宅特集』（2018年8月号）での説明によると、この住宅の構成は周辺の状況を読み取りつつも、建築全体としては図式や一貫性はなく「視野狭窄的な設計」であり、意識が「散漫」になるように意図してつくられているとしている。つまりは、各エレメントは個別の「事情」に基づいて設計されており、だからこそ、建築は全体性から解放され、街並みのように「ふらふらと気まま」で自由な体験を可能にしているといってもよい。すなわち、このようなアプローチにより建築内の空間は柔軟性を持ち、さまざまなモノや要素が自然な関係性の上で成立する可能性があることに建築的な意義を見出すことができるのだろう。

▼異なる物が集まる自然さ

門脇のいうエレメントは、単純に扉や屋根などの建築的な部位だけでなく、物と物が集まった状態、そして物自体が持つ意味とそれらが集まることで新たに生まれる意味が認識的に揺れ動く側面を含んでいる。この「物の集まり」方について、建築家の塩崎太伸は書著『空間の名づけ――Aと非Aの重なり』においてチャールズ・ジェンクスの著書『アドホッキズム（Adhocism: The Case for Improvisation）』（ネイサン・シルバーとの共著、1972）を参照しつつ説明している。塩崎は「ありあわせ、寄せ集めで、素人仕事で物を制作すること」を指すブリコラージュとアドホッキズムを比較的に論じ、建築家六角鬼丈の《クレバスの家》をアドホッキズム的な作品として評している。塩崎はアドホッキズムにおける「ある要素の代わりに本来関連のないものが代用されたような混合体に着目し、そうした混合されたものや混合する行為」を六角の自邸《クレバスの家》に見出す。六角の一見オーソドックスな住宅計画の全体に「鋭く切り裂かれた亀裂の空間《クレバス》」が挿入されていることをして「異物がただ混入するというよりは、その異物が以前からそこにあったかのように存在している」と評している。

この塩崎の指摘、単純な異化作用ではなく異なる物が集められた時に引き起こる自然な調和ともいうべき感覚は、門脇が『SD2012』（2012）の5年後に建築家の吉村靖孝、青木弘司らと企画した『SD2017』でアドホッキズムに関する特集で取り上げられた建築作品たちにも見て取ることができるのではないだろうか。この特集では、筆者が木内俊克、山川陸、添田いずみ、橋本吉史とともに設計した外構空間《オブジェクトディスコ》（2016）［6-3］も取り上げられている。《オブジェクトディスコ》は中野駅から飲み屋街を抜け5分ほど歩いた住宅地にある私有地の一角にある約25㎡のスペースを、土地の所有者自らが周辺住民の休憩場所として開放している公共空間で、内部には、休憩を促すベンチ、車止めのボラード、グリーンカーテン、敷地内を通り抜ける敷石などの計画時に求められた諸機能を配置している。各要素は周りのコンテクストと関連するようデザインされており、それぞれが一定の機能を持ちながらも、周辺環境と複合的に働き合うことで風景と連続した経験をもたらすように企図されている。設計過程においては、5人の設計者がそれぞれにアイデアを出しあいながら、ある程度「勝手気ままに」デザインしていき、共同の図面上でお互いがお互いの意図をある意味で汲み取りきらず設計を進めていくことで、連想や勘違いを残しながら偶然的にオブジェクトが立ち現れることを意識された。あるひとつのエレメントが人によっては違うものに認識されているが、それはそれとして自然に存在している状態を計画学的に作りだすことの実験であったともいえる。

6-3：木内俊克＋砂山太一＋山田橋《オブジェクトディスコ》(2016)　筆者撮影

▼エレメントとふるまい

ハッシュタグ「There, I fixed it」を検索すると、ダクトテープを使って壊れた車の部分を修理する、スプーンをドアハンドルとして使用するなど、通常の方法での修理ではなく即席の解決方法を示す写真が多く見られる。日常性や何気ないふるまいのなかに、ある種の人間の身体的な知性を見出すこと。このような知性への気づきは、インターネット上に集積され、多くの人の目に触れることで、文化的な次元で新たな美意識や物のあり方への感性、デザイン的観点を生み出していると筆者は考える。また、このような知性への着目は、日本の大学の建築の卒業設計や修了設計を見ても、近年におけるひとつの傾向として指摘できるだろう。殊、エレメントの議論を追ってみると、2021年、門脇がキュレーションし筆者も参加した第17回ヴェネチア・ビエンナーレ国際建築展「ふるまいの連鎖：エレメントの軌跡」[6-4]においては、建築家をはじめ参加したデザイナーやリサーチャー含めて、現前する現実に対して、身体的に反応することの知性が試された場であったと筆者は認識している。

建築家は、筆者のほかに、長坂常、元木大輔、岩瀬涼子、木内俊克。展示は、当時建て替え予定だった《高見澤邸》を対象に、解体された建築部材をヴェネチアに輸送し再構築することを起点に計画された。そこで門脇は、1954年に建てられた店舗付きの木造住宅である《高見澤邸》が、戦後の高度経済成長とともに当初の平屋建てから2階建て3棟の住宅になるまで増改築を繰り返しており、この何気ない建築物自体が戦後の日本の建築産業史の資料体となっていることに着目する。加えて、それら「解体」された物をヴェネチアまで「移動」させ、現代の建築家たちがそれぞれの建築的な視座によってインスタレーションとして「再構築」することで新たな創造の契機となることが目指された。筆者をはじめとした建築家たちは、この「解体」「移動」「再構築」という物理的な「ふるまいの連鎖」のなかで、現代の技術である3Dスキャンなど情報技術を活用したデジタルアーカイブを構築しつつヴェネチアでの建築空間の創出を試みる。着々と展示にむけて現地で再構築する建築の部分の計画を進める一方で、現実の物と直面した時、われわれは住宅の解体から排出される想像を超えるゴミの山に直面することになる。さらに、2020年に予定されていた展示は、COVID-19の影響で1年間延期されたうえに渡航制限などの困難が生じ、まさしく全世界的にわれわれが経験したように、物理的な「ふるまい」がいかに脆弱なものであったかを思い知る。

6-4：第17回ヴェネチア・ビエンナーレ国際建築展日本館展示「ふるまいの連鎖：エレメントの軌跡」木内俊克＋砂山太一によるインスタレーション展示風景（2021）
撮影＝Alberto Strada　写真提供＝国際交流基金

たった一軒の住宅から排出されるゴミなのかエレメントなのかわからない大量の物たち。パンデミック、地震、いつだって突如として訪れる災い。現代の技術により物や情報の流動性が増し、世界はなめらかでシームレスになったように見えるが、われわれのそばにはいつも亀裂（クレバス）が潜んでいる。エレメントの思考は、そのような亀裂を最初から「そこにあったかのように存在している」ものとして扱う身体性と知性を獲得できた時、構法や構成の論理を超え、情報過多による汲み尽くせなさ、物理的な制限を、自由の条件へと変えていくことができるのではないだろうか。

最後に、建築家木内俊克と共同している建築事務所SUNAKIが2022年に手掛けた《新建築社小豆島ハウス》[6-5]を参照したい。このプロジェクトは、ヴェネチアの展示の問題意識を引き継ぐかたちで計画し、小豆島の坂手地区に位置する70年代に建てられた木造住宅を研修施設として改修したもので、建築物をすべて再利用可能な資材の集合体として捉え、解体した資材の利活用を前提とした保管のほか、新規で挿入する部材はできるだけ取り外し可能なことを条件として設計されている。「デザイン・サーヴェイ」にならいつつも現代の技術活用を画策し、周辺地域から建築部材までのスケールを横断した一体的な3Dスキャニングを行い、建築単体だけでなく地区全体を資源の集合体であるという見立てで取り組んでいる。むろん地区全体を射程にすることの決定的な限界もあるが、幸い小豆島の坂手地区は近隣の馬木地区とともにこれまでの瀬戸内芸術祭を介して建築家が2010年代よりかかわることでできた文化的土壌を背景とし、《小豆島ハウス》もひとつの触媒としつつ、さまざまな人が新たな展開を見せている。

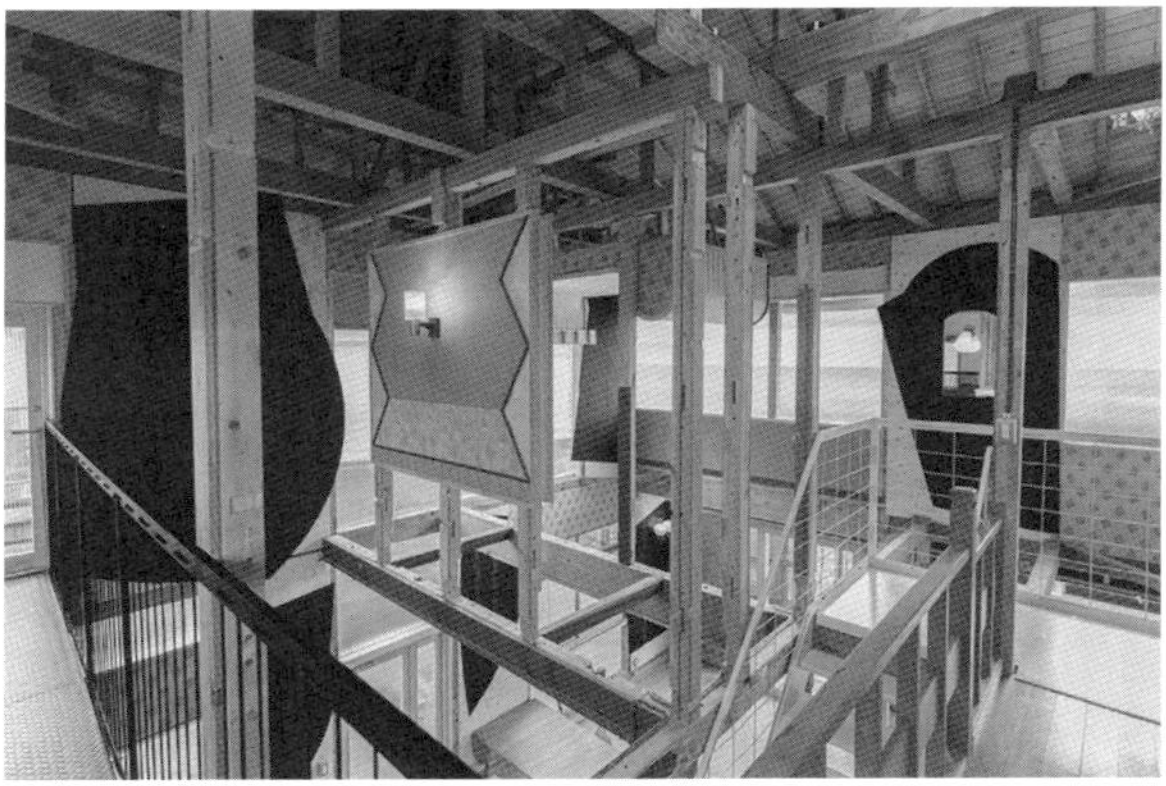

6-5：SUNAKI《新建築社　小豆島ハウス》(2022)
撮影＝山根香

　建築をエレメントの集合として捉えること、その射程は、建物の柱や壁の物理的な側面だけでなく、その物を介して向こう側に見えてくる事物たち、つまり地域や社会環境を取り巻く資源・情報、活動や経済など、多様な要素にまで広がっている。物と物にまつわる情報を建築を構築するための資源として取り扱い、それをデザインや建築プロジェクトにどう反映させるか、情報技術を駆使しつつも物の機微のなかで思考することを続けたい。

「エレメント」をより深く知るために

- 『SD2012』（鹿島出版会、2012）
- 『SD2017』（鹿島出版会、2017）
- Rem Koolhaas, *Elements of Architecture*, Taschen, 2018.
- 内脇耕三監修『ふるまいの連鎖――エレメントの軌跡』（TOTO出版、2020）
- 塩崎太伸『空間の名づけ――Aと非Aの重なり』（NTT出版、2022）

拡張する家族とハビトゥス

須崎文代
建築史家

▼標準化された家族像と住宅をうたがう

現代の家の姿を、ハウスメーカーの広告にみるような3〜4LDKの戸建住宅やマンションだけで考えるのは偏りがあるだろう。住宅供給の主流は核家族用ではあるが、それだけでは虚像が生まれる。2世帯住宅、「おひとりさま」と称される単身者の住居、何人かで共用するシェアハウス、協働的な暮らしを志向したコレクティブハウジング、養老や医療サービスを取り入れた**ケア**付き住宅（老人ホーム）、多拠点居住など（「NOT A HOTEL」など所有と利用の新しい仕組みを実装したものもある）、じつに多様だ。そこで暮らす主体も当然、非血縁者の集合である。ここで、家族の定義を血縁者に限らずに拡張して考えてみると、家や**コモンズ**のかたちはおのずと自由度が増しそうである。

そこで、まずは家族の範囲について考えてみたい。「夫婦＋子ども」という核家族のイメージは、いつどこから形成されたものだろうか。血縁者である親子と、婚姻関係のある夫婦を中心とした家族像の認識は、本質的に正しいのだろうか。死別や別居している場合、単身者の場合の家族は、あるいは血縁者以上に心の通うペットは、どのように考えたらよいだろうか。

家族形態の詳しい事情については社会学や文化人類学の分野に委ねるとして、ここで注目すべきは建築の議論として家を使う主体がどのように考えられてきたのかという点である。というのも、そもそも「標準家族（世帯）」すなわち核家族を単位として住宅を量産しようとする考え方は、近代という時代のなかで生まれたものなのだ。「標準」という言葉に注視すれば、おのずとその意図が理解されるだろう。それは工場生産の能率化を目指して生まれた標準化（Standardization）の流れを受けて、組成を単純化し、合理化するための理論なのである。都市への人口集中と第一次世界大戦の被災によって住宅不足の問題を抱えていたヨーロッパの都市部では、例えばドイツにおける大量のジードルンクの建設に見られるように積極的な対策が講じられた。そこで集合住宅の計画を合理化するために必要になったのが家族単位の標準化だった。日本でも同じように、特に戦時下から第二次世界大戦後の住宅不足解消のために「国民住宅」や「51C型」のような平面計画の標準型が設計されたことは周知のとおりである。

では、近代化以前の家がどのようだったかというと、使い手も使い方もじつに多様で複合的だった。その家の主人と配偶者、子ども（とその配偶者）、孫、親世代（隠居）という多世代が暮らすだけでなく、地方の親戚筋の下宿、住み込みの女中、下男・下女と呼ばれた使用人、書生、乳母などが働く場所であり、さらに御用聞き、行商人、医者や産婆などが出入りし、寄合（会合）として地域の住人が集う空間でもあった。生老病死にまつわるさまざまな行事や営みも家のなかで行われた。現代では、これらの機能がほとんど公共サービスあるいはビジネスとして外在化することになり、家を使う主体や、そこに求められる機能はきわめて単純なものになったのだ。

あるいは、生活に必要な機能は共同性によって担保されていた部分が多かった。例えば、基本的に庶民の家には風呂がなく、都市部の場合は銭湯が、農村部の場合はもらい風呂やまわし風呂といった共同利用の仕組みが成立していた。食事についても、前述の女中のような労働者によってつくられていたし、都市部では外食文化が発達していた。村落では、農繁期には共同炊事によって作業を分担するといったように、複雑かつ寛容なシステムによって家と家族の暮らしが成立していたことが、現代ではほとんど忘れ去られている。

「ハビトゥス（Habitus）」とは、習慣や日常的経験によって人のふるまいが無自覚的に形成される性向について社会学者のピエール・ブルデューが用いた言葉だが、家や家族にかかわるハビトゥスはそれが最も反映されるものだといえる。人間のハビトゥスは生まれ育った環境、すなわち家族や地域のなかで形成されるものであり、それらは原風景として意識に残っていく。それゆえ家族について考えることは、環境や家そのもののデザインにも還元されるのだ。

▼イエの解体とオルタナティブな家族

伝統的なイエ制度は近代化が進むにつれて徐々に解体された。近世までの伝統的なイエ制度は家父長制であり、それに基づいて明治中期には憲法上で正式に定められた。近世までのイエは、戸主とその家族によって構成される生産を目的とした集団であり、戸主は権限と責任を有し、女性や子どもを含むその他の構成員は従属的な立場だった。しかし、近代以降に職業選択が自由となり、イエ制度は徐々に解体されて、現代では個人主義へと変化してきている。

その過程を辿れば、１９１９（大正８）年以降に産官学を挙げて推進された生活改善運動は革命的だった。家父長制に基づく「接客本位」を批判し、女性や子どもの居場所、あるいは家事空間などの改善を重視する「家族本位」の家づくりへの転換が図られた。この頃から、いわゆる「主婦」が誕生した。というのも、それまで中流以上の家庭における炊事は主に女中や使用人の仕事であり、一家の主婦が台所に立つことはほとんどなかったという。ところが社会情勢の変化に伴って、主婦が自ら台所に立ち、しかもなるべく使用人を雇うことなく家事が行えるように促された。家を使う主体や、そこに求められる機能が変化すれば、空間や設えも相応に従って変化した。

　しかしながら、イエの解体と再構築は近代に完成したわけではない。むしろ、第二次世界大戦前から重ねられた模索が、戦後になって花を咲かせたといってよい。戦前・戦間期の同潤会住宅や国民住宅を下敷きとして、戦後に大量建設された公営住宅、公団住宅では標準家族が暮らすことを想定した集合住宅がデザインされた。国内外の建築家たちが腕を競った「最小限住宅」もまた、核家族を住み手とする構想だった。それらはやがて、家族のかたちが現代的に変化するなかで、分解と再編が試みられた。黒川紀章や菊竹清訓らによるメタボリズム（1959〜）や、黒沢隆の「個室群住居」（1968）、

山本理顕の《熊本県営保田窪第1団地》（1991）や《岡山の住宅》（1992）、妹島和世の《岐阜県営住宅ハイタウン北方》（1999）にみられる計画が代表的である。そこでは、家族それぞれの拠点は個室とし、相互のコミュニケーションの場が共用室に限定されたり、集合住宅では住戸ごとのプライバシーや距離感、あるいは共同性があたらしいデザインとして建築計画に反映されたりといった具合に、家族は20世紀が進むにつれて解体され、家のかたちへと落とし込まれたのである。そこで生まれたかたちは、これからの家族と家のオルタナティブを暗示していたように思われる。

▼ユートピアにおける生活共同体の家

　さてここで、歴史上のユートピアについて考えてみたい。一見唐突に思われるかもしれないが、理想的な暮らしの実現を目指して形成された共同体は、ある種の拡張的な家族だと捉えることができるからだ。家族が血縁者や婚姻関係を中心として共同生活を営む小集団とその集合であると捉えれば、ユートピアの共同体はかなり似た性質をもっているのである。

　「ユートピア」という言葉は、トマス・モアが

7-1：ロバート・オーウェン《ニュー・ラナーク》(1800)　撮影＝mrpbps (CC 2.0)

小説『Utopia』（1516）の題材とした国家を表す概念が起源とされ、現代では理想郷的な意味合いで使われる。歴史上のユートピアには、シャルル・フーリエの《ファランクス》のような現実には建設されなかった構想や、ロバート・オーウェンの《ニュー・ラナーク》（1800）[7-1]、ジャン＝バティスト・ゴダンの《ファミリステール》（1859）[7-2]、鐘ヶ淵紡績の社宅群（1889〜）などの生産を目的とした産業ユートピア、シェーカー教やオナイダ・コミュニティなど独自の教義をもとに生活共同体を営んだ宗教ユートピア、ニコライ・チェルヌイシェフスキー（『何をなすべきか』1863）やエドワード・ベラミー（『顧みれば』1888）、あるいはウィリアム・モリス（『ユートピアだより』1890）が描いた共産／社会主義的ユートピア、フェミニズムあるいは**エコロジー**を志向したものなどがある。特殊な宗教ユートピアを除いて、それらはいずれも家族や個人を単位として共同体を構成し、伝統的慣習とは異なるルールづくりによって理想的な生活を実現しようとした思想ないし実践である。そこで実践された生活の多くは、分業や相互扶助の仕組みを取り入れ、生活機能や空間の一部を共有することで共同体の家を構築しようとしたのである。

ゴダンの《ファミリステール》では、《パレ・ソシアル》（共同施設）が実現していた。いずれも、共同家事、共同育児、余暇のための共用施設を取り込んだ生活共同体の住まいが構想されたものである。この考え方は、19世紀のアメリカでフェミニストたちが展開した共同家事の議論とも重なるもので、それらは共同性を前提としたキッチンなしの住宅のアイデアを街区・地区レベルの計画として展開された。この例にとどまらず、奴隷解放から女性解放を主眼としたフェミニストらの提案は、労働の場を家庭内から工場や企業へと転換させ、家を取り巻く状況を解体していったのである。

7-2：《ファミリステール》労働祭の様子　出典＝*Solutions Sociales par Godin, Fondateur du Familistère de Guise*,1871.

また、ユートピアを目指して大陸を渡った移民たちが形成した共同体もあった。明治の日本人たちはハワイやブラジルの荒れた土地を開拓して新たなコミュニティをつくり、日本の文化を彼の地の風土に合わせて継承していった。あるいは移民を含む貧困者の生活環境を改善するために立ち上がったセツルメント運動も、ある種のユートピアを目指したものだったといえる。その嚆矢であるイギリスの《トインビー・ホール》（１８８４）やアメリカの《ハル・ハウス》（１８８９）では、共同キッチン、共同洗濯場、共同育児などの共同家事に加え、文化活動によって生活の質を豊かにする目的で芸術運動や保健体育の施設も建設された。

ユートピアは、その本質から反社会的な運動という側面もあるわけだが、現代的視点から見つめ直せば、これからの家族や社会のあり方を考えるための知見を豊富に含んでいる。すなわち、ユートピアの歴史は家族と社会の境界を越え、それらを別のレイヤーでつなぎ直すコモンズの形成を試行錯誤した痕跡なのである。それらをトレースすることは、新しい建築を考えるうえでの補助線を引くことになるだろう。

▼拡張する家族の家

では、あらためて現代に視点を戻そう。暮らしの主体である「拡張する家族」にはどのようなかたちがあるだろうか。婚姻関係や生殖を伴わずとも、パートナーやペットと親密な暮らしを営むケースは少なくない。仮にひとつ屋根の下で、あるいは同じ釜の飯を食って暮らす人たちを家族の一種と捉えるならば（東浩紀も『多様性の時代を生きるための哲学』で、こうしたかたちのメンバーは性と生殖を伴わずとも家族のようなものと見なすことができると述べている）、家の間取りそのものも拡張しそうだということは想像に難くない。逆にいうと、標準家族をモデルとした住宅プランは、暮らしの多様性や他者の介在にとって弊害ともなりえるのだ。かつての家が、襖などの可動間仕切りによって場面に応じた空間の使い分けがなされ、土間という土足の場所で他者の出入りや家畜の居場所をつくることを可能にしていたように、現代の暮らしにおける主体の多様性とコモンズのデザイン、個と集合の関係性は、これからも議論されていく余地があるように思われる。家の一部を地域へとオープンにする「住み開き」の実践例もみられる。

さらに暮らしを成立させる仕組みを拡張して考えれば、個人の消費やビジネスの面では、国境の壁もかつてに比べてほとんどない。情報システム、ＩｏＴや人的移動手段の発達によって、家の場所性とはほとんど無関係の暮らしが実現しえる。それは逆にいえば、欧米でもアジアでもアフリカでも、海沿いでも山間でも、同じような服を着て、同じようなものを食べる無国籍の文化である。建築についても同様のことがいえ、どこの国に行っても同じようなシステムキッチンが設えられ、リビングにはソファとテレビが置かれている。ル・コルビュジエらが中心となって活動したＣＩＡＭが牽引したインターナショナル・スタイルのごとく、「歴史や伝統にとらわれず、普遍的」なかたちが、良くも悪くも定着したとみることができるだろう。暮らしの多様性の一方で、建築のかたちは均質化しているのだ。

現代社会は、個人と国家、リアルとバーチャル、身体と環境という対比的二元論で説明されることが多い。しかし以上に説明したように、その中間にあたる家族やコモンズ（共同性）のかたちは、それらの「間」に、相互に重なりグラデーションのように存在し、社会を構成している。そんな不確かさや矛盾をはらむ社会が迎える未来は、かつての小説で描かれたようにディストピア的なものかもしれない。だからこそ、先の見えない人類の未来に具体的な警鐘や提言を示す世界の碩学の本を読み漁ると糸口が見出せるかもしれない。私が近年の活動の経験から、歴史認識を重ねて実感しているのは、拡張すべき家のあり方のヒントが「寛容さ（Tolerance）」と「親密さ（Intimacy）」にあるということである。それらの対象は人間同士の外側にも広がる。新しいハビトゥスが、新しい建築を創出する。その逆もまたしかり、人間と建築のふるまいが問われる所以である。

「家族」をより深く知るために

- エマニュエル・トッド『世界の多様性——家族構造と近代性』（荻野文隆訳、藤原書店、2008／原著=1999）
- 内田青蔵+大川三雄+藤谷陽悦編著『[新版]図説・近代日本住宅史』（鹿島出版会、2008）
- 柄谷行人『世界史の構造』（岩波現代文庫、2015）
- 鹿島茂+東浩紀+ブレイディみかこほか『多様性の時代を生きるための哲学』（祥伝社、2022）
- 東浩紀『観光客の哲学 増補版』（ゲンロン、2023）

「キュレーション」

建築へのアクセシビリティを回復する実践

川勝真一
建築キュレーター

今年、京都の北山エリアに「けんちくセンターCoAK(Centre for Co-Architecture Kyoto)」というスペースをオープンさせた[8-1]。40㎡ほどの小さな空間だが、観光案内所のように京都のおすすめ建築を紹介(Guide)したり、住民が住空間をはじめ建築や都市に主体的に関わるための支援(Aid)を提供したり、建築界隈の魅力的な取り組みや萌芽的なアイデアを共有・交換(Interact)したりといった機能を併せ持ち、建築に関するものや情報、人、アイデアをキュレーションする「建築の総合案内所」のような場所だ。自らの生きる環境に向き合うための支援や案内を、建築キュレーションの重要な取り組みとして捉えられないかと考えている。ともすると突拍子もない考えのように聞こえるかもしれないが、近しい考え方は建築分野のみならず、アートやミュージアムに関する議論のなかに見出すことができる。

2023年には、博物館・美術館の国際組織ICOM(International Council of Museums)によって、ミュージアム(以下、博物館と美術館の両方を意味するミュージアムを用いる)が「一般に公開され、誰もが利用でき、包摂的であって、多様性と持続可能性を育む。倫理的かつ専門性をもってコミュニケーションを図り、コミュニティの参加とともに博物館は活動し、教育、愉しみ、省察と知識共有のためのさまざまな経験を提供する」ものとして再定義された。優れた作品を選定し、展示し、保管するだけでなく、コミュニティのコミュニケーションを活発化し、展示に留まらないさまざまな体験を提供することが明記されたのが特徴だといえる。これは1980年代にアメリカの美術史家ダンカン・キャメロンが主張した、「テンプル=すでに価値の定まった宝物を人々が拝みに来る場」から「フォーラム=未知なるものに出会い、そこから議論が始まる場」としてのミュージアムへということになるだろう。このようなミュージアムのあり方は、当然ながらキュレーションの変化を促してきた。そこで、キュレーションという言葉の歴史的変遷をたどりつつ、その現代的意義や、建築分野におけるキュラトリアルな実践(キュレーションにかかわるさまざまな取り組みや行為)の展開可能性について検討してみたい。

▼キュレーターとキュレーションの成立と展開

そもそもキュレーションという言葉は、ラテン語のCūrāreを語源とし、この語は未成年や心神喪失者の面倒を見ることを意味していた。綴りのなかに含まれているCuraは配慮、世話、治療などを意味し、現在のCureやCareの語源である。それが現在のような芸術やミュージアムと結びついていくのは17世紀後半、当時ヨーロッパ諸国で流行していた「Wunderkammer（驚異の部屋）」「Cabinet of Curiosities」と呼ばれる世界中の珍奇な物品を集めた博物陳列室において、そのコレクションの「世話をする」人物がキュレーターと呼ばれるようになってからだ。さらに19世紀後半、印象派などの新しい芸術運動が次々と生まれ、そのなかで示される美をいち早く理解し、未だ価値の定まらない前衛的な作品や作家を人々に提示する「目利き」や美の専門家という役割がキュレーターに求められていく。1960〜70年代はハプニングやパフォーマンス、またはランドアートやコンセプチャルアートなどの新しい作品形態が生まれ、キュレーターの権限や役割が拡張していった。さらに90年代以降は国際展や芸術祭が興隆し、展示される個々の作品よりもキュレーターが提示する全体テーマやコンセプトに多くの注目が集まるなど、キュレーションそのものへの関心が飛躍的に高まった。いまではインターネットやSNSにおいて特定のテーマに沿ってコンテンツを収集し、紹介するキュレーションサイトが普及し、誰もが文化コンテンツのキュレーターとしてふるまうことが可能になった。これをSNS時代におけるキュレーションの民主化と見るか、はたまた20世紀的キュレーションの肥大化と見るかは判断が分かれるところだろう。

8-1：住宅街の通りに面した一階に位置する「けんちくセンターCoAK」　撮影＝堀井ヒロツグ

一方、建築分野におけるキュレーションを語るうえで、建築家フィリップ・ジョンソンの存在は無視できない。MoMAの建築・デザイン部門の初代ディレクターに就任し、建築史家のヘンリー・R・ヒッチコックとともに1932年にキュレーションした「近代建築：国際展」と、同時期に出版された書籍『インターナショナル・スタイル』は、近代建築の世界的な普及に大きく貢献した。さらに晩年の1988年にはMoMAのゲストキュレーターとして「デコンストラクティヴィスト・アーキテクチャー」展を企画するなど、建築界に新たな潮流を生み出すフィクサーとしてのキュレーター像を定着させた。ただし（MoMAを例外として）建築専門のキュレーターが組織に属して活躍するようになるのは、1980~90年頃にかけて建築ミュージアムや建築センターが各地に設立されるようになってからだ。昨今は国内においても、毎年のようにどこかの公立美術館で建築をテーマとした展示が行われ、また建築資料を扱う国立の専門機関が設立されるなど、徐々に建築を対象としたキュレーションの機会が増えつつある［8-2］。しかし、長らく一般の美術館に建築専門のキュレーターが不在だった背景には、制度的な原因のみならず、なにより建築を展示することの本質的な難しさや矛盾が大きな要因になっていたと考えられる。

▼建築展が抱える矛盾

一般的に、建築は展示室よりも大きい。そのため実際の建築物を展示することができず、部分を取り出して持ってくるか、図面や写真、模型によって代理（Represent）させることになる。これらのメディアは、本来の建築体験では得られない俯瞰的な視点を鑑賞者に与え、建築を客観的に把握し、建築の全体像についての理解を促す。しかし、ヴァルター・ベンヤミンが『複製技術時代の芸術』（1936）で指摘しているように、建築体験は絵画や彫刻のように集中した鑑賞体験ではなく、むしろ映画のように断片的なシーンの連続として体験する「気散じ」たものである。ゆえにその全体像は本来的にイマジナリーにしか認識できない。あるいは、明治村や江戸東京たてもの園のように現物を移築し、公開するという方法もあるが、それも本来その建築が置かれていた環境やコンテクスト、あるいは用途から切り離すことになり、オリジナルな建築体験とはもはや別のものであると割り切らざるをえない。このように建築を展示する、建築を公衆の前に現すことは絵画や彫刻などとは異なりさまざまな困難を伴う。とくにオリジナリティが重視された20世紀の美術館制度のなかで、オリジナルが展示できないというのは、それだけで厄介な存在だったはずだ。そのため空間体験よりも建築のコンセプトを重視した模型やドローイングが建築家のオリジナル作品として見なされたり、あるいは空間体験を伴う仮設パビリオンやインスタレーションが建築そのものとして展示の対象になったりしてきた。2010年に東京近代美術館で開催された展覧会「建築はどこにあるの？ 7つのインスタレーション」は、まさに美術館において建築家の思考を直接表現した建築「作品」が、どのように成立するかをインスタレーションという形式のなかに探ったものだった。ロンドンのサーペンタイ

8-2：パリ市が運営する都市・建築センター（Pavillon de l'Arsenal）　筆者撮影

ンギャラリーや、ニューヨークのMoMA PS1などでも2000年以降、建築家の実験的なパビリオンの展示が毎年のように行われ、注目されてきた。

▼キュラトリアルな実践の拡張

ただし現在では、修繕や解体、分解などの時間軸を伴う多様な主体による営みに目を向け、建築を静的なオブジェではなく動的なプロジェクトとしてみなす**アクターネットワーク理論**を意識した建築が増えている。建築は建築家個人による完結した作品から、多様なアクターによる協働的な創作物になりつつある。冒頭で見たようなミュージアムの再定義と連動しつつ、建築そのものに対する認識の変化は、建築展を完成品や構想のプレゼンテーションから建築プロセスの再現／再演、またアイデアの探求と議論の場として位置づけ直す。デザインリサーチの分野において、展覧会を未だ価値の定まらない取り組みや研究を世間に向けてデモンストレーションし、研究室だけでは発見が難しい問題や知見を得るための場（ショールーム）とみなす考え方も参考になるだろう（Ilpo Koskinenet al., *Design Research Through Practice: From the Lab, Field, and Showroom*, Morgan Kaufmann, 2011.）。

8-3：パラレル・プロジェクションズ会場風景　撮影＝千葉正也

筆者がかつて実施した「Research Store」というプロジェクトは、ある都市に約1カ月滞在し、会場となったスペースで公開ワークショップやディスカッション・イベントなどを開催しながら、文献などでは捉えきれない、都市性や場所固有のイシューを探るという展覧会だった。そこでは、どのような議論の場やメディアを用意し、人々のコミットメントをつくりだすかが、キュラトリアルな実践として求められた。また建築家の辻琢磨とともに2016年に建築会館で開催した「パラレル・プロジェクションズ」[8-3]は、当初若手建築家の作品展のようなものが要請されていたが、展覧会をアウトプット＝結果としてよりも、さまざまな主体の協働によって進められる建築プロジェクトのダイナミズムを展示すべく取り組んだ。そのため初日に行われたグループセッションを観客がいかに鑑賞し、参加できるように設計するか、またそのドキュメントをどのようなメディアによって記録・展示するかが検討された。昨今のヴェネチア・ビエンナーレ国際建築展のような展覧会においても、会期中に行われるさまざまなイベントやディスカッションが「展示」されたり、展示空間を工房へと作り変え、地域のニーズに合わせた家具やプロダクトを作り続けるプロジェクト型の展示があったりと、展覧会のあり方や目的、作品形式が多様化している［8-4］。

こうした展示におけるキュレーションは、建築を人々に開かれ、関与可能なパブリックな存在として提示することを目指しているといえないだろうか。美術批評家のボリス・グロイスは、キュレーションの役割を作品が個人的な領域を飛び越え、芸術として公衆の前に姿を現す力を持つようにすることだと指摘している。かつて宗教や国家などの権力によって思想や表現が制限されていた時代は、権力に認められたものだけが芸術として**モニュメント**や壁画として制作され、ゆえに芸術は無条件にパブリックな存在であった。しかし近代になると作家の自由意思や作品の自律性が重視されることになり、芸術は個人的な表現物となると同時に、パブリックな地位を失ってしまった。キュレーションは本来的に展示対象の「自らの力で姿を表すという能力の欠如を癒し（Cure）、作品の公的な性格を回復させる」行為としてみなす必要がある（ボリス・グロイス「インスタレーションの政治学」）。

8-4：2023年のヴェネチア・ビエンナーレ国際建築展、ドイツ館の展示風景　筆者撮影

▼パブリックを回復させる実践

建築をパブリックな存在として人々に示すキュラトリアルな実践は、美術館や展示室にとどまらず公共建築のプロポーザル等においても重要な役割を担う。歴史的に見ても、19世紀のロンドンではウェストミンスター宮殿の再建コンペ以降、応募案が広く公開され、パブリックな議論が展開されていた。

また、かつて建築家の磯崎新は《ラ・ヴィレット公園》や《中国中央放送新本部ビル（CCTV）》などの注目された国際コンペにおいて、論争的な作品をあえて推すことによって、いまだ理解されていない新しい「建築」の姿を公のものとして提示してきた。これも磯崎流のキュレーションだといえるだろう。現在も各地のプロポーザルにおいて公開審査や応募案の展示などは行われているが、それらが形式的なものに陥らないためにも、建築家のアイデアや設計案をいかにパブリックなものとして提示できるか、また人々が主体的に建築へと向き合っていくことをエンパワメントするようなキュラトリアルな実践（印刷物やウェブサイトなどのメディアの使用や、演劇的な手法の援用、デモンストレーションなど）が可能なのかを探っていく必要があるだろう。

このようにキュレーションは、その語源へと遡ることで、その射程を展覧会の外側へと拡張し、人々による建築へのアクセシビリティとエンゲージメント（関与）を回復するための諸実践として位置づけ直されるだろう。地球温暖化や空き家問題など、今後の社会を考えるうえで無視できないさまざまな課題を前に、建築を単なる商品やサービスとして消費することから脱し、能動的に建築に参加するための知識や技術を誰しもが持ち合わせることがいかに可能か。こうした問いに答えるためにも、建築と社会を縫合する、回復（Cure）の技術としてのキュレーションが求められている。

「キュレーション」をより深く知るために

- エイドリアン・ジョージ『THE CURATOR'S HANDBOOK――美術館、ギャラリー、インディペンデント・スペースでの展覧会のつくり方』（河野晴子訳、フィルムアート、2015／原著＝2015）
- Eeva-Liisa Pelkonen ed., *Exhibiting Architecture: A Paradox?*, Yale School of Architecture, 2015.
- ボリス・グロイス「インスタレーションの政治学」（星野太＋石川達紘訳、『表象』12、表象文化論学会、2018／原著＝2009）
- Fleur Watson, *The New Curator: Exhibiting Architecture and Design*, Routledge, 2021.

東京の都市空間から考える

長谷川香
建築史家

▼空間と政治の関係性を問う

空間から政治を読み解くことは可能だろうか。もしくは、政治を語るうえで、空間はひとつの重要な指標になりえるだろうか。

「政治」という語を辞書で引くと、「人間集団における秩序の形成と解体をめぐって、人が他者に対して、また他者と共に行う営み」とある(『広辞苑』第6版、岩波書店、2008)。建築分野の人間からすると、物理的な実態を伴わず、なんとも捉えどころのない抽象的な概念だが、そのような人々の営みには、その現場となる「空間」が存在する。なにより、「政治」という営みを通じて、都市インフラをはじめとする「空間」は整備されていく。国家やさまざまな社会集団の活動を支える基盤となり、なおかつ、それらの活動によって日々刻々と姿を変えていく今日のダイナミックな都市を捉えるうえで、「政治」は欠かすことのできないキーワードだといえる。

政治学者の原武史は、従来のテキスト分析中心の政治思想史に対し、広場や団地、鉄道といった個別具体的な空間をとおして政治思想を読み解く「空間政治学」を提唱している。空間と政治の相互関係を重視する点では、権力者の邸宅や権力機構の施設などの「権力の館」を論じた政治学者の御厨貴とも共通するが、原の一連の研究は、権力者のみならず、一般の人々が集い、利用し、もしくは暮らす空間をも分析対象とする点が特徴的である。なかでも『完本 皇居前広場』(文春学藝ライブラリー、2014)では、広場を「定点観測点」として捉え、天皇制儀礼やデモ、占領軍のパレードなどに用いられた空間の変遷を追い、近現代日本の政治思想史を鮮やかに活写した。

原は自身の「空間政治学」を「建築学のこれまでの成果に政治学を融合させた」ものと表現しているが、その成果は建築学分野へと還元され、近年、筆者を含め、若手研究者に大いに刺激を与えている。拙著『近代天皇制と東京――儀礼空間からみた都市・建築史』(東京大学出版会、2020)では、天皇制儀礼を都市空間の問題として捉え直し、明治から昭和戦中期にかけて催された国家的な儀礼の会場――皇居前広場や上野公園、青山練兵場(現・明治神宮外苑)など――やそこに至るまでの経路を分析することにより、天皇が住まう皇都としての東京の側面を描き出すことを試みた。また、市川紘司は中国において数多くの歴史的事件の舞台となってきた天安門広場を「定点観測点」に設定し、その空間史をとおして、定式化された『近代』の語りを問い直している（『天安門広場――中国国民広場の空間史』筑摩書房、2020）。

そして、「空間」の持つ政治性について、建築家の立場から積極的に発言し、実践に結びつけてきたのは山本理顕である。『権力の空間／空間の権力――個人と国家の〈あいだ〉を設計せよ』（講談社選書メチエ、2015）では、政治哲学者のハンナ・アレントの著作を独自の視点で読み解き、従来の「一住宅＝一家族」という住空間のあり方を国家による国民の管理に加担するものとして問題視し、それを打破すべく「地域社会圏」という概念を提唱した。そのような思想から生み出される山本の作品には、個人住宅から集合住宅、商業施設、公共施設や都市計画に至るまで、建築をとおして政治的なメッセージを発信し、社会を変革しようとする強い意志が貫かれている。

9-1：令和の国民祭典（2019年11月9日）
提供＝朝日新聞社

従来の政治学分野の研究では「空間」が主題とされることは少なく、一方の建築学分野では「空間」の形態的な面白さや設計理念が重視され、その政治性は積極的に語られてこなかったように思う。「政治」から「空間」へ、そして「空間」から「政治」へという分野を跨いだアプローチが交差するところに、新たな学問領域が生まれようとしているのではないだろうか。

▼皇居前広場から考える

2019年11月9日、超党派の国会議員連盟や政財界の有志らが主催する「天皇陛下御即位をお祝いする国民祭典」（以下、令和の国民祭典）が皇居前広場で催された。会場には約3万もの参列者が集まり、式典の終わりには、多くの人が国旗や提灯を振るなか、「天皇陛下万歳」を連呼する声が響きわたった［9-1］。普段の皇居前広場は、建築史家の藤森照信が「打ち消しのマイナスガスが立ち込めている」と表現したように（『建築探偵の冒険 東京篇』ちくま文庫、1989）、そこでなにかすることが憚られるような静謐な空間である。祝祭の場と化した広場の変貌ぶりに驚かされる一方で、その光景は、戦前に広場で幾度となく催された天皇制儀礼を想起させるものでもあった。

しかしながら、空間の使われ方に注目すると、令和の国民祭典は過去の儀礼の単純な再現ではないことに気づく。原が『皇居前広場』で明らかにしたように、戦前にはしばしば正門石橋前に仮宮殿が設けられ、天皇はそこに座し、万単位の参列者と対峙した。一方、令和の国民祭典ではかつての仮宮殿とほぼ同位置に特設ステージが設営され、壇上では著名人が祝辞を述べ、アーティストらが奏祝演奏などを行った。このステージの正面は基本的に正門石橋に立つ天皇・皇后に向けられており、参列者は横から両者が対峙する様子を直接、もしくはステージ背後の巨大なスクリーン越しに眺めていた［9-2］。なお、２００９年の「天皇陛下御即位二十年をお祝いする国民祭典」でもほぼ同様の構図がとられたが、当時の天皇・皇后は石橋の奥にある正門鉄橋から参加しており、参列者との距離は今回の国民祭典のほうが近かった。

天皇と国民が直接対峙する形式から、著名人やアーティストを介して対峙する形式へ。「空間政治学」の視座に立つと、こうした広場における空間の利用形態から、戦前・戦後の国家体制の相違や、近年の皇室と国民の関係性の変化を読み取ることができるだろう。

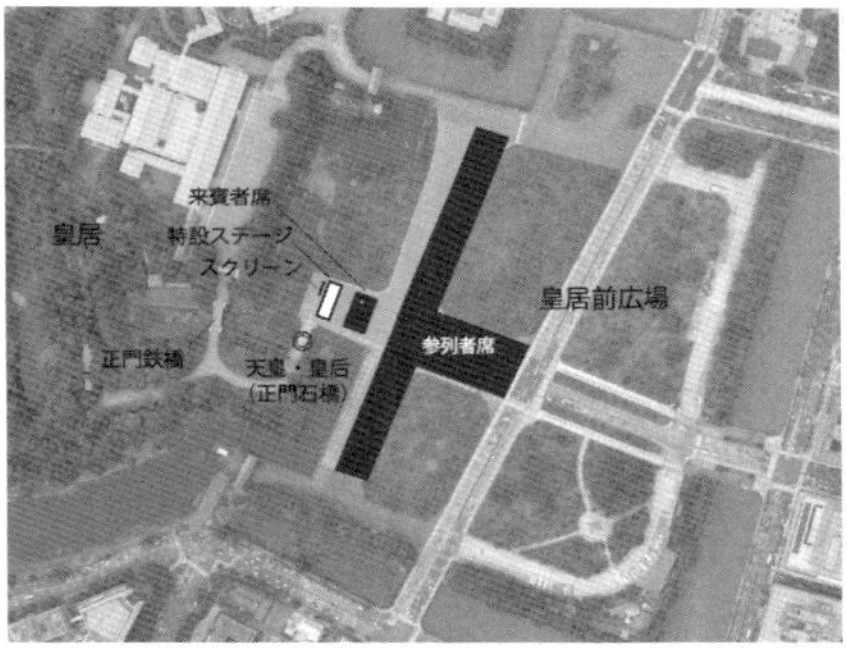

9-2：令和の国民祭典の空間分析
国土地理院の空中写真に筆者加筆

▼首相官邸・国会周辺と新宿西口広場から考える

国家的な祭典が催された皇居前広場とは対照的に、２０１０年代以降、人々が自発的に集まり、中央政府に対して抗議をする空間として注目を集めるようになった場所がある。首相官邸と国会議事堂（以下、国会）周辺の道路である。

首相官邸・国会周辺では戦前からしばしば抗議活動が行われていたが、１９６０年の安保闘争以降、長らく大規模な集会やデモの舞台となることはなかった。そうしたなかで、この辺り一帯が再び政治空間として浮上したきっかけは、東日本大震災後の原発をめぐる市民運動であった。３・11以降、首相官邸前の歩道で定期的に抗議活動が行われるようになり、その人数は次第に膨れあがり、２０１２年夏の原発再稼働に反対する抗議では20万もの人々が集まったという［9-3］。その後も、安保関連法案反対を訴える抗議（２０１５年８月）や安倍政権の退陣を求める抗議（２０１８年４月）、安倍元首相の国葬に反対する抗議（２０２２年９月）などが行われており、首相官邸・国会周辺での集会やデモの開催は定着したといえる。

社会学者の小熊英二と首都圏反原発連合（反原連）のミサオ・レッドウルフ、ＳＥＡＬＤｓの奥田愛基による討論（「〈官邸前〉から〈国会前〉へ」［『現代思想』2016年3月号「特集＝3・11以後の社会運動――交差する人々」青土社」)において、小熊は日本における3・11以降の政治活動の盛り上がりは、2010年代以降、世界的な広がりを見せた占拠運動(Occupy Movement)――2011年の「アラブの春」におけるカイロのタハリール広場の占拠や、ニューヨークにおけるウォール街の占拠など――の潮流のなかに位置づけることができるとしたうえで、東京固有の事象として、場所の問題があったと指摘している。すなわち、ほかの世界の都市とは異なり、東京には万単位の人々が集まることのできる「広場」がなかった。そうしたなかで、反原連が官庁や官邸への抗議を継続した結果、「殺風景な官邸前・国会前の官庁街が、いわば自然発生的に、事実上の『広場』になった」のだという。

ここで使われている「広場」という言葉には、単に「広く開けた場所」という意味だけでなく、アゴラに代表される西欧的な「広場」、すなわち民主的な市民社会のシンボルとしての意味合いが多分に含まれている。戦後民主主義のなかで、日本の都市には歴史的に民主的な「広場」が欠如していたことが指摘されるようになったが、伊藤ていじらを中心とした都市デザイン研究体による特集「日本の広場」(『建築文化』1971年8月号、彰国社)では、

9-3：国会前での抗議活動（2012年7月29日）
提供＝朝日新聞社

そのような従来の見解を覆し、日本独自の「広場」の有り様が提示された。伊藤らは、「広場」を「社会的にせよ政治的にせよ、人間を相互に関係づける装置」と捉え、原始時代の集落から現代の都市に至るまで、従来は「広場」と見なされてこなかったさまざまなオープン・スペースのなかに「広場」を見出し、「日本の広場は広場化することによって存在してきた」と論じた。そして、「広場化」の媒体となるアクティビティとして「買う」「詣でる」「祭る」などとともに「デモる」を挙げ、1969年の新宿西口広場におけるフォーク集会を紹介している[9-4]。

このフォーク集会において、ベトナム戦争に反対する若者たちは、実際には「道路」として管理されている名ばかりの新宿西口広場でフォークソングを歌い、市民と自由に政治的な意見を交わし、共有した。こうした若者たちの行動による空間の変容を、伊藤らは「広場

化」と捉えたのである。それは、アンリ・ルフェーヴルが提唱した「都市への権利」を主張する行為であったともいえるだろう。最終的に、公共の交通の妨げになるという理由で彼らが排除されたことにより、「広場」は失われ、新宿西口広場は再び「道路」に戻った。3・11以降の首相官邸・国会周辺の道路も、このような意味において「広場化」したのである。

首相官邸や国会という国家権力のシンボルと直接対峙する空間と、新宿西口広場という一般市民が忙しなく行き交う空間とでは、その占拠が社会に与えるインパクトは大きく異なり、両者の「広場化」を単純に同じ現象として捉えることはできない。しかしながら、インターネットやSNSによって情報の共有や発信が容易になったにもかかわらず、政治的な抗議活動のために人々が街に出て、空間を占拠するという行為が復活したという事実は、都市において空間と政治が不可分な関係にあることを物語っているのではないだろうか。

▼オリンピックから考える

近年、「オリンピック・レガシー」という言葉をよく耳にするようになった。オリンピックによってその開催都市、開催国にもたらされる長期的・持続的な効果を意味する用語であり、特に2000年代以降、国際オリンピック委員会が重視するようになった概念である。2020年のオリンピックの開催都市に立候補した東京は、1964年のオリンピックで会場が置かれた都心部から多摩地域にかけての内陸部一帯をヘリテッジゾーンと称してそのレガシーの継承をアピールし、見事、2度目のオリンピック招致に成功した。

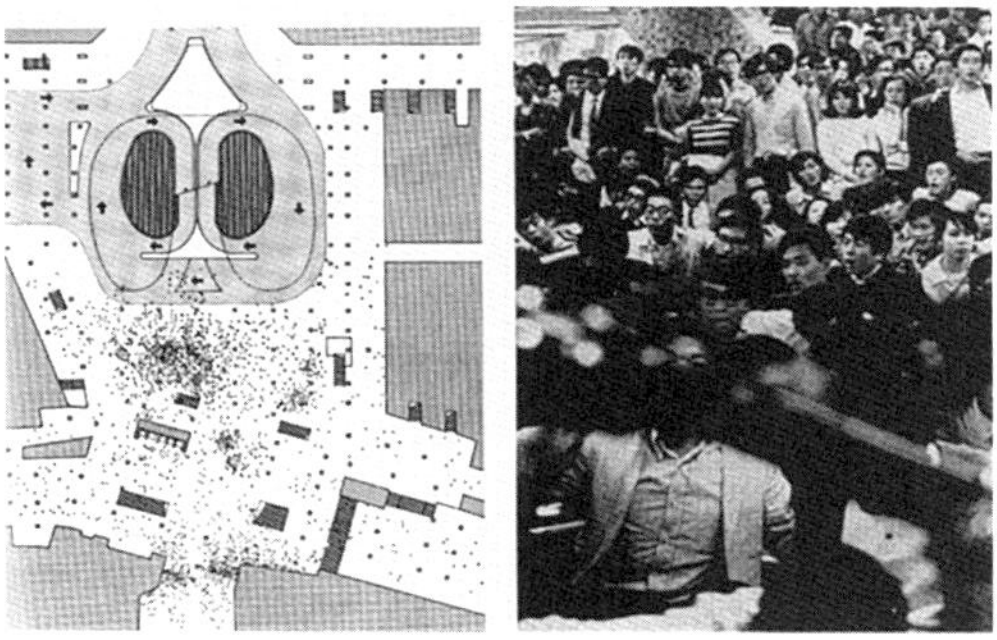

9-4：新宿西口広場におけるフォーク集会
出典＝都市デザイン研究体『日本の広場 復刻版』（彰国社、2009）

そのようなコンセプトのもと、代々木競技場や日本武道館が改修され、再び会場として活用された一方で、ヘリテッジゾーンの中核に位置する青山では、かつてのメイン会場である国立霞ヶ丘競技場陸上競技場（以下、旧国立競技場）を取り壊し、敷地を拡張して新たな国立競技場が建てられることとなった。2012年の国際デザインコンクールでザハ・ハディド案が選出されたことをきっかけに、いわゆる新国立競技場問題へと発展し、最終的に隈研吾ら設計の競技場が建設されたことは周知の事実である。また、その建て替えに伴い、前回大会の際に整備された明治公園の一部と都営霞ヶ丘アパートは撤去され、住民は移転を余儀なくされた。旧国立競技場と都営霞ヶ丘アパートは老朽化しており、特に前者は競技場として国際基準不適合などの問題を抱えてはいたものの、改修して使い続ける選択肢もあった。つまり、国や東京都は、それらの施設を継承すべき前回大会のレガシーとは判断しなかったといえる。

一方で、新国立競技場問題の口火を切った建築家の槇文彦は、外苑の歴史的遺産としての価値を強調し、「成熟した市民社会では、公共の資産はそれを建設する時も、あるいは撤去する時も、その許可は市民の同意なくしては得られない」と論じ、巨大な競技場の建設を批判した（「新国立競技場案を神宮外苑の歴史的文脈の中で考える」『JIA MAGAZINE』2013年8月、公益社団法人日本建築家協会）。それに対し、デザインコンクールで審査員を務めた建築史家の鈴木博之は、オリンピックの開催要件を満たす国立競技場の建て替えが外苑の景観に影響を与えることは不可避であり、もしそれに反対するのならば、オリンピックの招致を辞退するか、否定するか、もしくは粉砕すべきだとし、反対派にその覚悟の有無を問いかけた（「それでも、日本人は『五輪』を選んだ」『建築ジャーナル』2014年1月、建築ジャーナル）。

土地にまつわる歴史のなかでなにを継承し、もしくは切り捨て、新たにどのようなレガシーを創出しようとするのかという取捨選択は、行政や土地所有者、開発事業者、近隣住民など、それぞれの立場や土地との関係性によって異なっている。それゆえ、それらのせめぎ合いのなかで行われる都市空間の改変は、国家やさまざまな社会集団が関与するきわめて政治的な営みだといえる。

東京では2021年のオリンピック以降も大規模な再開発が相次ぎ、必ずしも十分な議論を経ずに進められる都市空間の改変をめぐり、各所で軋轢が生じている。空間と政治とが不可分な関係にあることを認識したうえで、立場を超えて、都市空間は誰のものなのかを問い、それぞれの土地における歴史の語られ方や集合的な記憶のあり様を見つめ直す作業が求められている。

「空間の政治」をより深く知るために

- ●アンリ・ルフェーヴル『都市への権利』（森本和夫訳、ちくま学芸文庫、2011／原著＝1968）
- ●都市デザイン研究体『日本の広場　復刻版』（彰国社、2009）
- ●御厨貴『権力の館を歩く』（毎日新聞社、2010）
- ●デヴィッド・ハーヴェイ『反乱する都市――資本のアーバナイゼーション』（森田成也ほか訳、作品社、2013／原著＝2012）
- ●ジョルダン・サンド『東京ヴァナキュラー――モニュメントなき都市の歴史と記憶』（池田真歩訳、新曜社、2021）
- ●原武史『空間と政治』（放送大学教育振興会、2022）

「グラデュアリズム」

漸進的な建築の実践とその倫理

谷繁玲央
建築構法・建築理論

▼グラデュアリズムが指すもの

グラデュアリズムとは、小さなプロジェクトを繰り返しながら、少しずつ着実に社会改良をめざす建築家と彼／彼女らの実践を名指した言葉で、2018年頃から筆者が使用している。本稿はグラデュアリズムという用語の解説であると同時に、この言葉と概念、さらにそれに対応する建築家と実践に対する定期点検である。小さなことを繰り返す、少しずつ、着実に、といった建築家たちの態度はなぜ生まれ、どのような力を持ち、変わりゆく時代のなかでこれからどのような展開を見せるか、展開するべきかを考えていく。

はじめに私がグラデュアリズムと名指す動向としたのは、2011年の東日本大震災以降にキャリアをスタートした若い建築家たちの動きだった。具体的にいえば、403architecture[dajiba]（以下、403）、CHAr（旧モクチン企画）、VUILDといった建築家たちを念頭に置いていた。静岡県浜松市を中心に小さなリノベーションを重ねていく403、木造賃貸アパートという対象に対して「レシピ」を通した改修手法を展開するモクチン企画、木工CNCルーター「ShopBot」を中心とした技術の民主化を図ろうとするVUILD、手法も目的も異なる彼らのなかに、「同じ手法を繰り返しながら量的な問題やシステムの問題へとアプローチしようとする姿勢」という共通項を見出し、それを「グラデュアリズム」と呼ぶことにした。ひとつずつのプロジェクトは小さなものに見えるかもしれないが、「浜松」という地域、「木賃」という対象、「ShopBot」という道具、それぞれ固有のフレームのなかでプロジェクトが繰り返されることで、全体としての影響力が大きくなっていく。そうしたアプローチは、絶えず独創的なアイデアを追い求め、ひとつのプロジェクトを「作品」として卓越化させようとする従来の建築家たちの姿勢とは異なる。浜松で何件のプロジェクトを手掛け、何軒の木造賃貸アパートにレシピが採用され、全国に何台のShopBotが導入されたかは、彼らの活動にとって単なる数字ではなく、その量によって実践の質が担保されるのである。私たちは大きな社会課題や堅固で流動性のないシステムを前にして無力感を抱きやすい。しかしながら、少しずつ数をこなしていく戦略は着実に巨大な制度を改変するための足がかりとなるのである。

▼震災が生んだ断層

これらの量的なアプローチの背景には、例えばあるひとつの住宅設計が社会批評であり、プロトタイプであるという従来の建築家たちの語りがもはや有効ではなくなり、説得的でもなくなった状況があるだろう。私はその臨界点が東日本大震災であったと考えている。グラデュアリズムを名指す時に、「２０１１年の東日本大震災以降にキャリアをスタートした」とあえて世代を括っている理由は、ひとえに震災が生み出した思想的な断層が重要だと考えているからである。

東日本大震災の発災直後は復興の現場で建築家が歓迎されない、復興計画の中心に建築家の姿がないという状況と認識はたしかにあった。当時、ある雑誌に建築家による被災地への提案として瓦礫によって白い有機的な曲面をした巨大な構造物をつくり、街を再生するという提案が掲載されていた。いま思えば、その提案はゼロ年代における日本の建築界の造形的な実験の延長線にあった。現実の困難な状況から遠く離れた絵空事のように思えて、白けた気持ちを抱いたことをよく覚えている。これは極端な例ではあるけれども、ゼロ年代の建築家たちの仕事と、震災以後に求められた仕事との間に大きな乖離があったことは間違いない。東日本大震災は、戦後に少しずつ産業のシステムからも政治のシステムからも放逐され、疎外された建築家たちの状況を象徴する経験となった。

10年以上経過した今から振り返れば、「帰心の会」や「アーキエイド」などの活動があり、その後も多くの建築家たちが継続的に復興にかかわっていった。その間の葛藤のなかで、「建築と社会の接続」といったフレーズが盛んに謳われるようになった。「建築」と「社会」がそれぞれ独立して存在しているかのような認識自体に、建築家が産業や政治の連関から疎外されていたことを逆説的に示しているのだが、結果的には建築的実践を通して積極的に社会課題に取り組むべきだという方向性は、一定の地位を占めるようになった。とりわけ震災以後に建築の仕事を始めた世代にとって、災害というカタストロフの文脈を超えて、その新しい行動規範は普遍的な価値観として胸に刻まれた。この変化は美術界における「ソーシャリー・エンゲージド・アート（ＳＥＡ）」など隣接領域の動向とも呼応しながら、建築がコミュニティや地域、社会のなかでどのような役割を求められており、その要求にどのように応答するか、そして周縁化した建築家の立場からなにができるかが、建築の議論の主題となったのである。

▼漸進主義の系譜とグラデュアリズムの位置

このように震災の以前と以後の建築界のなかに大きな断絶を見たうえで「グラデュアリズム」という言葉を導入したわけだが、一方でこれまでの建築をめぐる諸実践の歴史とグラデュアリズムがどのように連続しているかを考え、さらにどのように連続していないかも詳細に検討しなければならない。

グラデュアリズムという言葉自体は私の造語ではない。もともとは地質学や生物学、政治哲学などの分野で使われてきた言葉である。グラデュアリズムという用語にこだわらなければ漸進的な方法論は、当然ながら各分野で長い歴史を持っている。そのなかの代表的なものにアメリカの政治学者チャールズ・リンドブロムが提唱した「インクリメンタリズム（漸進主義、直訳すれば漸増主義）」がある。一般的には行政の政策決定において予算を少しずつ増やしていくような方法論として理解されることも多いが、彼の著名な論考「The Science of "Muddling Through"（"なんとかやっていく"ことの科学）」（1959）を読めば、単なる予算配分に関する議論ではないことは自明である。この論考のなかでリンドブロムは、はじめから明確な目的と手段を持った根本的な解決をめざす立場をRoot Method（根幹の手法）と、最初の提案を元に少しずつ改善していき利害関係を調整するBranch Method（枝葉の手法）を対置させる。そして、多様な利害関係が対立しあう社会のなかで現場の行政官がよりよい政策決定をしていくには、後者の漸進的なアプローチが有用であると主張するのである。

批判的合理主義で知られる哲学者カール・ポパーも、リンドブロムと同様に漸進主義者といえるだろう。ポパーは社会全体を再設計するような考え方を全体論的工学またはユートピア主義的工学と呼び、それに対する批判のなかで継続的な改善と調整を積み重ねる方法「ピースミール（断片的・漸進的）社会工学」を提唱する。ポパーはこの「ピースミール」という言葉によって、社会はある歴史法則でひとつの方向へ向かうとする歴史主義者や理想の社会を夢想するユートピア主義者に対して、社会の「全体」を予測可能なもの、コントロール可能なものとして捉える全体論的だとして批判したのである。コーリン・ロウとフレッド・コッターによる『コラージュ・シティ』（1978）が直接的にポパーの思想から影響を受けていることを考えれば、ロウらが構築したコンテクスチュアリズムの理論を通して、建築界にも「ピースミール」の考え方が広がっていったといえる。

さらに、建築・都市に携わる読者により親しみがある例を挙げれば、ジェイン・ジェイコブズの一連の都市運動も、クリストファー・アレグザンダーのパタン・ランゲージも、漸進的な社会改良の手法と呼べるだろう。筆者がいうグラデュアリズムも当然ながらそうした漸進的アプローチの系譜に位置づけられるし、ここに挙げたリンドブロムやポパーに見られるような「全体を見渡す超越者」を仮定しないまなざしは、現在の社会状況のなかでは共感を覚えやすいものだろう。

しかしながら、あえて日本のささやかな建築運動としてのグラデュアリズムとそれまでの20世紀後半に見られたさまざまな漸進主義との相違点を指摘するならば、それは対抗する敵の性質が異なっている。かつての漸進主義は、社会科学の分野であればユートピア主義やマルクス主義、あるいは全体主義とそれらの思想家たちへの批判、そして建築・都市の分野であれば近代的な計画主義とそれに与する建築家・都市計画家への批判であり、仮想敵に対するオルタナティブの提示という意味合いがあった。しかし、いまの建築家が置かれた状況はどうだろうか。そもそもトップダウン型の計画家・建築家の存在は見えない（存在したとしてもそれは高度に組織化されている）。若い建築家たちにとってボトムアップ型の手法も漸進的アプローチも、もはや具体的な対象への批判でもなければ、オルタナティブでもない。それらは数少ない残された道でしかない。現代社会のさまざまな場所で抵抗する人々の共通の敵があるとするならば、それは明確な主体も理念も持たずに自律駆動しているように見える巨大ななにかであり、それは往々にして新自由主義と呼ばれるものであり、すでに世界を覆い尽くしている。

　２０２２年にスイス建築博物館で日本の若い世代の建築家たちを特集した展覧会が組まれた（筆者も展覧会図録にグラデュアリズムを解説する論考を寄稿している）。展覧会のタイトルは「Make Do With Now」、日本語でいえば「いまをやりすごす」あるいは「いまを乗り切る」となるだろう。先が見通せず、目の前のものや今この瞬間のものと向き合う姿勢が現在の日本の建築潮流のひとつとしてヨーロッパで共感を持って紹介されたのである。

▼グラデュアリズムの展開と限界

冒頭にも述べたように、グラデュアリズムという言葉を使い始めてから５年以上が経過した。正直にいえば、この言葉が旗印となって新たな連帯が生まれているわけではないし、ＣＨＡｒやＶＵＩＬＤのようにＮＰＯやスタートアップを立ち上げるようなフォロワーはけっして多くないだろう。

　しかしながら、この間、固有の方法論を繰り返し、自らのライフワークとする建築家の存在感は強くなっている。例えば能作文徳と常山未央、あるいは川島範久は、**持続可能性**や資源**循環**に着目した手法により彼／彼女らの建築家としての立場を明確なものとしているし、「戸戸」という名前でオリジナル建具の販売を始めた藤田雄介、植物園の近隣の人々と協同して「小石川植物祭」を企画するＫＡＳＡなど、自らが運営主体となって継続的なプロジェクトを始める建築家たちも増えている。グラデュアリズムに引きつけて考えれば、個別の建築作品の巧拙ではなく、一連のプロジェクトの継続性や着実性を重視する傾向がより強くなっているといえるだろう。

　筆者がはじめに念頭に置いていた建築家たちも活動のかたち、規模を変えていった。４０３は個人の活動も増え、彼らの領域は浜松市に限らないものになっている。この間メンバーのひとりである辻琢磨は「更新設計」と呼ぶ顧問契約のかたちを提案し、クライアントの生活に建築家が長期的に関わり続けるあり方を実践するようになった。モクチン企画は2021年にCHArへと改称し、木造賃貸アパート改修以外にも地域の不動産会社に対するデザイン・コンサルタント事業など活動が多角化している。VUILDに関していえば、オリジナル家具の設計・生産**プラットフォーム**であるEMARFや、ウェブ上で住宅をカスタマイズして注文できるプラットフォームであるNESTINGといったサービスの提供を開始し、誰しもがデザインやファブリケーションにかかわれる環境を急速に整えようとしている。

ただし、VUILDの事業展開とそのスピードはもはやグラデュアルと形容するのは適切ではないだろう。足どりの重い建築界にあっては類例のない速さで事業を展開している。こうしたVUILDが見せる戦略は逆説的にグラデュアリズムの限界や欠点を示しているように思う。

アメリカの認知科学者ドン・ノーマンは近年の著作『より良い世界のためのデザイン』(2023)のなかで、先述したインクリメンタリズムの提唱者チャールズ・リンドブロムの立場に肯定的な態度を示したうえで、その問題点を指摘している。

> 絶えず金融や経済の圧力がかかる現代社会では、すぐに結果が出ることが成功の鍵となる。漸進主義は優れた戦略だが、大規模なプロジェクトに資金を提供する政治的な要件を満たせない。

ノーマンは漸進的なアプローチが大規模なプロジェクトよりも資金調達が受けづらく(=資金調達の圧力)、長い時間がかかるため資金提供者の不安を生みやすいこと(=時間的圧力)を指摘している。現代社会で漸進的なアプローチを継続することは難しいし、もし明確なビジョンがあり、かつプロジェクトをより大規模なものへスケールさせたいならば、必ずしも漸進主義は有用ではない。この点は明瞭にグラデュアリズムの欠点として認めざるをえない。

さらに漸進主義に対する古典的な批判にも答えなければならない。それは、漸進的なアプローチがより本質的で構造的な問題を解決することができるのか、あるいは漸進的なアプローチは単に現状を肯定しているのではないか、という批判である。これらの批判に対する筆者の答えは固まりつつある。自らの手元で漸進的なアプローチを採用するということは、制度やシステムに対して無頓着でいることを意味しない。この点において漸進主義(ここでは社会改良主義と言い換えてもよいだろう)の本当の敵は、革命ではなく、現状維持であることを忘れてはいけない。仮に漸進的なアプローチが大きなビジョンや理念を持てなくとも、社会の構造的な問題に対する観察とその批判は不可欠である。

▼着実さの倫理と周縁の可能性

グラデュアリズムという言葉を使い始めたのちに、新型コロナウィルスが世界中で流行し、ロシアがウクライナに侵攻し、イスラエルはガザを無差別に空爆している。日本を見れば、東京ではオリンピックがあり、いま大阪で万博が行われようとしている。いつの時代もそうだが、いま激動の時代を迎えている。

こうしたなかで以前グラデュアリズムの概念を説明した際に、建築家たちは五輪や万博を通して大規模プロジェクト志向に回帰しているのではないかと質問を受けたことがある。たしかにその傾向はあるだろう。東京五輪でも現在計画が進む大阪万博でも、組織化された意思決定プロセスのなかで建築家という個人の欲望が都合よく利用されているように見えるし、その光景は震災が顕在化させた建築家たちが疎外された状況と鏡写しである。その意味において五輪も万博もけっして本質的な変化をもたらすものではないのだろう。

むしろ私たちにとって重要なのは震災以後に刻まれた着実さに対する倫理——自らの実践がどのような影響を持つかに対して意識的であろうとする態度——であって、それは建築家たちが担うプロジェクトの規模の変化よりもはるかに重要な意味を持ち続けるだろう。

いま私たちが置かれている状況では、抵抗のために用いてきた言葉や概念(「多様性」も、「持続可能性」も)は瞬く間に強いものに絡めとられて陳腐化し、意味が無効化されてしまう。だからこそ支配的なシステムに対抗しようとするためには周縁のままでいること、周縁から考えることが重要である。社会の変動のなかで、建築という営為は遅いものに感じられるかもしれない。そして建築に携わる人々のさまざまな実践は、巨大な社会のうねりのなかではあまりにささやかな抵抗かもしれない。グラデュアリズムとは、そうした歴史のなかで埋没しかねない小さな実践を書き留めるための言葉であり、各々の場所で孤軍奮闘する実践者たちを連帯させるための言葉であり、そして周縁からできることを問うための言葉である。

「グラデュアリズム」をより深く知るために

●カール・ポパー『歴史主義の貧困』(岩坂彰訳、日経BP、2013/原著=1944)
●Charles E. Lindblom, "The Science of 'Muddling Through'," in *Public Administration Review*, Vol.19. No.2, Wiley-Blackwell, 1959, pp.79-88.
●谷繁玲央「グラデュアリズム——ネットワークに介入し改変するための方策」(「10+1 website」2020年1月号、LIXIL出版)
●Leo Tanishige, "What is 'Gradualism'?," in S AM Schweizerisches Architekturmuseum et al. ed., *Make Do With Now: New Directions in Japanese Architecture*, Christoph Merian Verlag, pp.138-143, 2022.
●ドン・ノーマン『より良い世界のためのデザイン——意味、持続可能性、人間性中心』(安村通晃+伊賀聡一郎+岡本明訳、新曜社、2023/原著=2023)

「グローバルサウス」

南からの近代

林憲吾
アジア建築・都市史

▼プリツカー賞の南への拡大

2022年のプリツカー賞は、西アフリカのブルキナファソ出身の建築家ディエベド・フランシス・ケレに授与された。1979年のプリツカー賞創設以来、初めてのアフリカ出身の建築家による受賞である。

10代に大工の勉強を始め、開発援助の一環で設けられたドイツでの技能研修プログラムに参加、しかしそのままドイツに居残り、高卒資格を取って大学で建築教育を受ける、という異色の経歴を持つケレは、第1作目であり卒業制作でもあった故郷ガンドに建てた初等学校から一貫して、土着材料の活用やパッシブな空調計画など、資源や資本が限られるアフリカの文脈に沿った建築作品を作り続けている。ベルリンに事務所を構えてはいるが、アフリカに軸足を置いた建築家である。そんな彼が、いまや建築界のノーベル賞とも形容される世界で最もポピュラーで権威的でもある建築賞を獲得したのだから、近年、国際社会で注目される「グローバルサウス」——主に南半球に集中しているアジア・アフリカ・中南米などの新興国や途上国——にまで、建築界の標準的な関心がいよいよ届いたといってよいだろう。

ただし、変化の兆しはその少し前、2012年の中国人建築家・王澍の受賞からだろう。21世紀に入って圧倒的な経済力をつけてきた中国は、巨大プロジェクトを続々と実現させ、世界の著名な建築家が腕を振るう場となった。そんな中国に対して、中国国内に目を見張るべき建築家がいないとするのはあまりにもバツが悪いと考えたかどうかまでは定かではないが、中国系アメリカ人のI・M・ペイは別として、中国から初めてのプリツカー賞受賞者を選出した。とはいえ、成金趣味な建築とは一線を画し、それでいて安価な労働力という新興国なりの経済状況をうまく使いながら、レンガや石による手の味わいと中国の悠久さを兼ね備えた建築をつくる王を選出したことは、中国への冷静な目と敬意が向けられた評価だったといえよう。

その後、2016年にはチリからアレハンドロ・アラヴェナを、2018年にはインドからバルクリシュナ・ドーシを選出している。もちろん2012年以前にもグローバルサウスに相当する地域からの受賞者はいるが、メキシコのルイス・バラガン（１９８０）、ブラジルのオスカー・ニーマイヤー（１９８８）とパウロ・メンデス・ダ・ローシャ（２００６）の３名であり、近年の増加は顕著である。

歴代の受賞者が西洋に偏るこの賞を「西洋中心主義」と批判することは容易い。だが、２０２４年の山本理顕を含めて９名もの日本人建築家が選出されている。この事態をどう見ればよいか。たしかに日本は非西洋の代表格として西洋とは異なる文脈を生かし、独創的で質の高い、人々を感化する建築をつくり続けているとして、世界は評価し、日本もそのことで矜持を保っている。しかし日本は世界経済で優位に立った先進国であり、工業化や情報化の水準も西洋と同じグローバルノースに位置づけられる。つまり私たちは「グローバルノース」中心に建築を評価してきたというべきだろう。

▼南に近づく北

では、なぜいま関心がグローバルサウスにシフトしているのか。理由は大きく2つ挙げられる。第1に、人口と経済においてグローバルサウスの存在感が高まっているから。第２に、「ノースのサウス化」とでも喩えられる事態が生じているからである。順を追って説明していこう。

そもそもグローバルサウスという言葉は、「南」が付いているように、南北問題とその根本的な原因である植民地主義に由来している。南北問題とは、北半球と南半球の経済格差や社会の不均衡を表す。南北問題が広く知られるきっかけになった１９８０年のブラント委員会報告（「南と北――生存のための戦略」）によれば、当時、北半球――主に北緯30度あたりより北側――には、世界の４分の１の人口に対して５分の４の富が集中し、工業生産はじつに90％以上を占めていた。この不均衡を生み出したのが植民地支配である。北側の先進国のほとんどはかつて宗主国であったし、南側の途上国のほとんどはかつて植民地であった。北にはなく、南にしかない熱帯の資源を有利に手に入れるため、北は南を統治し、南を世界経済の周縁的な地位に追いやりながら自らを中心にして繁栄した。熱帯の資源を本国に持ち込みたい欲望が、近代の世界経済を突き動かしたわけである。そう考えれば、イギリスの植物園に熱帯植物のための鉄とガラスの巨大な温室が生まれ、それが近代建築を切り拓いたのも故ありなのだ。

だが、21世紀に入って、北と南のパワーバランスには地殻変動が生じている。まず人口である。アフリカ地域研究者の峯陽一が21世紀を「アフラシアの時代」と表現するように、２１００年にはアジア・アフリカの人口は世界人口のおよそ８割を占めるといわれる。南米などを含めればグローバルサウスが圧倒的なマジョリティになる。

次に経済。途上国と呼ばれていた国々から経済成長著しい新興国が続々と出現している。「南」ではなく「グローバルサウス」という表現が近年は好んで使われる一因に、貧富の格差に地理的概念が適合しなくなってきたことが挙げられる。20世紀終わりの四半世紀に新自由主義が経済のグローバル化を一段と推し進めた。その結果、多国籍企業は生産拠点を世界各地に分散させ、そのハブとして北と南を問わずグローバルシティが出現し、それらが経済の推進力となり新興国が生まれた。かつて植民地から独立した国々がアメリカやソ連に属さない別の勢力として自らを「第三世界」と呼称したように、北に従属した南ではない、対等な勢力との意味を込めて、インドなどは特に自らを「グローバルサウス」と積極的に呼称している。他方で、例えば新興国の都市と農村の格差はいまだに大きく、ある意味でグローバルサウスのなかにノースとサウスが生まれている。経済の中心と周縁がグローバル化によって流動化していることも「グローバル」が付いた理由である。このような圧倒的な人口と経済力の上昇を背景に、建設活動の中心はグローバルサウスに移行しつつある。

とはいえ、建築に取り組む私たちがグローバルサウスに着目すべきなのは、人口や経済に表れる圧倒的な存在感のみが理由ではない。近年、日本を含むグローバルノースの先進国は困難や行き詰まりに直面しているが、グローバルサウスがそれを打開する参照点になるからだ。先進国は人口減少社会や低成長社会に突入し、地球環境問題も重なって、自然、社会、経済いずれも厳しい環境にある。そのなかで、いかに人々の幸福や豊かさを実現するかが問われている。その状況は、

資源不足や貧困、格差などさまざまな問題や制約を抱えるグローバルサウスでの建築実践に通じるところがないだろうか。例えば、土着材料の応用に取り組むケレは、地球環境問題に向き合う建築家たちの態度と相通じ、住人の経済状況や生存戦略に合わせた増改築を許容するアラヴェナのコアハウジングは、セルフビルドによって建設への主体的かかわりを回復したり、コミュニティの再構築に努める日本の建築家たちの実践とも相通じる。従来の成長主義的な手法が限界を露呈している先進国の現況は「グローバルノースのサウス化」と形容できよう。リノベーションを重視するラカトン&ヴァッサルやコミュニティを重視する山本が、グローバルサウスの建築家たちに並んでプリツカー賞に選ばれているのは、ごくごく自然なことなのだ。21世紀の建築はグローバルサウスの経験に必然的に近づく。

▼西洋中心主義を脱する

ただし、ここで注意しなければならないのは、グローバルサウスの建築家がいま評価されているからといって、社会的、経済的、政治的に厳しい制約のなかで、近代主義的な思考に基づきより質の高い建築をめざす試みが、いまになって登場したわけでは当然ないことである。例えば、熱帯への適応は、植民地期からつねに追求され、1954年にはAAスクールに熱帯建築学科が設立されるなど、一貫してイギリス人建

築家らの知的な取り組みであったことは、シンガポールの建築史家ジィアットウィー・チャンが詳らかにしているところだし、住人の自助を取り入れたアラヴェナのような住宅供給は、１９６０年代のスラム改善の現場では、イギリス人建築家ジョン・ターナーらによって、すでに採用されていた。日干しレンガの近代建築を模索したエジプト人建築家ハッサン・ファトヒーのような現地の建築家はもちろんいたが、このような取り組みを率先していたのはむしろ西洋の建築家たちであり、グローバルサウスは西洋でのモダニズムとは異なる建築を模索する知的生産の場であった。

　しかし、そのような事実は、有名ではあるが、えてして近代建築の傍流に置かれてきた。その理由は、近代建築に対する西洋中心あるいはグローバルノース中心の**歴史**観にある。すなわち、工業化や経済発展をいち早く遂げた西洋で合理主義、機能主義に基づくモダンムーブメント（近代建築運動）が生まれ、その影響が世界全体に波及した、という語りである。これは建築に限ったことではない。インドの歴史家ディペシュ・チャクラバルティは、「まず西洋、それからあらゆる場所へ」という構造が近代史の語りにあると批判し、西洋を地方化（Provincializing）するための歴史に長年取り組んできた。建築を新しくしたいのならば、私たちも同様に、自分たちにこびりついた偏った歴史観を是正するために、西洋の近代建築史を地方化しなければならない。

　とはいえ、西洋中心の近代建築史を批判し、地方化する取り組みは、ここ四半世紀ほどでかなり進展した。西洋でそれをリードしたのは間違いなく「批判的地域主義」などを提唱した建築史家ケネス・フランプトンだろう。彼が監修した『World Architecture 1900-2000』全10巻は世界全体の近代建築を見渡した初めての書籍といえる。また、「もうひとつのモダンムーブメント」という言葉を用いて王道のモダンムーブメントとは別の近代建築が西洋のなかにもあることを提示した。

　他方、アジアでそれをリードしたのは、日本の建築史家・村松伸とシンガポールの建築史家ヨハネス・ウィドドである。彼らが中心になって２００１年に立ち上げたｍＡＡＮ（modern Asian Architecture Network）はアジアなりの近代建築のあり方を提示してきた。そのメンバーであった私も東南アジアの専門家とともにｍＡＳＥＡＮａ（modern ASEAN architecture）というプロジェクトを行い、東南アジア諸国の近現代建築の研究や保存に取り組んでいる。21世紀の始まりに比べれば、西洋の近代建築の地方化は着実に進み、世界各地に独自の近代を認める言説はそれなりに広まった。

　だが、ポストコロニアルの視点からモダニズムを論じる建築史家ヴィクラマディティヤ・プラカーシュにいわせれば、それでもやはり西洋は西洋のままだという。非西洋が西洋からの影響を組み込みながら自らの近代を語るのとは対照的に、西洋は影響を与える側で受ける側ではないという前提がどこか西洋の近代建築の語りには横たわっているからだ。それは現代のグローバルノースがサウスに向ける態度も同じだろう。グローバル化を成長力にしてきたのだから、西洋や先進国とて真空ではありえない。非西洋あるいはグローバルサウスとの相互依存関係のなかで「グローバルモダニズム」は成立していたはずだとプラカーシュはいう。

では、こうした私たちの認識上のバイアスをできる限り払拭するには、どうすればよいか。私の考えを述べるなら、西洋中心という批判をさらに先に進め、これまで北から見てきた近代建築の世界を南から眺め直す視点の転回が必要である。つまりグローバルサウスの建築にただ着目するだけではなく、グローバルサウスから世界の近現代建築を理解し直すのである。それにより、近代以降の建築の限界や問題とともに、次の時代の建築を切り拓くためのヒントが得られるはずである。

▼グローバルサウスから近現代建築を眺める

グローバルサウスから近代あるいはそれに続く現代建築を捉え直すとはどういうことか。具体的には以下の４つの視点に立つことである。最後にそれをまとめておきたい。

第１に、たとえ近代建築の中心と呼ばれる地域でも、政治・社会・経済面で周縁的な立場を強いられた地域や、自然環境の異なる地域からの恩恵なしには、建築の発展はありえなかったという視点である。これは現代の最新テクノロジーにもあてはまる。例えば、ＣｈａｔＧＰＴにはよく使う特有の言い回しがあるという。それには訓練用データのために安価に雇用されたアフリカ人の口癖が伝染した可能性が報じられており（『日本経済新聞』２０２４年６月21日）、英語を植えつけられたアフリカのポストコロニアル性が多分に含まれた内容である。

そもそも植民地主義とは中心が周縁を養分にすることであり、その構造やそれが生み出した負の遺産はコロニアル以降にしばしば温存されている。美術史家の山本浩貴は、社会が隠蔽してきたそうしたポストコロニアルの問題に目を向ける動きを、西洋や東アジアの現代美術に見出している。ここに挙げた第１の視点は、そのような美術家たちの視点に学ぶところも大きいだろう。

第２に、技術や資本をいち早く集積させた先進地域の建築や思考が、しばしば規範や憧れとなって他地域に蔓延するという視点である。西洋が中心に見えるのは、やはり西洋のモダンムーブメントを世界が追いかけたからでもある。建築の先進性がもたらすこうした憧れや矜持は、建築外交として政治的にも利用される。例えば、冷戦下でグローバルサウスの国々を東西両陣営が自分の陣営に引き入れる手段として建築の援助を大いに活用したことは近年盛んに研究されている。建築への憧れは、否が応でも国のイメージや国際関係に影響する。したがって、私たちが抱く憧れの対象を意識的に大きく変えてみたりすると、世界の建築は別の様相を呈するかもしれない。

第3に、周縁や後進と位置づけられてきた地域は、けっして先進地域の二番煎じに終わったわけではなく、別の建築の可能性を開くような知が生産されたという視点である。冒頭から述べてきたように、パッシブ、伝統的な材料の利用、セルフビルド、コミュニティ参加など、現在、日本や西洋で盛んに取り入れられているこれらの手法の萌芽はグローバルサウスにある。また、私たちは近代を「機械の時代」と位置づけるが、他方で世界の工場が南に向かうのは手作業の労働集約的な利用を経済成長の源にしてきたからだ。そのためグローバルサウスでは、労働集約と相性のよい素材が好まれ、例えば、レンガ造モダニズムと呼べるような実践は各地に見られる。西洋の先進国とは、気候も技術水準も経済的条件も大きく異なったグローバルサウスでは、その条件下で近代化を遂げようとする工夫や知恵が生まれた。そのような知は意識的、無意識的にグローバルノースに取り入れられている。

第4に、モダニズムの拡大は、南北格差や戦争、人種差別、地球環境への負荷など社会の歪みをつねに伴っていたと同時に、国際連合の創設や反戦運動など、それらを是正する試みもまた生まれ、そこに次なる建築の可能性を見出すことができるという視点である。ニューヨークの国連本部ビルは、国を越えた建築家たちの共同設計という試みだったし、ヒッピームーブメントは地球環境や多様性に寄り添う建築を生んだ。近代の暗部を反省し、どうにかそれを乗り越えようとする運動もモダンムーブメントといえるだろう。

現代の私たちは近代の延長を生きている。建築を新しくするには、自らがよって立つその基盤を解体する前に、その基盤を違う目で理解するところからはじめたほうがよい。ひとつの地球には驚くほど異なる環境が溢れている。と同時にこの時代はグローバルにつながっている。それを実感させてくれる言葉がグローバルサウスである。そこから南北という枠組みすら越えた新しい建築も見えてくるに違いない。

「グローバルサウス」をより深く知るために

- Dipesh Chakrabarty, *Provincializing Europe: Postcolonial Thought and Historical Difference*, Princeton University Press. 2000.
- Jiat-Hwee Chang, *A Genealogy of Tropical Architecture: Colonial Networks, Nature and Technoscience*, Routledge. 2016.
- 松下冽＋藤田憲編著『グローバル・サウスとは何か』（ミネルヴァ書房、2016）
- Vikramaditya Prakash, Maristella Casciato and Daniel E. Coslett, *Rethinking Global Modernism: Architectural Historiography and the Postcolonial*, Routledge. 2021.
- 『a＋u 特集：フランシス・ケレ』（新建築社、2022年5月号）
- ケネス・フランプトン『モダン・ムーブメントの建築家たち――1920-1970』（牧尾晴喜訳、青土社、2023／原著＝2022）

制度と専門性を超えた建築へ

金野千恵
建築家

▼眼前のケアと語源の広がり

建築を専らとする人間として最初に「ケア」に触れるのは、もしかしたら「高齢者、障害者等の移動等の円滑化の促進に関する法律」(バリアフリー法)に関連する建築の基本的な作法であり、さらに計画学を通した病院・福祉に関する施設計画の特性などを机上で学ぶ場面かもしれない。例えば、福祉施設の住まいの居室は○○㎡以上、廊下幅は△△㎜以上で手すりを設けること、効率と管理の容易さを考慮した動線計画などなど、数多の作法を目にする。これらは実際にケアにかかわる建築(以下、ケア建築)を設計するうえで必要な知識であるものの、どうも、そこに居る、過ごす人々が想像しにくい。なぜならば、これらの作法が〝平均的〟かつ〝抽象的〟な人間像を基準に定められ、歴史や地域といったコンテクストなく画一的に決定される(少なくともそのように見える)ためだろう。こうしたケア建築を、手放しに魅力的だと感じる学生は多くない。正直、学生の時分には私も先入観を持っていたし、かつて大学で建築計画学の座学を担当した時には、制度に基づくケアの作法を学生に説明していた。これら制度の整備を頭ごなしに否定はできず、それによって人々の安定した暮らしが保障され、家族が働くことをも可能にするなど、社会の基盤をかたちづくってきたことは疑いようがない。しかし実際、ケアの現場に触れると、制度による施設型の建築が窮屈に感じられる場面が多々ある。近年は、制度を超えた広義な福祉をめざすケアの実践者が現れ始めているものの、建築がその足枷になっている状況も少なくない。私たちは創造的に拡張されつつあるケアの概念に相応しい建築を求めてアップデートする必要がある。さらに、ケアを通して施設型建築が革新される時、近代の延長にある今日の建築そのものが創造的に拡張される可能性があると感じている。

ところで、「ケア」とはどういう意味か。広辞苑によるとこの言葉は、①介護。世話。「――ワーカー」「高齢者を――する。」②手入れ。「ヘアー――」などと記されている。私たちがこの言葉に対してまずイメージするのは、①の福祉的な介護、看護、世話や、「take care of ~:~の世話をする、面倒をみる」といったイディオムの状態で、祖父母や親の介護の経験、まちで見かける障がいを抱える人の存在、子育ての経験など、私たちの日常の暮らしに遍在している。しかし、核家族化や持ち家政策が進んで多世代の暮らしや隣人とのかかわりが減少し、社会の機能分化によりサービスとしてのケア提供が進んだ現代においては、必ずしも個々人が生活のなかでケアを経験するわけではない。一方で、②に例示されるヘアケア、スキンケア、メンタルケアなど心身の手入れに始まり、植物、衣服、ペットなどまで、身の回りの事物の状態を良好に保つ行為としても使われるこの言葉は、無意識のうちに私たちの暮らしに浸透している。さらに、外来語であるケア（care）という言葉の語源を調べると、ラテン語のクラ（cūra）あるいは、コレレ（colere）に辿り着く。cūraは、①注意、世話、心配。②保護。③手入れ。④看護、治療。そのほかにも研究、不安などがある。colereは、①手入れする、世話する。②耕す。③栽培する。④飾る。⑤住む。そのほかにも愛する、祭る、などの意味をもち、英語のculture（文化、教養）、cultivate（耕作する）の語源である所以も窺える（『羅和辞典』研究社）。私たちは、専門家として知識を携えるプロセスのなかでいつしか「ケア」という言葉の限定的な側面を強化し、元来この言葉がもっていた拡がりを矮小化してしまったのではないだろうか。現代の創造的な実践の多くは、こうした「ケア」の原理へ回帰する動きともいえ、私たちもこうした視座を共有する必要がある。

▼制度のなかのケア

私たちの環境をかたちづくっている〝制度のなかのケア〟の現在地を確認するため、社会福祉にかかわる制度の変遷を整理したところ、ケア建築をおよそ４つの世代に分けることができた。

１９２９年に「救護法」が制定されたのち、社会が飛躍的な発展を遂げた１９５０、６０年代は、高齢者、子供、障がい者の区別のもとで高齢者施設をはじめとする建設整備が始まり、これらは「日本の福祉制度の創成期をかたちづくるケア建築の第1世代」、と呼ぶことができる。

その後、１９７０年に高齢化社会（総人口に対し65歳以上の人口が占める割合、7％以上）を迎え、年金法の制定や、高齢者施設のみならず児童養護施設、盲ろう学校といった福祉施設の整備が促進され、１９７０、８０年代は、「国の保障や制度の改良によりケア建築が発展した第2世代」といえる。

続く１９９４年に高齢社会（同、14％以上）、２００５年に超高齢化社会（同、21％以上）を迎え、大きな変革を生んだのが２０００年の介護保険法の制定である。「措置から契約へ」と表されるこの制度は、かつて行政主体で措置として提供されていた福祉サービスを原則廃止し、民間事業者の参入を前提に利用者とサービス提供者の間で契約を交わす市場原理が導入されたのだ。こうして施設の個室化や小規模化などケアの質が問われ始めた１９９０、２０００年代は「市場原理とともに個を尊重するケア建築に移行した第３世代」といえる。

さらに２０１４年、住み慣れた地域で最後まで自分らしい暮らしを続けるための指針「地域包括ケアシステム」が具体的な政策となり、２０１８年の「共生型サービス」により高齢者や障がい者が居場所を共有する枠組みが運用開始となった。住まいと施設、高齢者と障がい者といった制度の分節を越えて地域とつながろうとするこの２０１０年代以降の動きを「地域とつながり制度を越境する第４世代」と呼ぶことができる。

しかし、第３世代までの流れを基盤としながら第４世代を体現するケア建築はまだ多くない。建設業の仕組みや建築の法改正には絶対的な時間を要するため、社会制度の本質と建築がともに進化することは難しく、真に求められる個の尊重や、地域とつながる拠点の計画は未だ容易でない。さらにいえば、時代の要請を追った制度であっても、整備の過程で捨象してきたものが現場では見え隠れするのがつねである。

廊下は広すぎると向こう側へ歩くのが危ない、自宅の半間の廊下なら安心なのに。／施設の利用者は大半が車椅子利用なので歩行用手すりは誰も使わない。／一律に設置された点字ブロックで高齢者が躓く、小さな施設で視覚障害の来客には声掛けで案内するのになぜ設置？　などの疑問が現場のスタッフの間で広がる。これらに「制度なので必要です」と返答するのは容易だが、本当にそれでよいのだろうか。施設整備の基準や建築の制度は、実際に住まう人の身体能力の見込みが不十分であったり、さまざまな状況にある人を押し並べて網羅しようとするがゆえ、目の前の人々に盲目的になることがある。制度を当たり前に受け止めるのではなく、一つひとつを疑いながら複雑にもつれた紐を解かないことには、豊かなケアの空間は生まれないだろう。

▼思想としてのケア

ケアは社会や時代の変化に伴ってさまざまに議論されてきた広がりのある概念である。いち早くこの概念を論じ始めたのが、オーストリアの哲学者イヴァン・イリイチである。イリイチは、学校（『脱学校の社会』１９７１）や病院（『脱病院化社会』１９７５）といった制度の形作る社会サービスの根底に潜む権力が、人間の身体を歪ませ、自立・自存の意欲や機会を奪っているとして現代文明を批判した。さらに、彼は著書『シャドウ・ワーク』（１９８１）のなかで、世話や看護といったケアについて、「もともと十九世紀の家庭において女性が一銭も支払われることなしに行なったり作ったりすることを強いられたあの徒労」と表現し、ケアの専門家が出現することで専門的に管理される「シャドウ・ワーク」をサービスとして創出し、過度に専門制度化された世話（ケア）を批判している。また、イリイチはこの市場経済の影を成すシャドウ・ワークから自立・自存の生活を救うための手立てとして、「ヴァナキュラーな領域」——互酬によって営まれる暮らしの創出やそれにつながる議論が起こることを鼓舞した。それから40年余りが経った2024年の日本では、超高齢化社会に突入し、ケアのサービスを単純な「徒労」と見なすにはその需要が肥大化しており、サービスとしてのケアに光を当てることも必要不可欠であろう。しかし、改めてイリイチの問題提起を省みるならば、サービスを携えたヴァナキュラーな領域の創出へと向けた議論が、一層、切実なものになると考える。

公共政策や科学哲学の研究者である広井良典は、社会保障に関する政策づくりから哲学的な考察まで幅広く活動を行い、ケアについても多くを著すなかで、「経済が進み、家族や共同体の凝集力が弱まり、「個人」が単位の社会になっていくことと併行して、他者へのかかわりということもより自発的・積極的なものとなり、その過程のなかで「ケア」ということばの意味ないしニュアンスも変化を遂げてきたのではないか」と述べ、長い実務や研究を通した実感として、ケアという言葉の概念が、つねに社会の有り様とともに変化してきたことを語っている。さらには、「ケア学」という分野の存在を想定し、「必然的に「マージナルmarginal」な科学ないし学問にならざるをえない、と考えている。「マージナル」とは「境界的」であるということであり、それはすなわち「越境的」、つまり境界を突破していくということである」と述べ、仔細な線引きに拘るのではなく、境界的な幅を持つ分野としての可能性を思考すべきと記している（『ケア学——越境するケアへ』医学書院、2000）。また、ケアが狭い専門分野や役割分担に仔細に線引きして閉じるのではなく、広く多様な領域・モデルの知見を積極的に取り込み、調整を行う役割があることを述べている。

臨床心理士である東畑開人は、沖縄のとあるデイケアでセラピーとケアの役割を行ったり来たりした経験から『居るのはつらいよ——ケアとセラピーについての覚書』（医学書院、2019）を著し、「ケアされることで、ケアする。（中略）心を使って、心に触れて、心に良きものをもたらす仕事では、ケアしてもらうことでケアをしているというふしぎなことが起こる。サービスと貨幣の交換という世間一般の常識とは違ったことが起こるのだ」。さらに、「個々人の「する／される」以前に、デイケアというコミュニティに必要性が生じて、それに対応するために自然とケアが生じていたのではないか」としている。制度のうえにつくられたコミュニティであっても、そこにはスタッフと利用者の間にある「する／される」の関係性以前に、日常の延長として自然と発生するケアがあり、それが実際の現場の有り様だということなのだ。

加えて、こうした状況を表す思考として、哲学者の國分功一郎が『中動態の世界——意志と責任の考古学』（医学書院、2017）で記す、受動態でも能動態でもない〝中動態〟が挙げられる。「能動では、動詞は主語から出発して、主語の外で完遂する過程を指し示している。これに対立する態である中動では、動詞は主語がその座〔siège〕となるような過程を表している。つまり、主語は過程の内部にある」と述べている。「生まれる」「寝ている」「座っている」といった行為の内側への主体の位置づけが、中動態の定義なのである。抽象的な人間をモデルに施設型建築を学んできた私たちは、利用者を外から眺めるように対象化して計画を進めることも少なくない。しかし、こうした利用者の過度な対象化によって、東畑の述べるような自然なケアの発生は機会を逸し、こぼれ落ちる可能性がある。この機会を掬い上げるべく「する／される」という関係に疑念を持つ時、國分の示す中動態の視座のように自身を過程の内側に位置づけることで、新しいケア建築へのパースペクティブが開かれる可能性があるだろう。

▼第4世代のケア建築とその先へ

「ケア」をめぐる現場の異和を踏まえ、制度のなかのケアと思想としてのケアという2つの視点からその意味やケア建築の所在を整理してきた。今後、私たちはケアの思考をいかに育み、第4世代のケア建築にどのように取り組んでいけるのか。ここでは、私が携わった2つのプロジェクト《地域ケアよしかわ》（2014）と、《春日台センターセンター》（2022）を振り返りながら、制度、思想の蠢きのなかで輪郭を現してきたケア建築について記述する。

2014年、独立して3年目に埼玉県吉川市の《地域ケアよしかわ》にかかわった当初、先入観のなかに居た私はなにができるのかと悶々としていた。しかし、始まるや否や不安は払拭された。運営法人の代表から「ケアは看護、介護、世話といった意味に加えて耕すという意がある」という話を聞き、視界が広がったのだ。計画は団地のシャッター商店街の一角を改修して訪問介護の事業所をつくるもので、最終的には大きく透明な引き違い窓やベンチの居場所が団地商店街のアーケードとつながるおおらかな居場所となった。予想に反してこの場には多くの子どもが集まり、次第にその子どもたちを後期高齢者のおばあちゃんたちが支える食事の場〝みんなの食堂〟が始まった。食材は近隣の農家が持ち寄り、子どもたちの「ありがとう、ごちそうさま」に英気をもらう女性たちが調理する。そこには貨幣の交換なく自然にケアが生まれ、あっという間にまちのアクターをつなぎ、地域を耕す拠点として稼働し始めた。この拠点で訪問ケアに携わる人々は地域をぐるぐる回りながら、日常的に人々の活動やスキルや特徴を網目状かつ具体的に捉えており、必要に応じてネットワークの結びつきを考案できる。文化人類学的ともいえるケア職の人々の視点が、この先のまちを創出する可能性を秘めているように感じられた。

これを契機にいくつかのケア建築のプロジェクトが始まっ

た。2015年末に始動し2022年春にオープンした神奈川県愛川町の《春日台センターセンター》も、そのひとつである[12-1]。高齢者の住まいやデイサービス、障がいのある人が働く場、言語の壁で教育格差を抱える子どもの通う寺子屋、家庭内の家事を補助する洗濯代行や惣菜販売、開かれた**コモンズ**ルーム。これらを組み合わせ、かつて賑わったスーパー「春日台センター」の跡地を集いの場として再構成した計画だ。当初の想定から敷地、規模、プログラムなどが変わって枠組みづくりから施主との協働が始まり、行政の多数関係課、地権者、多数プログラムの指定権者など協議の相手が芋づる式に増え、容易には進まないことを悟った。その時間と向き合うように、事業者とともに地域の寄り合いを始めた。その寄り合いは拠点の計画を目的にしたものでなかったため計画には触れず、純粋にまちの

12-1：《春日台センターセンター》　撮影＝morinakayasuaki

暮らし、人、資源を理解しながら時間を共有する集いとなった。私自身も建築家という専門性を超えて自発的にそのコミュニティでの役割を考えていたが、いま思うと、時間と場を共有してそこに居ることが重要だったように思う。

　これらの経験から、建築設計者が専門家としての役割に執着せず、事業者や地域の人々など場のステークホルダーとビジョンをともにして、制度を乗り越えようとする時、第4世代のケア建築が立ち現れるのではないかと感じている。さらにはケア建築のみならず、建築家が近代の発展のなか制度整備とともに歩んできた専門家としての道を越境し、自らを主体として過程のなかへと位置づけるようなパースペクティブが、この先の新たな建築のあり方への視座を与えてくれる予感がしている。

「ケア」をより深く知るために

- I・イリイチ『シャドウ・ワーク——生活のあり方を問う』（玉野井芳郎＋栗原彬訳、岩波現代文庫、2006／原著＝1981）
- 広井良典『ケア学——越境するケアへ』（医学書院、2000）
- 東畑開人『居るのはつらいよ——ケアとセラピーについての覚書』（医学書院、2019）
- 日本建築学会編『ケア空間の設計手法 地域にひらく——子ども・高齢者・障がい者福祉施設』（学芸出版社、2023）
- 山田あすか『ケアする建築——「共在の場」の思想と実践』（鹿島出版会、2024）

情報を媒介に建築はより広く異分野とつながる

小見山陽介
建築家

▼1995年――建築と情報の転換点

日本建築学会の会誌『建築雑誌』で、2014年5月に特集「建築情報学　アーキインフォマティクス」が組まれた。その特集主旨では、遡ること約20年前の同誌1996年6月号特集「建築の情報化」で、1887年創刊という長い歴史を持つ日本建築学会会誌の特集名に初めて「情報」という単語が登場したこと、そして、それが「建築と情報の関係性を考えるうえで大きな時代の転換期」となった1995年の翌年であったのは偶然ではないことが述べられている。1995年は、Windows95の発売により個人レベルで広くコンピュータが普及し、阪神・淡路大震災後の情報発信でインターネットの威力が認められ、インターネット元年と呼ばれた。情報技術の発達と建築の歴史は、どのように重ね合わせることができるだろうか。あるいは、建築の認識やつくられ方は情報によっていかに変えられてきたのだろうか。そしてその学際的領域はどのような学問の枠組みによって担われうるのだろうか。「10+1 website」（LIXIL出版）の2017年12月特集「建築情報学へ」と、2018年に同サイトで連載された「建築情報学会準備会議」を経て、2020年に建築情報学会が設立された。論文集では執筆言語を英語とし、オープンアクセスのオンラインジャーナルとするなど、国内の研究成果を世界に広く発信する受け皿となることが企図されている。また、学会は国際経験豊富なメンバーによって運営され、YouTubeの建築情報学会チャンネルには他国の設計者・研究者も登場するなど、世界と同期した活動が展開されている。筆者は同学会設立に際して執筆した「建築情報史試論」（『建築情報学へ』所収）において、建築情報の歴史を、建築をつくる際のプロセスに沿って、感性・表記・生産・環境・管理の5つの側面から概観した。設計・建設行為における建築情報は、設計者の構想あるいは現実世界そのものを情報としていかに記述し（表記）、またその情報をいかに現実世界に物質化し（生産）、結果構築されたモノと情報をいかに同期するか（環境）、の3段階で登場するといえるだろう。またその前段階として設計者の構想自体への影響（感性）と、後段階としてつくり出され蓄積された情報をいかに利用していくか(管理)も、重要な側面であると考えた。本稿ではこの「試論」の記述を再録しつつ、「建築情報学」の可能性について考える。

▼情報と感性——情報技術と建築文化との往還

冒頭で挙げた1995年は、ニコラス・ネグロポンテ『ビーイング・デジタル——ビットの時代』が出版された年でもある。1990年代後半を席巻したITバブルの「聖書」とも言われる本書の帯には、「アトム[物質]からビット[情報]へ!」とのスローガンが謳われ、デジタル革命によって社会構造や人々のライフスタイルに起こるとした予想の多くが的中した。本書では「ミース・ファン・デル・ローエの「レス・イズ・モア」など「コンピュータの設計に取り入れられた建築上の貴重な概念はいくつもある」とも述べられている。著者であるネグロポンテはマサチューセッツ工科大学(MIT)の建築学部で学んだ人物だ。リチャード・バックミンスター・フラーやヴァルター・グロピウスらの影響が残る当時のMITで、ネグロポンテが指導を受けたのは、後述するSketchpadの開発者アイバン・サザランドらであった。1966年に建築学部の教員となると、ネグロポンテはコンピュータを建築や都市計画に応用する研究を行うアーキテクチャー・マシン・グループを立ち上げた。

『建築雑誌』2015年7月号特集「メディア・コンテンツ化する建築」の特集主旨では、「本来的に動かすことができない建物は、実際に訪れて経験される機会よりも、メディアを通じて経験される機会の方が圧倒的に多い」と述べられている。またその事例として、20世紀前半に『レスプリ・ヌーヴォー』誌に広告の論理を取り入れてメディア・コンテンツとしての建築の生産者たろうとしたル・コルビュジエ、20世紀後半に本、雑誌、広告、映像、展覧会などのメディアを通じて生産、流通、消費される建築のイメージとそれらへの介入の術について探求したレム・コールハースらを挙げている。

建築史上の偉大な建築も情報と無縁ではない。1931年に竣工しその後長く世界一の高さを誇った《エンパイア・ステート・ビルディング》(シュリーブ・ラム・アンド・ハーモン)は、ニューヨークにおけるテレビ・ラジオの電波塔としての役割も持っていた。戦争を挟んで、日本では1953年からテレビ放送が始まったが、1958年にはテレビ放送を含む総合電波塔として《東京タワー》(内藤多仲+日建設計)が建設された。1964年の東京オリンピックはアメリカに衛星中継されたが、競技会場のひとつ《国立代々木競技場》(1964)を設計した丹下健三は、社会に向けた直接的な働きかけの機会としてメディアと向き合った建築家でもある。例えば丹下による《東京計画1960》は、その途中経過が総合週刊誌(『週刊朝日』1960年10月16日号)で発表されたのち、自身も出演したNHK教育テレビジョンの特別番組「新しい東京「夢の都市計画」」(1961年元日のゴールデンタイムに放送)で初披露された。

▼情報と表記――実態を正しく投影する試行錯誤

　建築の生産、あるいは建築イメージの伝達にあたり、発信者の意図を、曖昧さの余地なくいかに他者に理解させるか。建築にとって、その情報の劣化や誤読、すなわち可変性は長らく乗り越えるべき課題であった。古代ローマ期の建築家ウィトルウィウスは幾何学的な意図を現場で作図可能な手順に置き換えることでそれを解決しようと試みたし、ルネサンス期には3次元空間を2次元平面上に翻訳する透視図法が発明された。マリオ・カルポは、建築図面がオリジナルであり、建築はそのコピーであるというレオン・バッティスタ・アルベルティが理論づけた表記と建設の分業を「アルベルティ・パラダイム」と名づけた。

　こうして分業化した設計と製造それぞれにおいて、コンピュータの可能性の追求は、アメリカ空軍の出資により1959年から70年にかけてMITで進められたComputer-Aided Designプロジェクトに遡ることができる。そのうち、図形を計算機で表現する技術はプロジェクトリーダーのひとりであったサザランドによって1963年にSketchpadとして実現された。この開発はCADやCGの先駆けであり、GUIの起源とも言われる。1981年には最初期の3DCADであるCATIA(ダッソー・システムズ)がリリースされ、AutoCAD(Autodesk、1982)、MicroStation(ベントレー・システムズ、1985)らが続いた。滑らかな曲線表現に適したNURBS曲線が1989年に実用化されると、それまでフリーハンドでしか描けなかった自由な曲線を、再現性をもって描くことができるようになり、Maya(エイリアス・ウェーブフロント、1998)、Rhinoceros(ロバート・マクニール、1998)など3次元の自由曲面を取り扱える3DCADが急速に広まる。その製図精度の高さにより、プレゼンテーションのためのビジュアライゼーションだけでなく、施工図面や加工図面までを一貫して描くことも可能となった。

　1994年、コロンビア大学にベルナール・チュミが設立した「ペーパーレス・スタジオ」は、1993年に『アーキテクチュラル・デザイン』誌でデジタル技術と建築の特集「Folding in Architecture」を編集したグレッグ・リンら、チュミが大学に招聘した若手建築家たちにより運営された。そこでは最先端のビジュアライゼーション・ソフトをインストールした専用のワークステーションが学生一人ひとりに与えられ、設計はコンピュータ上でなされ、最終成果物のプレゼンテーションもスクリーンに投影された3Dモデルで行われたのである。

▼情報と生産――人間の生産能力の拡張

　ゴシック時代の大聖堂は、着工から竣工まで数十年から数百年かかる。フランス・パリの中心部シテ島に建つノートルダム大聖堂は、12世紀半ばに着工し13世紀初めに完成したが、ファサードを構成する双塔は13世紀半ばに至るまで工事が続けられ、ヴォールトを支えるフライング・バットレスの取り替えなどを含むと最終的な竣工は14世紀半ばであるとされる。着工当初のロマネスク様式から初期ゴシック、ゴシック・リヴァイヴァルまで、ひとつの建築のなかに時代ごとの異なる様式が混在することも当然の帰結であった。一方、建築家の職能が確立し始めたルネサンス期以降は、一貫した建築家の構想が正しく建築として生産・製造されることが目指されてきたといえるだろう。近代建築運動の礎となったアーツ・アンド・クラフツ運動以降、近代建築史の表舞台から去ったイギリスが再び建築運動をリードした1970年代からのハイテック・スタイルの隆盛においても、リチャード・ロジャースやノーマン・フォスターといった建築家たちの建設テクノロジー追求へのモチベーションは、伝統的な施工方式が現場でのミスが多く、建築家の意図を反映できていないことへの不満であった。

プレファブリケーション建築の嚆矢といえば、1851年の万国博覧会会場となった《クリスタル・パレス》であるが、工場生産された大量の鋳鉄柱にすべて固有の番号を振って管理することは不可能であると考えられたことから、現場で部材を取り違えて接合できないリスクを回避するために、負担荷重に応じて肉厚を変えることで鋳鉄柱の外径を統一し接合部を標準化したことが指摘されている。《クリスタル・パレス》の竣工後には、それを読めば誰でもどんな場所でもクリスタル・パレスを再現できることを謳った図面集（抜粋された施工図面）も1852年に出版されている。こうした大量生産における正確性を追求するために、機械工作において工具の移動量や移動速度などを数値で制御することを数値制御（Numerical Control、NC）という。ニール・ガーシェンフェルドの言葉を借りれば、こうしたオートメーションの発明によって「1台の機械が大量のものを作れるようになったが、同時に、それまで多くのことをやっていた一人の労働者がひとつのことしかやらなくなった。ものをつくる方法を考えるのは、専門のエンジニアの仕事になった」のである。デジタルファブリケーション技術は「減算系」と「加算系」の2つに大別されるが、切削していくCNC（Computer Numerical Control）マシンは前者、積層していく3Dプリンタは後者である。フォスター・アンド・パートナーズによる火星居住プロジェクト「Mars Habitat」（2015〜）は、現地で調達可能な材料による建設を3Dプリント技術の応用で実現しようとするものだ。近年では、複雑な形状をもった施工難度の高い建築物において、設計者と施工者の間に入り、合理的な形態への調整や部品製作・施工方法の検討を行うジオメトリ・エンジニアのような新しい職能も生まれている。

▼情報と環境——情報を建築・都市に埋め込む

情報空間上に現実の似姿をつくる、あるいは現実空間から情報を読み取ることで、現実を再現あるいは超えていくためのシミュレーションやVRなど、物質と情報の同期を図る試みにも触れたい。デジタルツインは、情報空間に現実世界の双子のような環境を再現する技術である。情報が埋め込まれ、更新され続ける現実の複製という意味では、都市模型もその試みの先駆と見てよいだろう。また、より直接的に情報を環境化する例として、場所とイメージに基づくルネサンス期の記憶術も挙げることができよう。それは、桑木野幸司『記憶術全史――ムネモシュネの饗宴』（講談社選書メチエ、2018）によれば「精神内の壮大な建築フレームに天地造化のあらゆる知を分類配置し、それらを永遠に固定することで、普遍知を体現する叡智の神殿を築こうとする試み」である。ルネサンスは発見の時代であり、印刷術の発明とその爆発的な拡散が、情報の爆発を生んだ。現実の都市空間はそもそも記憶の背景として設計されたわけではないので、記憶術師たちは記憶の容れ物として精神内面に精緻な仮想建築を設計し、鮮烈なメンタルイメージをさまざまに描き上げた。例えばイタリア・ルネサンスの思想家ジュリオ・カミッロは、記憶術の理論をベースに、劇場という器に森羅万象のあらゆる情報を整然と配置し、世界の雛形として記憶劇場を構想した。

1984年のTRONプロジェクトは、後のIoTともいえるユビキタス・コンピューティングを提唱した。坂村健「未来の建築家に宛てた書簡」によれば、TRONプロジェクトの研究開発で取られてきた姿勢は、コンピュータ・サイエンスが目指してきた抽象的な仮想空間ではなく、「リアルへの密着」であった。「住宅を構成するあらゆるモノの中にコンピュータが入」ることで、環境は「プログラマブル」なものとなり、「コンピュータの柔軟性を建築に――ひいては社会全体に埋め込みたい」と述べている。

▼情報と管理――情報共有社会の建築・建築家像

2006年にGoogle社の当時のCEOエリック・シュミットが初めて「クラウド・コンピューティング」という言葉を使用し、2010年には『The Economist』誌にて「ビッグデータ」の語が登場した。情報は手元で保存するものからクラウド上で共同保存するものへと変わりつつあり、大量に生み出された情報をどう管理し共有していくのかが問われることとなった。

ルネサンス期に手工職人的な原作者性を志向したフィリッポ・ブルネレスキは、建物の知的原作者は自分であることを物理的に明示し可視化するために、建設現場に終始出向いては必要な時にだけ少しずつ指示を与え、「私はあなたたちに私の計画を明かすつもりはないのです。もし私がしたら、あなたたちは私抜きにそれを建設してしまうでしょう」と言った。しかしいまや、ネットワークで接続されたシステムにおいては誰もが情報の受け手にも発信者にもなれるのであるから、ブルネレスキとは違う建築家像を立ち上げることも可能である。アジャイル・ソフトウェア開発のように、大きな単位でシステムを区切ることなく小単位で実装とテストを繰り返して開発を進めていく手法や、オープンソースのようにソースコードを広く一般に公開し、誰でも自由に扱ってよいとする考え方もありうるだろう。2001年開設のWikipediaのように、不特定多数のユーザーが共同してウェブブラウザから直接コンテンツを編集できるウェブサイトをＷｉｋｉという。2011年に開発が始まったWikiHouseは「持続可能な建築ソリューションは誰にとっても共通の知識であるべき」という考えのもと、誰もが自分の目的に合った美しく高性能な家を、簡単にデザインし、製造し、組み立てられるようにと公開された、オープンソースの建築システムである。

以上、情報技術と建築文化という切り口から建築情報の歴史を概観した。デジタル技術の普及以前から「情報」はつねに建築文化の通奏低音としてあったと同時に、近年「情報」によって建築のあり方が大きく動き出していることも事実である。2005年に水戸芸術館で開かれたアーキグラムの回顧展のカタログで建築評論家の五十嵐太郎は、アーキグラムの本質は「建築を情報に還元する」ことであると磯崎新『建築の解体――一九六八年の建築情況』（美術出版社、1975）が指摘したことに触れつつ、「メディア化によって、垂直性、固定性、不可動性など、建築を束縛する諸々の条件を解除したのである。そして情報に還元されたからこそ、建築をさまざまな異分野のものと等価に並べることが可能になった」と述べている。アーキグラムの「グラム」は、テレグラム（電報）、アエログラム（無線電報）にも使われる接尾辞「ｇｒａｍ（書かれた文字、描かれた絵）」である。60年前にアヴァンギャルドの先駆者によってテクチャーからグラムへと取り替えられた「アーキ」の接尾辞は、いま「インフォマティクス（建築情報学）」へとアップデートされた。建築のつくられ方、建築を成り立たせる仕組みが大きく変容しているいま、「情報」を媒介にして建築学はより広く異分野とのつながりを見出していくことになるだろう。その時、建築学が異分野から言葉を借りインスピレーションを得るだけではなく、ほかの学問領域の進展に建築学からもいかに寄与しうるのかが、筆者の現在の関心事である。

「建築情報学」をより深く知るために

- ビアトリス・コロミーナ『マスメディアとしての近代建築――アドルフ・ロースとル・コルビュジエ』（松畑強訳、鹿島出版会、1996／原著＝1994）
- ニコラス・ネグロポンテ『ビーイング・デジタル――ビットの時代』（西和彦監訳、アスキー、1995／原著＝1995）
- 坂村健「未来の建築家に宛てた書簡」（『バーチャルアーキテクチャー――建築における「可能と不可能の差」』（TOKYO UNIVERSITY DIGITAL MUSEUM、2000）
- マリオ・カルポ『アルファベットそしてアルゴリズム：表記法による建築――ルネサンスからデジタル革命へ』（美濃部幸郎訳、鹿島出版会、2014／原著＝2011）
- ニール・ガーシェンフェルド『Ｆａｂ――パーソナルコンピュータからパーソナルファブリケーションへ』（田中浩也監修、糸川洋訳、オライリー・ジャパン、2012／原著＝2008）
- 建築情報学会編『建築情報学へ』（millegraph、2020）

「公共空間」

がんじがらめの世界の余白

連勇太朗
建築家

世界ではバルセロナ、クリチバ、コペンハーゲン、マンハッタンなど、公共空間の活用を主軸とした都市再生プロジェクトが話題を集めている。自動車中心の交通空間をウォーカブルなストリートに変えたり、高速道路など役割を終えたインフラを人々の憩いの場所に変えたり、治安の悪かった公園を再生したり、ハードの整備にとどまらず新たなアクティビティやライフスタイルの創出が主眼となったプロジェクトが「パブリックスペース」という名のもと数多く生み出されている。その背景には、後述する公民連携の動き、タクティカルアーバニズムやプレイスメイキングなどの方法論の蓄積、人間中心の都市づくりを実践してきたヤン・ゲールの思想や方法の影響が伺える。ここまでパブリックスペース／公共空間が注目された時代が今まであっただろうか。

しかし、公共空間について語るのはどうも気が乗らない。なにが正しいことで良いことなのかという合意（＝コンセンサス）を社会全体でとることが困難なように、あらかじめ議論が挫折することが決まっているからかもしれない。「おしゃれな雰囲気になっていいじゃない」「その影で、追い出されてしまった人がいる」「それって少数の限られた人だけの話じゃん」「僕は持っている不動産価値が上がったから嬉しい」と、終わりのない会話は延々と続く。しかも、こうした公共空間にまつわる話題は、いまの政治の困難さの議論へと横滑りする。グローバル化によるナショナリズムの前景化、格差の問題、そのことによる排除や分断など、対話はおろか世界はますます非寛容になりつつある。他者との相互理解は理念として掲げることはできても、経済的階層、民族や文化、ジェネレーションの違いを前にして、それが現実的にいかに難しいことであるか、われわれは日々流れてくるニュースを通して体感している。公共性について語ることの難しさがそのまま公共空間についての語りにくさになっているから厄介だ。

▼公民連携の動き

まずは具体的に今、大文字の公共空間でなにが起きているのか確認してみよう。21世紀に入り、パブリックスペースはハードウェア偏重のハコモノ的なものから、施設や場所を持続的に維持・運営し、都市や地域の価値を向上させるために「マネージメント」する対象へと変化した。具体的には公民連携（Public Private Partnership、以下ＰＰＰ）が推進され、国内ではその代表的な手法であるＰＦＩ（Private Finance Initiative）制度が１９９９年に、指定管理者制度が２００３年に導入されるなど、民間のノウハウや資金を活用する動きが加速している。小泉政権や民主党の政権交代を通じて、道路法、河川法、都市公園法など各領域で規制緩和が進み、公共空間の運営・管理に民間が参入しやすくなった。ＰＰＰが導入されたのは、人口減少や地方都市の財政悪化、さらには戦後整備された公共施設の老朽化が理由で従来の公的枠組みのみによる維持や運営が困難になってきたからだ。また、「公共の福祉」の名の下、禁止事項ばかり列挙された看板が立つ「誰のものでもない公園」に憤り、日々暮らす地域空間をより魅力的にしたいという住人やユーザーの素朴なモチベーションや、冒頭で紹介した人間を中心としたウォーカブルで魅力的な都市づくりへの注目や希求も、ＰＰＰが支持されている背景のひとつとなっている。代表的なプロジェクトとして、蔦谷書店を運営するＣＣＣが共同事業者として参画し実現した佐賀県武雄市の武雄市立図書館、都市プランナーの清水義次とアーティストの中村政人が中心となり廃校を活用し文化拠点にリノベーションしたアーツ千代田３３３１、岩手県の紫波中央駅前の10・7haの敷地を使って開発を展開するオガールプロジェクト、２０１６年にオープンし、消滅可能性都市からの脱却を企図する豊島区／池袋のブランディングに寄与する豊島区南池袋公園などがある。また、こうした動きを推進してきたプレーヤーとして建築・都市分野で馴染み深いところでいえば、コミュニティデザインを広めた山崎亮／studio-L、パークマネージメントを展開するＮＰＯbirth、国土交通省が事業主体となり２０１４年に発足した河川空間の活用について取り組むミズベリング、メディアを通してＰＰＰによる公共空間活用の事例やノウハウを発信する公共Ｒ不動産やソトノバなどが挙げられる。この10年で公共空間にまつわる制度、事例、プレーヤーの風景は大きく変わった。

▼市場原理のなかの公共性

ＰＰＰを駆動している社会的力学は「小さな政府」への転換である。国家による公共サービス・福祉政策を縮小し、市場原理を重視する新自由主義的政策がその基盤にあるのだ。ＰＦＩは１９８０年代にイギリスのサッチャー政権によって展開されたものであり、日本でも中曽根政権や小泉政権を通して公共部門の民営化が推進されてきた。ＰＰＰ／ＰＦＩ自体は公共空間に限ったものではなく、鉄道、水道、公営住宅、福祉サービスなど公的機関が担ってきたさまざまな領域に及ぶ。ＰＰＰ／ＰＦＩは公共空間の活用において有効なメニューであることは間違いないが、民間主導であるがゆえに利益を生み出す必要があり、当然、公共施設や公共空間の担い手として本当にふさわしいのかどうかという議論がある。本来の目的を見失えば、例えばカフェの建設と引き換えに公園に供する面積が減ってしまい、お金を払うカフェ利用者しか立ち入れない排他的な雰囲気が醸し出されてしまう危険性がある。また、利益を生み出しにくい領域や仕事はコストカットの対象と見なされるという問題もある。先述した武雄市立図書館は、来場者数など数字の面をはじめさまざまな観点から大きな成功を収めているといえるが、一方で過剰に演出された空間や私企業のシステムの全面化など、公共性の観点から図書館がどのようにあるべきか議論が続いており、賛否両論ある状態だ。このようにPPPは、市場原理と公共性を両立する必要があるという意味でたしかに多くの課題がある。しかし、だからといって、それを新自由主義的な政策だとしてイデオロギーの観点から一律に批判することもナンセンスである。あらゆるものが市場との関係を完全に切り離すことができない現代社会において、そうした理念一辺倒の紋切り型の批判は思考停止と同義である。今われわれに問われているのは、市場との関係を完全に無視したり否定したりすることではなく、適切な関係をていねいに紡ぎ出していくことだ。

　消費社会と公共性を結びつけた新しいタイプの議論を紹介しよう。建築家レム・コールハースがハーバード大学大学院GSDで行った研究シリーズPROJECT ON THE CITYの第2弾「The Harvard School Guide to Shopping」は「ショッピングはおそらく公共活動に残された最後の形態である」という宣言のもと、ショッピングモールの設計者たち（ヴィクター・グルーエンやジョン・ジャーディ）、ロバート・ヴェンチューリとデニス・スコット・ブラウンが注目したラスベガスのその後、日本で独自に発展したデパートなど、さまざまな観点からモダニストたちが理念的に無視してきた「消費」に着目し、建築や都市における公共性にまつわる言説の再構築を試みている。建築・都市領域に限らず、消費活動はさまざまな領域で思想・哲学的にその評価は軽んじられる傾向にあるが、実際にはわれわれの社会を構成する強力な原動力になっていることは間違いない。コールハース等はそうした現実を直視し、ショッピングを通じて現在の公共空間のあり方を問い直そうとした。国内でも、思想家の東浩紀や、独自の消費社会論・文化論で知られるライターの速水健朗によるショッピングモール研究がある。ショッピングモールで形成される空間、制度、仕組みのなかに現代の公共性を語る新たな言葉や理論があるとし、積極的にその評価を試みている。その根幹にある主張は、ショッピングモールはたしかにホームレスを受け入れることはできないかもしれないが、どこにでもある普通の公園よりもよっぽど快適性が高く、ユニバーサルデザインも徹底されており、一般的に人々がイメージする大文字の公共空間に比べよっぽど包摂性が高いのではないかというものだ。こうした議論は公共性や公共空間に対する考え方に揺さぶりをかけるという意味で挑発的なものである。消費空間や市場原理が無視できない要素として私たちの社会のなかに組み込まれてしまっているリアルを直視し、その前提をのみ込むところから議論をはじめるべきなのかもしれない。

▼公共空間を破壊するセキュリティという病

　消費社会がもたらす公共性の議論に加え、管理やセキュリティの観点からも現代の公共空間を考える必要がある。公園に禁止事項ばかりが掲載された看板が増える理由は、近隣住民からの子どもが遊ぶ声が騒音だとするクレームの存在であるし、コンプライアンスが過度に重視される現代社会において「管理」や「規則」は徹底されるほかなく、ゆるさや余白は失われる傾向にある。こうした管理に対する意識の先に、セキュリティへの過剰な要求も芽生えていく。

　都市社会学者マイク・デイヴィスは『要塞都市ＬＡ』のなかで、資本主義のひとつの到達点であるロサンゼルスという都市において、公共空間が破壊されていく様子をディストピアとして見事に描き出した。ここではゲーテッド・コミュニティなど、ＬＡが生み出したさまざまな排除の方法、道具、ノウハウが紹介されていく。建築評論家の五十嵐太郎も、デイヴィスの議論を参照しつつ、現代の東京に生み出されつつある排除のメカニズム（＝アーキテクチャ）を「過防備都市」として論じている。五十嵐は公共空間に設置されるアート的なもの（機能を持たないオブジェ）を「排除アート」と呼称し、それらがホームレスなど特定の人々・行為を排除することを目的に設置されているとする。排除アートは、公共空間を華やかに彩るものであるため、歩行者の目を楽しませたり、直感的に「素敵」と思わせたりするが、そこには巧妙に排除の仕組みがカモフラージュされていると指摘する。五十嵐は監視カメラの普及とともに排除アートも現れはじめ、ハイテク監視とローテク装置の組み合わせによる排除の環境が整いつつあるとしている（近年は肘置きを使って使いにくくした排除ベンチも増えてきた）。こうした都市環境を作り上げているのは、不安を煽る言説やそれに影響される社会的心理である。デイヴィスは、社会が脅威を認識するのはファクトとしての犯罪率の高さではなく、セキュリティという概念が流通するからであると看破した。「セキュリティ」は社会的病なのである。排除のアーキテクチャは公・私関係なく、人々の心理と管理者の利害が一致することで発動される。そうした病が現代の公共空間を彩り、排除と分断の環境を形成しているというのは皮肉だ。

▼公共空間の多層性

PPPの話に戻ろう。いままで見てきたように消費社会やセキュリティという視点から観察されるリアリズムを前に、単に民間主導であるからとか新自由主義的であるからといった理由で、公共空間の公共性を否定することはできない。現代の公共空間は、制度、管理・運営、ステークホルダー、歴史が多層的に折り重なることで存在している。ゆえに、行政が施設の運営主体であるからというだけで公共性が保証されているとはいえず、そのまた逆に、民間主導だから公共性がないともけっしていえない。その複雑性を認識しながら議論することが求められる。

そういう意味で、宮下公園が「みやしたこうえん」、そして「MIYASHITA PARK[14-1]」へと変容していった一連の過程は、現代の公共空間における公共性を考えるうえで有用な材料を提供している。その変容を時系列的にごく簡単に示そう。1953年に開園した宮下公園が、ネーミングライツを含んだ10年間の協定をナイキジャパンと結び、アトリエ・ワンの設計によって「みやしたこうえん」として改修され（2011年開園）、その後、当初から課題となっていた耐震性や東京オリンピック開催という社会情勢から、渋谷区と三井不動産のあいだで30年の定期借地権による協定が締結され、立体都市公園制度を使って「MIYASHITA PARK」（2020年開園）として建て替えられた。この一連のプロセスを通してさまざまな議論と激しい闘争が生まれた。現在でもその評価は、PPPの成果として高く評価するものと、公共性を毀損しているとしてその課題を指摘するものとに、大きく割れている（プロジェクトの詳細に関しては、さまざまな論文や記事でまとめられているのでそちらを参照されたい）。ここで筆者の個人的評価を述べることは紙幅の関係上控えるが、宮下公園の有している公共性は、これら意見の対立と闘争のプロセスそれ自体に表れていると考えることができる。政治学者・斉藤純一は、異質なものへの排除や閉鎖性へ抗うことが公共性の重要な要件のひとつだとしているが、現代はあらゆる領域で「衝突」や「闘争」が先回りして回収され回避されてしまう世の中だ。ゆえにもっ

14-1：《MIYASHITA PARK》 撮影＝市川紘司

とも恐ろしいことは、議論の衝突や闘争がそもそも生まれない社会的空間に公共空間が変質してしまうことである。公園や公共空間がそうした衝突の可能性を担保する余白だとするならば、闘争を恐れるあまり、その可能性の芽が摘まれることを許容することがあってはならない。

▼民営化できない領域はあるのか？

やや凡庸な結論ではあるが、公共空間においてPPP／PFIはそれ自体が問題なわけではなく、適切な場所で、適切な主体が、適切なプロセスを経て採用する分には問題ないと筆者は考える。重要なのは、そのプロセスを「異質なもの」を受け入れながら、開いていく方法を探すことだろう。計画段階はもちろん、運営や維持の段階でもフィードバック・対話・議論を繰り返しながら適切なバランスを保っていく必要がある。そうしたことを前提にした時最後に残される問いは、公共空間という主題において、民営化できない領域、するべきでない領域が果たして存在するのかどうかということである。世界では、PPPによって民営化したものを再び公営化する動きも生まれている。水道の民営化を進めてきたフランスやイギリスではその動きが顕著である。世界の再公営化の動きを研究してきた現杉並区長の岸本聡子は『水道、再び公営化！――欧州・水の闘いから日本が学ぶこと』（集英社新書、2020）のなかで、そもそもPPP／PFIは必ずしもコストパフォーマンスがよいわけではなく、そうした言説自体が「神話」であるとし、安易な民営化に警笛を鳴らしている。欧州の再公営化の流れは、コモンとして再び資源を自分たちの手に取り返す運動であり、これは**コモンズ**の問題系へと地続きにつながっている。「市場」と「管理」と「世論」でがんじがらめの世界のなかで、どのようにして公共空間の公共性を社会のなかに担保していくのか、その「語りにくさ」を超えて言葉をていねいに紡いでいく必要がある。

「公共空間」をより深く知るために

- ●マイク・デイヴィス『要塞都市LA』（村山敏勝＋日比野啓訳、青土社、2001／原著＝1990）
- ●斎藤純一『公共性』（岩波書店、2000）
- ●ヤン・ゲール『人間の街――公共空間のデザイン』（北原理雄訳、鹿島出版会、2014／原著＝2010）
- ●泉山塁威ほか編著『パブリックスペース活用事典――図解 公共空間を使いこなすための制度とルール』（学芸出版社、2023）

「コモンズ」

なにを資源とみなし、どのように共有するのか？

連勇太朗
建築家

▼公と私の二元論を超えて

理論的にあらゆるものが資源として共有可能な時代に、本質的に問われるべきことは「何をコモンズとみなし、それをどのように可能にするのか？」であるとした法学者ローレンス・レッシグの主張は、20年以上経った現在もまったく色褪せることなく、むしろ含意するメッセージの重要性は高まり続けている。コモンズ、コモン、コモンスペース、コモニング、コミュニティ、コモナリティ……。類似する概念に多くの注目が集まっている。こうした言葉が使われ議論される背景には「他者とどのように資源を共有するのか？」という素朴でいて最も難しく、きわめて複雑な問いに私たちの社会が未だ十分に答えられていないからだろう。近代の限界や資本主義の行き詰まりが叫ばれる現代社会において、コモンズという概念が突破口のひとつになるかもしれない、そんな期待が寄せられている。

意外かもしれないが、コモンズが注目されるきっかけとなったのは「資源は共有するのではなく、誰かによって管理されるべきである」という真逆の主張によってである。1968年に発表された「コモンズの悲劇」という論文で、生物学者ギャレット・ハーディンは中世イギリスの牧草地を例にとり、各主体が利益を最大化するために合理的な行動をとる結果、共有地が荒廃し機能不全に陥っていく現象を指摘した。ハーディンはこうした事態を避けるために、(1)私有財産として権利を個人あるいは企業に付与するか、(2)政府等の公的機関によって利用をコントロールするか、いずれかが必要であると主張したのである。ここで共有地は、有限である地球の資源を持続的に管理するために縮減されるべき存在として認識されており、公か私の二元論的認識はその後各国の資源管理政策に影響を与えることとなった。

しかし1980年代、「コモンズの悲劇」が必ずしも不可避なものではないということがエリノア・オストロムというひとりの経済学者/政治学者によって主張される[15-1]。オストロムは、漁業、林業、灌漑、水資源管理、畜産など、世界中で実現している自然資源の持続的な管理のあり様を実証的に研究し、資源の共有と複数の主体による管理が可能であることを示した。政府あるいは市場による管理ではなく、コミュニティによる共有資源の自己ガバナンスという第三の道があることを明らかにしたのである。ルールやシステムの漸進的な改良によってコモンズの持続的な維持・管理が可能であるという主張は、コモンズが現在の文脈において注目される直接的流れをつくった。

　現在、公と私では扱うことが困難な次元の問題を「資源の共有」という枠組みから捉え直す動きがさまざまな領域で生まれている。マルクスの晩年の主張が、脱成長型経済をめざす「コモン主義」であると主張した経済思想家・齋藤幸平による『人新世の「資本論」』（集英社新書、2020）が国内でベストセラーになったことが、そうした関心の高まりを象徴的に示している。建築領域も例外ではなく、建築や都市を「空間」というからっぽの容れ物としてではなく、他者と共有されるべき「資源」として扱うことを出発点とした新たな実践が世界中で芽生えつつある。

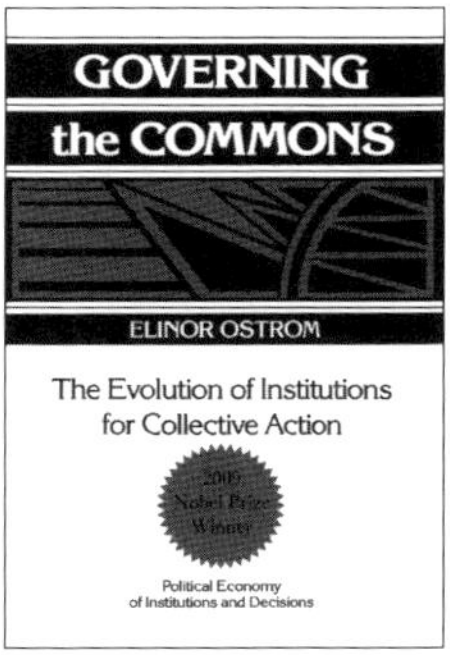

15-1：Elinor Ostrom, *Governing the Commons.*

▼ここに資源がある！

　物事の価値が対象のなかにアプリオリに存在するのではなく、われわれが認識し関係性のなかで意味づけられることで生まれるとするならば、それはあらゆる場所・空間・環境のなかに無数の資源が潜在的に存在することを意味する。近代の枠組みのなかで評価することができなかったさまざまな資源を新たに（あるいは再び）発見することは、建築家が担うことのできる重要な役割かもしれない。

　建築家・北山恒は、今まで専門家から見過ごされてきた「木密（木造密集市街地）」にコモンズを再構築するヒントが隠されており、これからの建築家が集合的に取り組むべき重要なフィールドであるとしている。木密の路地空間や空き家などの空間群が、人々の新しいつながりや中間集団を創出するための共有地として再定義することが可能であり、そのために新たな建築類型が発明される必要があると主張している。アトリエ・ワンは、近代の土木や都市計画による近代的インフラの整備によってアクセスすることができなくなった空間的資源を再発見し、人々のふるまいからその関係性を回復する建築を実現している。こうした態度を「コモナリティーズ」という独自の概念で説明し、オリジナリティや個別性が重要であった今までの建築的価値観を打破し、個を超えた「共有性」に着目し建築の価値観を再編成する必要があるとしている。これらの言説に加え、近年、空き家や空き地、廃材、役割を終えたインフラなど、今まで負の資源として扱われていたものを、有用な社会資源として認識し活用するプロジェクトが増えている。こうした取り組みはいまの若い世代の建築家たちの傾向として集合的に現れつつあり、これからの建築的実践は「ここに資源がある!」と声を挙げ、さまざまな資源を空間的・建築的発想によって組み合わせ、つなぎなおし、関係性を編集していくことであるといえるかもしれない。

▼共有を支える空間

　コモンスペースという言葉自体は建築・都市において手垢のついた馴染み深い概念であるが、外部と内部のあいだに中間的領域をつくることは近年の建築プロジェクトにみられる共通の関心と傾向であるといえる。空間は制度や権利によってアクセス可能性が規定されているが、そうした次元とは別に、物理的構成によって開くことができる。現在、「縁側」や「土間」などの伝統的な建築言語を再解釈することや、住まいを段階的に開いていくことが試行錯誤されており、日常のなかに偶発的なつながりを生み出す空間装置として建築の役割が期待されている。これらは閉鎖的で画一的な住まいに対する批判であり、住まいが本来持っていたコミュニティやコミュニケーションを醸成し誘発する共有空間としての可能性を見直す動きでもある。関係を断ち切ることでプライバシーやセキュリティに対して最適化された空間は、コモンズと至極相性が悪い。

　住空間のプログラム、プランニング、空間構成の観点からコモンズを扱った研究として、アジア諸都市における集合住宅の共有部を扱った建築家・篠原聡子による「アジアン・コモンズ」や、1家族=1住宅システムを批判し公と私のあいだをつなぐ中間集団の創出を目的とした住モデルを提案する建築家・山本理顕による「地域社会圏」が主なものとして挙げられる。ただ、こうした実践の方向性は、空間決定論や空間至上主義に陥ってしまわないよう注意しなければならない。建築や空間の力は偉大であるが、その限界も冷静に見極めなければいけない。空間を単に開くだけでコモンズが創造されるほど、現代の社会は単純ではない。容れ物としてデザインするのではなく、それが資源として受容されるためのデザインも同時に求められる。

▼拡張するコモンズ

　デジタル技術やインターネットの発展によって、コモンズ研究が包含する領域は拡大を続けている。従来の物理的に存在する資源とは別に、文化、コード、知識のような実体を持たないものもコモンズとして積極的に捉える動きがあり、それらは「ニューコモンズ」と呼ばれ議論されている。人工物を創造するためのさまざまな情報、知識、ノウハウを統合する分野として伝統的に発展してきた建築は、こうした関心とも親和性が高い。2000年代以降のデジタルファブリケーションの普及、オープンデザインをはじめとした新たな計画手法の出現、意匠法改正による建築デザインにかかわる権利保護対象の拡大など、建築を知識や情報の水準から無形の共有資源として捉え論じることの重要性が増している。

こうした動きは知的財産権による知識や文化の囲い込みに対する問題意識から当初出てきたものであるが、例えば、建築的アイデアを架空の特許としてまとめたレム・コールハース／OMAによる「ユニバーサル・モダニゼーション・パテント」や、建築にクリエイティブコモンズの考え方を適用し図面そのものを販売することを目指した吉村靖孝による「CCハウス」は、知的財産権の問題に対して建築家側としてリアクションした最初期のプロジェクトだ。

こうした課題認識とは別に、知識や情報を積極的にオープンにすることで可能になる新たな計画論を構想することも可能だ。筆者はデザインを共有資源化することで可能になる新たな建築的実践・計画理論を「コモンズアプローチ」と名づけ確立することを目指している。筆者が代表を務める非営利の設計事務所CHArが開発・運営する「モクチンレシピ」［15-2］は、負の空間ストックとして大量に存在する木賃アパートを再生するためのデザインツールでありウェブサービスである。空き家や老朽化した賃貸物件を改修するためのアイデアをウェブで公開し、物件所有者や不動産会社など、多様なステークホルダーのデザインリテラシーを上げ、大量の空間ストックをボトムアップで再生することを試みている。これまで設計やデザインは専門家が特権的に扱うものであったが、知恵や知識を共有資源とみなし、多様な主体にアイデアが利用される状況をつくることで、いままでの専門性の枠組みを再編することが可能である。知がコモンズになることによって、専門家と一般のユーザーの境界は自明ではなくなるのだ。こうした取り組みは1960年代以降発展してきた参加型デザインの研究実践の系譜と接続しうるものである。コモンズは人々によって自発的に運営管理される必要があり、都市や建築も専門家とし

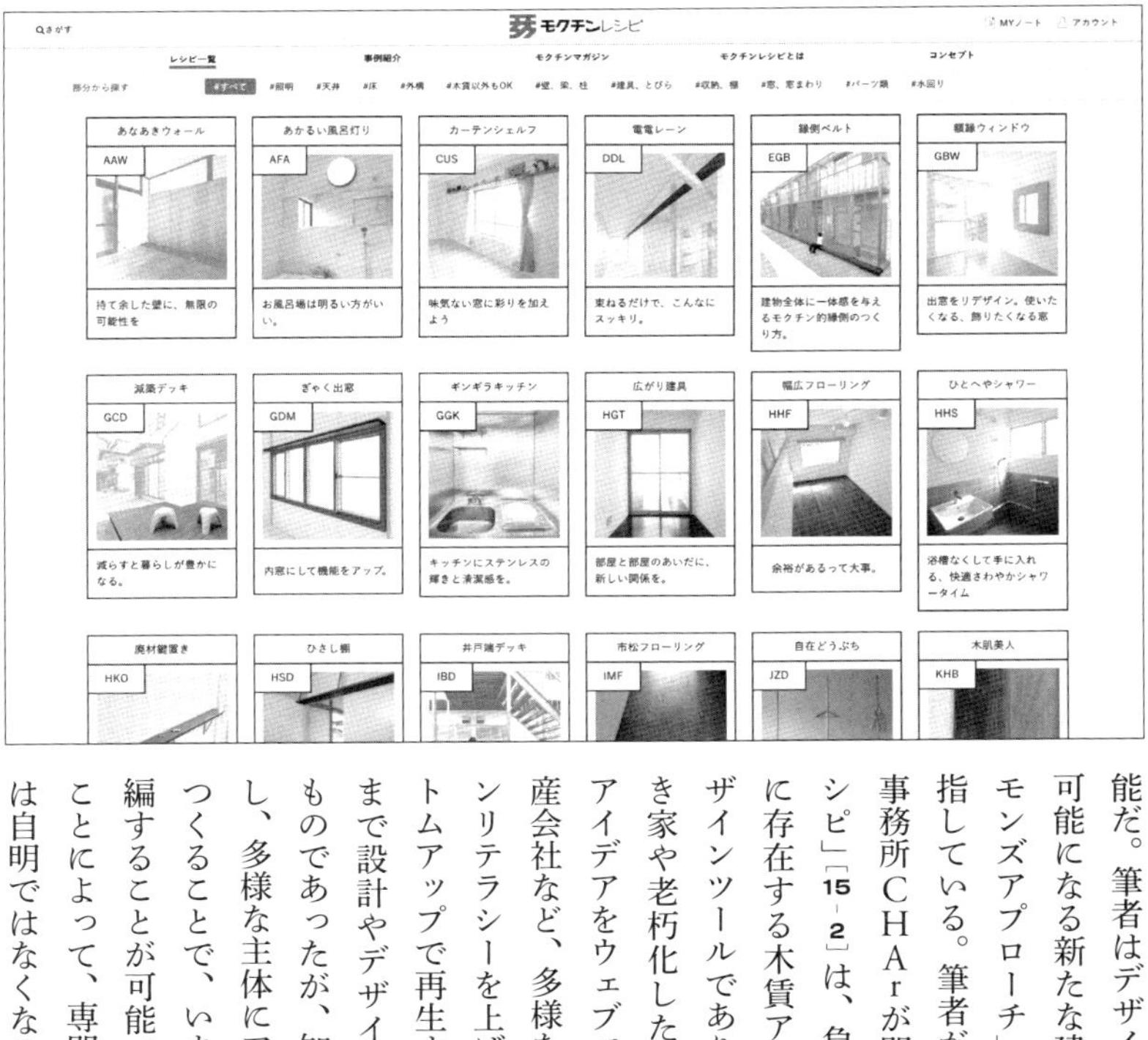

15-2：CHAr「モクチンレシピ」

ての建築家が独断的、一方的に提供するものであってはならない。そのため、建築的知性、知識、技術もなんらかのかたちで開いていくことが求められる。20世紀型、あるいは近代が指向した専門性のあり方からわれわれ自身が脱皮することが、コモンズ再構築の重要な条件のひとつなのである。

▼コモンズの敵と日々の実践

　コモンズには敵が多い。「セキュリティ」「プライバシー」「専門性」に加え、資本主義によって駆動される種々多様な欲望とコモンズは闘争しなければならない。利潤の最大化、合理化の徹底、個人主義化など、人類の身体や感性はこれらの評価軸にすっかり浸り切り馴染んでしまったが、これこそがコモンズの最大の敵である。理念や思想としてコモンズを掲げることは容易だが、問題はこうした資本主義のリアリズムにどのように立ち向かうかである。

　コモンズの類似概念である「コモニング（Commoning）」は、人々が都市空間を共有資源とみなし、その維持や更新のために行う具体的な行為やそこで生まれる関係性を指す概念として、歴史家であるピーター・ラインバウや地理学を専門とするデヴィッド・ハーヴェイによって提唱された。コモニングは、グローバリズムや新自由主義的政策により私有化と管理が徹底的に進むことに対して抗う行為そのものである。これからの都市空間において人々がコモニングを実践し、その力を最大化していくことが重要だ。このようにコモンズは資本主義的メカニズムとの拮抗関係のなかで捉えられ構築される必要がある。そのために必要な戦略はなんだろうか？

　建築家にとっては、職能や活動モデルを再定義していくことが求められる。建築家は伝統的に共有される対象である空間・建物・場所を創造することを得意としてきた。しかし、コモンズの構築を本質的にめざすのであれば、それは資源の創造だけでなく、その共有を可能にする「システム」の水準にまで踏み込んで活動領域を広げる必要がある。オストロムらによるコモンズ研究において、コモンズは共有される「資源」やその「行為」を指す概念ではなく、持続的に資源を共有することを可能にする「システム（＝制度）」として捉えられている（実際、コモンズ研究の中核は「資源の分析」ではなく、「制度の分析」であることがそれを端的に示している）。どのように資源を共有するのか、そのルールや仕組みが持続可能なコモンズの構築のためには不可欠なのだ。コモンズにおける「制度」は人々のコミュニケーションやフィードバックによって生成変化していくダイナミックシステムである。クライアントワーク型のモデルではこうした動的モデルに対応することはできない。動的モデルに対応することのできる活動形態が発明されなければいけないのである。

　このように、コモンズの実現は私たちの生活、働き方、そして職能そのものを見直すところから始まる。近年、建築家が**場の運営**に積極的にかかわったり、サービスそのものを構築したりするような「職能の拡張」は、こうした視座からその可能性を捉えることもできるだろう。コモンズを抽象的なものとして概念的に語るのではなく、われわれの日常生活と結びついた切実な問題として、各自がリアルなものとして建築・都市実践のなかでかたちを与えていくということが、今後求められていく。コモンズは理念でもあり同時に実践であるということは改めて強調しておきたい。コモンズによって近代が前提としてきたさまざまな二元論的認識を破壊し脱胎することができるか、私たち一人ひとりの生き方が問われている。

「コモンズ」をより深く知るために

- Elinor Ostrom, *Governing the Commons: The Evolution of Institutions for Collective Action*, Cambridge University Press, 1990.
- 山本理顕+上野千鶴子+金子勝+平山洋介+仲俊治+末光弘和+Y-GSA／松行輝昌『地域社会圏主義 増補改訂版』（LIXIL出版、2013）
- アトリエ・ワン『コモナリティーズ──ふるまいの生産』（LIXIL出版、2014）
- 連勇太朗+川瀬英嗣『モクチンメソッド──都市を変える木賃アパート改修戦略』（学芸出版社、2017）
- 篠原聡子『アジアン・コモンズ──いま考える集住のつながりとデザイン』（平凡社、2021）

「コレクティブ」

異質な個人の連帯による集団性の枠組み

大村高広
建築家

▼建築家集団の現在

複数の若手建築家による活動体あるいは組織体制に対して「コレクティブ」という名称が用いられる場面が増えている。コレクティブ（Collective）は、①集められた、集合的な、②集団的な、③共同の（『新英和中辞典』研究社）といった意味をもつ語で、建築分野ではスウェーデンの「フェルドクネッペン」（1993）に代表されるコレクティブハウジングや、ソーシャルイノベーションの分野で登場したコレクティブ・インパクト（社会課題に対する集団的な解決を模索する方法論）を想起させる用語かもしれない。ここで取り上げたいのは、建築家による集団形成を指して用いられるコレクティブについてである。

そもそも建築は莫大な資金と複雑な生産組織によって具現化される経済的なプロジェクトであり、もとより異業種混合の集団的営みだ。短期的なものから長期的なものまで、建築家による意識的な集団設計への取り組み自体、特別なものではない。近代以降、建設の工業化とともに建築設計の大量生産化・大規模化・高度化が進行し、設計業務を専門化・分業化させる必要性が生じるなかで、建設・設計体制の「民主化」が断続的に試みられてきたからだ。国内ではとりわけ戦後の1950年代以降、一時的に左派勢力の発言力が高まるこの時期に集団設計の試みが活発化する。例えば、新日本建築家集団の設計部会（1947）、山口文象によるRIA建築綜合研究所（1953）、五期会の結成（1956）、林・山田・中原設計同人（1958）、原広司が中心となって設立されたRAS設計同人（1961）などである。その後も、象設計集団（1971）、シーラカンス（1986）、アトリエ・ワン（1992）、みかんぐみ（1995）、dot architects（2004）、Eureka（2009）、403architecture [dajiba]（2011）など、設計事務所を複数名で共同主宰する事例を挙げていけばそれだけで紙面が尽きるだろう。

ともあれ、集団設計の枠組みに対して「コレクティブ」という名称を用いることは、これまで一般的ではなかったことである。背景にあるのは1990年代以降のアート・コレクティブの隆盛であり、建築分野におけるコレクティブという名称の使用はこの文脈を多かれ少なかれ引き継いでいる。アート・コレクティブの大まかな特徴は、1．ヒエラルキーを避け、水平的な組織体制を志向すること、2．「同じ価値観を持った人々の集合」ではなく、「異なる価値観をもった個人が能動的に共存する集合」であること、3．資源・資金・知識・場所・機会のシェアを行うこと、の3点に略述することができる。ここではコレクティブを「他分野とのコラボレーションとシェアリングを志向する能動的な個人の集合体」として位置づけておこう。こうした特徴を備えたコレクティブによる建築プロジェクトの実践にどういった可能性があるのか。これが本稿の主題だ。

▼集団制作の2つの傾向

世界有数の現代美術賞である英国のターナー賞を２０１５年に受賞したのは、アート・コレクティブであると同時に建築コレクティブでもあるアセンブルだった。さらに、ドイツ・カッセルで5年に一度開催される世界最大級の国際美術展ドクメンタの２０２２年の芸術監督を務めたのは、現代のアート・コレクティブを象徴する存在であるインドネシア・ジャカルタのルアンルパである。現代美術は現在「コレクティブへの転回」の只中にある。

ドクメンタとヴェネチア・ビエンナーレ国際美術展の双方で芸術監督の実績をもつキュレーター、美術批評家のオクウィ・エンヴェゾーによれば、コレクティブは2つのタイプに区分できる。まずは長きにわたって協働し、作家性が個々のアーティストよりもむしろグループに帰属するタイプ（長期的な協働＋集団的主体性）。次に柔軟で非永続的な協働関係を重視し、プロジェクト単位でのコラボレーションに力点を置くタイプ（機会的な協働＋個人の主体性）。彼は前者を「自律的なコレクティブ」、後者を「ネットワーク化されたコレクティブ」と位置づける。これらはあくまで傾向の違いにすぎず、どちらの集団性も成立しうるし、ネットワーク化されたコレクティブの構成員が固定化し自律的なコレクティブに移行することもある。過去のアーティスト集団や芸術運動を事後的にこうした枠組みで捉えてみれば、例えば未来派は「ある共通のマニフェストを掲げたイズムとしての活動・集団」という自律的なコレクティブの性格が強く、国際的かつ領域越境的であったフルクサスの活動はネットワーク化されたコレクティブの側面があった、といえるだろう。建築に関しても集団設計の枠組みには同様の傾向があるように見える。例えば共同主宰による設計事務所はおおむね自律的なコレクティブで、プロジェクトごとに組織される設計ＪＶ（設計共同体 Joint Venture）はネットワーク化されたコレクティブである、といった具合に。

他方でキュレーターのジェイソン・ウェイトが指摘してい

るように、両方の性質を兼ね備えたChim↑Pomのようなコレクティブも存在する。Chim↑Pomはメンバーの変動こそないものの、ほかのアーティストやミュージシャンを巻き込んだ２０１８年の《にんげんレストラン》に代表されるように、あるプロジェクトに限定した一時的なコラボレーションも多く、ネットワーク化されたコレクティブとしての側面も併せもっている。ルアンルパも同様の両立性を備えているが、よりネットワーク化されたコレクティブとしての側面が強いといえるだろう。メンバーは流動的で、定期的に入れ替わり、各々が個人のアーティストとしても活動していて、各自の実践や仕事によってコレクティブ外から収入を得ている。「ノンクロン」(〝だべる〟といった意味)と称されるルアンルパの意思決定のプロセスは特徴的で、くつろいだ雰囲気で、時間をかけ、互いの意見を尊重した、しばしば脱線する議論のなかで行われる。ルアンルパはこうした(代表制ではない)コンセンサスによる意思決定を重要視することで、互いにケアと敬意を与え合う共同性(コレクティブとしての主体性)を確立している。

▼生き残り戦略としてのコレクティブ

ユニットでもグループでもなく、「コレクティブ」という名称で表現される集団性のひとつの特徴は、Chim↑Pomやルアンルパのように、集団的な主体性と個人の主体性が併存している点にあると思われる。これ以上分割できない単位を示す「ユニット」といった用語に対して、比較的ゆるやかな集団性を示すコレクティブという名称を用いる際には、異質な個人が連帯する集団であるということが強調されているからだ。コレクティブは、構成員の異質性を維持したまま集団を形成することで、個人活動、コレクティブの実践、そしてコレクティブ同士の連携を同時に展開することを可能にする、そのような集団性の枠組みである。「建築コレクティブ」に従来の集団設計の枠組みとは異なる固有性があるとすれば、端的に、集団における個人の自律性の高さにあるだろう。

こうした集団性の枠組みが要請される背景にはなにがあるのだろうか。先に参照した論考のなかでエンヴェゾーは、歴史的にみてコレクティブは「社会の激変」や「政治の先行き不安」といった危機的な状況において出現する傾向があると述べている。そのような状況においてはしばしば、芸術作品の性質や生産条件が再評価され、既存の経済的・社会的・政治的制度に対するアーティストの立場の再編成が強いられるのだ、と。実際に、１９９３年から２０１０年にわたりインドネシアでアーティストとして活動し、ルアンルパをはじめとした現地の現代美術家や美術界のプレイヤーたちについてさまざまなかたちで聞き取りや参与観察を行ったアーティスト・文化人類学者の廣田緑は、過去のアーティスト集団と比較して、現代のコレクティブには厳しい社会状況を背景としたアーティストの切実な「生き残り戦略」としての側面があることを指摘している。集団形成に資源や知識、経験のシェアという協同組合(Cooperative)としての役割がある、ということだ。

建築分野でも過去に、社会の危機的状況と集団設計の枠組みを接続する議論が展開されたことがある。建築評論家の飯島洋一は2000年の論考「「崩壊」の後で――ユニット派批判」(『住宅特集』2000年8月号、新建築社)のなかで、数人でのゆるやかな組織体制を特徴とする若手建築家のグループを「ユニット派」と呼び、さまざまな応答を巻き起こした。飯島はこの論のなかで、ユニット派とされたみかんぐみやアトリエ・ワンなど当時まだ30代の建築家に見られた個性を強く主張しない非作家的な作風を、阪神・淡路大震災や地下鉄サリン事件のような都市の「崩壊」に対するネガティブな反応として批判した。これに対して建築評論家の五十嵐太郎は、ユニット派の活動を促進したのはドメスティックな災害のトラウマではなく、あくまでコンピュータや携帯電話が普及したことによる情報化の浸透であって、世界的な動向であると反論する。筆者は、災害や金融危機が集団設計を誘引するのは、心理的な影響というよりも、あくまでそれが建築にまつわる経済的・政治的意思決定に甚大な影響を及ぼすからだと考えている。コレクティブという集団性の枠組みは、1990年代以降のインターネットの普及や2000年代以降のソーシャルメディアの発展にともなう情報共有・発信の容易さに後押しされつつ、危機に対する切実な生き残り戦略として試行されているのではないか。

▼建築コレクティブの方針

結局のところ、ユニットにしろ、それ以前の建築家集団にしろ、たとえ主宰者同士が水平的な関係性であっても、事務所の組織体制や建築の生産体制に明確なヒエラルキーがあるのは事実である。いってしまえば、トップがひとりなのか複数なのかという違いがあるだけだ。しかし、集団としての主体性と個人の主体性が併存する現代のコレクティブは、建築分野における共同性の、別の可能性を開くはずだ。

コレクティブという集団性の枠組みを引き受けた時、まずもって解体されるのは、ボス/スタッフというヒエラルキーだろう。この点において、コレクティブは従来の建築家集団の枠組みと一線を画す。しかしそうはいっても、個人の集合によるヒエラルキーのない組織体制を基盤としつつ、複雑かつ長期的な建築プロジェクトを実現することは、はたして可能か。

さしあたり2つの方針が考えられる。ひとつは、メンバーが各々に得意分野や専門性をもち、明確な役割分担をもちながらプロジェクトに取り組むという方針。ここではこれを「分業型の建築コレクティブ」と呼んでみよう。分業型の建築コレクティブは、対等な力関係という前提のうえでの明快な仕事の分担が可能であり、プロジェクトを円滑に進めることができる一方で、ある専門性をもったメンバーに過剰な労働負荷が集中してしまったりと、事後的に関係性の階層が生まれてしまう危険性をもっている。もうひとつの方針は、メンバーの役割や専門性をできうる限り固定化しない、というものだ。分業型に対してこれを「変動型の建築コレクティブ」と呼んでみよう。例えば、あるメンバーはAというプロジェクトではディレクターだが、Bというプロジェクトではデザイナーに転じ、Cというプロジェクトでは現場の大工として働く……といった仕方で、役割や責任がプロジェクトごとに遷移していく、というもの。

2010年に15人のメンバーによって結成された英国のアセンブルは、典型的な変動型の建築コレクティブである[16-1]。アセンブルはアートやデザイン、建築といったジャンルを超えたアクチュアルな社会的活動を実践し、地域コミュニティや公共団体等とともに、建築・都市を自らの手で作り変えていくプロジェクトを多数展開している。アセンブルの場合、プロジェクトごとに資金や運営上の責任を共同負担する2人(もしくはそれ以上)のメンバーを決め、毎週の夕食をともにすることで、問題解決や詳細検討を含めたオープンな議論を行っている。完全にフラットな階層構造をめざすのではなく、むしろプロジェクトごとに異なる階層構造が発生し、それを併存させるという集団性を成立させているのだ。こうした試みのメリットは、個々人の専門性に過度に依存しないがために、メンバーの流動的な入れ替わりが可能になる一方で、プロジェクトを継続的に組織・運営するコレクティブという枠組みは持続的に存続しうることだろう。もちろん分業型と比較して、専門的な知識・ノウハウの蓄積が難しいといったデメリットも考えられる。とはいえ持続性という観点は重要で、長い時間をかけて地域社会に介入していくプロジェクトの実現や、資源や資金、知識、場所、機会をシェアする拠点としてのコレクティブの可能性が見えてくる。

建築家という職能は、しばしば伝統的に「総合芸術家」として位置づけられる。裏を返せば、突出した専門性をもたない、器用貧乏なんでも屋であるということだ。しかし、矛盾するようだが、

16-1：アセンブル《グランビー・フォー・ストリーツ》(2013)
写真提供＝Assemble、ドローイング＝Marie Jacotey

筆者はオールラウンドプレーヤーであることそれ自体に（すなわち知識や技術の総合性に）建築家の専門性を見ている。コレクティブを志向する建築家は、種々雑多な共同の機会のそのたびごとに、自らの役割を自在に変えながらプロジェクトを横断していくだろう。この時、総合芸術家としての建築家の役割が改めて問い直されるはずだ。と同時に、集団における個人の自律性を重視するコレクティブという集団性の枠組みは、従来の建築設計の組織体制によってもたらされる低賃金の労働の拡散と社会的協働のパターンの価値化と搾取——知識や言語、コミュニケーション、生活における不払い化可能な労働の発見・応用——への抵抗となりうる。

　あらゆる場面で「共同すること」の可能性を見出すことが、「コレクティブ」という用語を用いた建築的実践の最大の賭け金であり、それは単に仲間内での共同作業を優先するということではなく、個人と集団の「あいだ」の右往左往を連ねることによってはじめて到達できることだ。こうした枠組みには、地域的な生産関係や分化した専門知識をより広い社会へと開き、複合的なネットワークの構築をもたらす可能性があるだろう。

「コレクティブ」をより深く知るために

● Okwui Enwezor, "The Production of Social Space as Artwork: Protocols of Community in the Work of Le Groupe Amos and Huit Facettes," in *Collectivism After Modernism: The Art of Social Imagination After 1945*, University of Minnesota Press, 2007.

●『アセンブル——共同体の幻想と未来展』（SCAI THE BATHHOUSE、2017）

● 廣田緑『協働と共生のネットワーク——インドネシア現代美術の民族誌』（grambooks、2022）

「ジェンダー」

規範を解体する——インターセクショナリティを考慮したデザイン思考

根来美和
キュレーター

▼ジェンダーを通して建築を考え直すとは

近年、ＳＤＧｓの認知度の高まりとともに、多様性や包摂という言葉が多くの場面で使われるようになった。とりわけ、社会全体を通した根強い性差別や性的マイノリティへの偏見に声を上げるかたちで、フェミニズムの再隆盛、性の多様性に関する理解の促進への試みが見られる。建築・都市計画分野においても、性、ジェンダー、セクシュアリティをめぐる多様な空間利用に対し、喫緊の対応が求められている。

ここで筆者が提示したいジェンダーの視点の導入とは、家父長制に基づく不公正、差別、抑圧、搾取、偏見がいかに建築空間に影響を与えているかを認識し、権力構造と優位性を内在する建築という営みの構造や制度、倫理自体を問い直すことである。男女二元論に基づく社会通念や固定観念を超えて、多様な生／性を内包する空間実践の可能性を広げる足がかりとなるよう、社会文化的に構築されてきたジェンダーと建築・都市をめぐる議論の系譜と取り組みを紹介する。

▼近代建築は、鉄とガラス、コンクリートに刻まれた家父長制である

建築や都市空間におけるジェンダーの議論は、差別撤廃をめざす社会運動の高まりや美術分野におけるフェミニズムの言説を追随するかたちで、１９７０年代から特に英語圏を中心に展開してきた。ジェンダーの社会的作用は私的空間から**公共空間**まであらゆる次元で生じるため、その着眼点は、建築界自体への批判から都市研究、地理学、社会学、文化表象論や現象学的考察までさまざまである。

１９７０年代から80年代初頭にかけては、性差が建築空間の生産と使用に与える影響の分析や、家事、育児、介護の観点から男女格差と性役割が反映される住空間への指摘が活発となった。近代都市と建築が如何に健常な成人男性の経済活動と利便性を基準に、男性によって計画されているか、いかに女性やマイノリティを周縁化してきたかを批判する潮流で

ある。近代化の過程で根づいた働く男性と家庭を守る女性という古典的な性役割ゆえに、女性による家事労働が無償の非経済的活動として家庭空間に押し込められ、都市は男性優位な空間になってしまったというわけだ。アメリカの都市史学者ドロレス・ハイデンは、フェミニズムにとって公／私的空間の分断を打ち破ることが最優先すべき喫緊の課題だと述べ、性別分業の再生産労働を再分配する近隣組織や住宅革命を提案した。

地理学者ジェーン・ダークは、都市を「石、レンガ、ガラス、コンクリートに刻まれた家父長制である」と形容したが、より厳密にいえば、近代建築は、鉄とガラス、コンクリートに刻まれた家父長制だといっていい。建築業界におけるジェンダー不平等や女性建築家の不在を疑問視する声も高まっていた。例えば、１９７０年代のロンドンでは、男性優位の建築教育と労働環境を目の当たりにした学生や建築従事者がフェミニズムの観点から建築設計や建設、建造環境、都市環境を考え直すための会合を開催し、のちに、女性建築家と大工職人を中心とした建築設計組合Matrixの結成に至る。彼らは、資本主義の建築生産体制と家父長制に基づく空間設計に異議を唱え、**コレクティブ**としてヒエラルキーを生まない設計施工の方法論を試行錯誤で探りながら、保健所や託児所、有色人種女性や移民、レズビアンやゲイコミュニティのための施設の設計を行うほか、人種と性など多重に差別されうる人々が建築の仕事に携わることを奨励するための教育普及にも積極的に取り組んだ。自治体との交渉が必要な敷地や物件の紹介、資金調達のための助成金申請からプロジェクトにかかわり、社会的に疎外される人々が都市において自らの空間を確保する権利を全面的に後押ししたのだ。

彼らの実践は、特権的な女性だけを念頭としたフェミニズムに対して、白人、上中流階級、異性愛者というカテゴリーに属さない者が被る可視化されにくい抑圧に目を向けたブラックフェミニストの活動や、植民地主義と帝国主義を批判したポストコロニアル理論と多文化主義など、同時代の思想や社会運動と呼応した建築的応答の実践例だといえる。

１９９０年代に入ると、二項対立的な異性愛規範を解体し、多様なジェンダーとセクシュアリティのあり方を考えるクィア・スタディーズの隆盛が建築ジェンダー論にも大きな転換期をもたらした。アメリカでは、建築理論家ビアトリス・コロミーナらを中心にメディア論の観点からセクシュアリティと建築空間との関係の理論化が進む。以降、ポスト構造主義の流れを受けて、規範化された建築言語を脱構築する試みやマスキュリニティをキーワードに建築要素を読み解く言説が展開された。

近年、ジェンダーに関する議論の多くがシスジェンダー（性自認と出生時に割り当てられた性別が一致する人）の経験のみに基づいており、ノンバイナリーやトランスジェンダーの身体政治と空間の経験が見過ごされてきたという指摘がなされている。クィア理論の代表的思想家サラ・アーメッド、ポール・B・プレシアードやジャック・ハルバースタムらによる空間・身体論の影響を受け、シスジェンダーの異性愛規範を前提とした空間のつくられ方や建築学の知識体系自体が問われている。少しずつではあるが、クィアスペース（広義に、男女にとらわれないクィアな生き方とそのコミュニティの空間を指す）の研究とアーカイブ化が進む。

▼女性建築家の不在

英雄としての男性建築家像を中心に語り継いできた建築史やモダニズムを批判し、制度的に抑圧され、**歴史**から抹消されてきた建築家やデザイナーの研究や再評価、建築史の書き直しの試みは今日まで進行形である。西欧中心的な白人至上の建築潮流への反省から、異なる文脈で活動した建築家の研究も進む。日本では、浜口ミホや奥村まこと、土浦信子などの再評価が挙げられるだろう。

デニス・スコット・ブラウンもまた、ポストモダン建築の旗手として、協働者ロバート・ヴェンチューリとともに建築理論に多大な影響を与えたが、充分な認知や評価が与えられてこなかったひとりだ。『ラスヴェガス』（1972）を含む共著や共同作品の多くから、彼女の名前は抜け落ちていた。ブラウンは、1970年代当時から講義や執筆活動を通して、自身が経験してきた女性建築家が評価されにくい排除の構造を告発し、ひとりの男性建築家を頂点とするスターアーキテクトの仕組みや、それを醸成する権威主義的な建築教育に異を唱え続けてきた人物でもある。当時の女性蔑視の傾向は、1991年にヴェンチューリがプリツカー賞にノミネートされた際、彼自身がブラウンと連名での受賞を望んだにもかかわらず、単独受賞となった出来事に如実に表れている。

時代が下るとザハ・ハディドや妹島和世、リズ・ディラーなど国際的に活躍する女性の建築家もいるではないか、という意見が聞こえてきそうだ。事実、より多様なチーム構成や複数のパートナーからなる設計事務所は増えた。しかし、女性建築家の場合、単独ではなく男性とのユニットとして活動あるいは受賞する事例が多いことや、設計する規模やビルディングタイプによってジェンダーの棲み分けが依然として根強いことも指摘されている。

また、長谷川逸子は『日経クロステック』（2018）のインタビューにおいて、設計コンペ後、実施設計段階になると、国内外問わずビジネスパートナーのいない単独の女性建築家が敬遠される風潮があることを明かしている。個人から企業、行政までさまざまなクライアントとステークホルダーが抱えているジェンダーバイアスが、建築家の選択にも反映されている状況を認識し、業界の体質自体が見直されるべきだろう。

▼ジェンダー主流化政策の効果と盲点

権力者や特権者、あるいはマジョリティのニーズと欲求を効率的かつ合理的に満たすために建築や都市空間が設計されてきたのであれば、いかにして公平な方法で、すべての人に安全に開かれた空間をつくることができるかという問いは、依然として今日的な課題である。

ジェンダー平等を目標に、世界各国の行政に導入されている政策手法のひとつに「ジェンダー主流化」がある。事業計画から予算編成、調査、設計、実施、分析評価まで、公共政策の全行程にジェンダーの観点を制度的に統合する手法だ。なかでもいち早く2000年代からジェンダー主流化政策を導入したウィーン市では、都市計画分野で最も大きな効果を発揮したと評価されている。働きながら育児と介護を担う女性は、一日あたりの徒歩移動が男性より多い傾向にあるという統計を踏まえ、ベビーカーや車椅子を押しながらゆっくり歩けるための歩道幅の拡張、階段に代わるスロープの追加、公園の改良などが市内各地区で継続的に実施されている。政策初期の公共住宅事業では、育児施設の併設、バリアフリー戸室の設置のほか、各戸の台所を屋外広場・遊び場に面して配置することで、家事と育児を同時にこなしやすい間取りも提案された。

ケア労働をはじめ、低所得層のマイノリティが抱えるニーズへの対応は経済効果が得られないため、ディベロッパーによる開発計画から除外されがちだ。そのため、行政が安価に提供できる施策には大きな意義がある。しかし、このようなジェンダー平等を掲げる政策には盲点がある。さまざまな性／ジェンダーがあり、ニーズは多様であるにもかかわらず、あらかじめ想定される女性像や**家族**観は、規範的な母親や主婦に集約されることが多いことだ。女性やマイノリティのカテゴリーを一括りにすると、個人や集団における経験の差異をかき消してしまう危険がある。

▼インターセクショナリティ

そこで重要なのが、インターセクショナリティという考え方である。インターセクショナリティとは、人種、階級、経済格差、ジェンダー、セクシュアリティ、能力、民族、宗教、年齢、国家、市民権など複数のカテゴリーが互いに影響しあいながら差別や抑圧構造を作りだしていることを理解するための概念であり、分析ツールだ。「外国人の」「シングルマザーで」「障害のある」「低所得の」など複数の状況が重なれば、活動範囲やニーズ、アクセシビリティも異なり、選択されるべきデザイン形態や施設の運用形式も異なるはずだ。都市と地方にも違いがある。また、デザイン形態自体に問題がないとしても、例えば、集合住宅の入居審査時や、近隣からの偏見と差別から、格差と居心地の悪さが生じることがある。インターセクショナリティは、あらゆる差別と格差について、それぞれ単軸のアプローチでは解消されない課題や構造的不利益に目を向けるデザイン思考を促すのである。

地理・環境学者レスリー・カーンは、インターセクショナリティを考慮したうえで、ケア労働の相互扶助を促す空間の創出が、これからの都市空間デザインの鍵だと述べている。近隣住区のゾーニングから交通システムまで、あらゆるレベルにおいて、再生産労働の場や公私の境界を分解し、コミュニティの連帯を促すことで、ケアのつながりが生む相互依存性を中心に据えたデザインを模索するべきだと説く。およそ40年前にハイデンが都市計画家や建築家に投げかけた都市住宅改革の提案は、依然として残された課題である。このような流れから、コミュニティキッチンなどの共有スペースを備え、従来の家族観や核家族用の個室群にとらわれないコレクティブハウジングという集合住宅の可能性も広がりつつある。

インターセクショナリティの視点は、パブリックトイレのデザインにも導入されてきている。独立個室の多機能トイレを求める利用者が多数いることや、トランスジェンダーや異性介護人は男女別トイレを利用できないと感じていることが設計デザイン分野で認識されてきた。従来の境界線を考えなおし、誰もが人目を気にせず安心して使える公衆トイレデザインの試行錯誤が行われている。例えば、建築都市コンサルタントのサリー楓によるジェンダーフリートイレ環境の提案や、永山祐子建築設計によるオルタナティブトイレでは、用途の異なる個室をゾーンごとに設け、利用者が個室を選べるレイアウトにすることで、ジェンダーの視点だけでなく、子ども連れ、高齢者、車いす使用者、介護者など多様なニーズに応えるトイレデザインの可能性を探り、より大きな枠組みで交差的な視点からアクセシビリティの問題に取り組んでいる。

▼プロセスに活きるインターセクショナリティの思考と実践

ジェンダーの観点から空間の政治性と建築を再考することで、最適解として標準化されたデザインに潜む規範とマジョリティの特権、権力構造を認識する重要性が見えてくる。それは、最終的な意匠や審美だけでなく、制度、政策、プロセス、運営などソフト面やインフラに大きくかかわる倫理であり、空間を考察するアプローチだ。設計と意思決定のプロセスで、誰の意見や利益が反映されているか／されるべきか、決定権を持つ層に偏りはないか、どのように運営されるべきかを検討するための指標でもある。性の多様性を抱擁するデザインとは、誰が「どのように」デザインするのかが重要であり、そこに変革の兆しが見られるべきだろう。また、ジェンダーとデザイン倫理に関する知識を学び共有することができる建築教育とインフラづくり、空間の利用者と施主、設計者、施工者の関係性、さらに設計事務所内の組織のあり方と労働環境への配慮も欠かせない。

しかしながら、マジョリティの特権は自覚されにくいうえ、内面化されたジェンダー規範や固定観念から脱却することは、そう簡単ではない。また、個人の設計者が多様な他者の身体性や経験を想像することには限界もある。だからこそ、統計や数値には表れにくい非公式な意見を汲み取り、多様な生き方を想像するために、多様な人々とコミュニティの相互作用と協働が意義をなすのではないか。ジェンダーに限らず、持続可能な多元世界に向けたデザイン論を語る際に、コミュニティやシェア、協働、参加型ガバナンス、ケア倫理というキーワードが頻出するのは偶然ではないと思われる。

根強い家父長制や同調圧力など日本特有の複雑な社会背景があるなかで、欧米でなされてきたジェンダーの議論や観念を実践に落とし込むことは難しいと思われるかもしれない。また、アジア諸地域では文化的に公私空間の境界が流動的なケースも多く、欧米モデルがそのまま成立するわけではないだろう。しかし、そもそもフェミニズムへの嫌悪感や過激なバックラッシュが高まる現状を鑑みれば、まずはジェンダーに関する知識共有と意識改革、議論の醸成が不可欠だ。特に、家制度の名残から生じる性別分業のケア**労働**とジェンダーバイアスの是正、社会福祉を含む制度の変革が喫緊の課題である。それに伴い、公共／住空間の計画・設計における倫理の更新が必要だ。

建築ジェンダー論の発展と展望は、異性愛規範の家父長制に支えられた近代建築のイデオロギーが刻み込まれた建築都市空間に対し、インターセクショナルな視点を持って、当たり前や「良い」デザインの判断基準を批判的に検討することで、空間に内在するあらゆる権力のヒエラルキーを解体することである。明快な解答があるわけではない。多様で流動的なジェンダーのあり方を可能にする空間実践の模索が期待される。

「ジェンダー」をより深く知るために

- Jane Rendell, Barbara Penner and Iain Borden eds., *Gender Space Architecture: An Interdisciplinary Introduction*, Routledge, 1999.
- ベル・フックス『フェミニズムはみんなのもの——情熱の政治学』（堀田碧訳、エトセトラブックス、2020／原著＝2000）
- 木村涼子＋伊田久美子＋熊安貴美江編著『よくわかるジェンダー・スタディーズ——人文社会科学から自然科学まで』（ミネルヴァ書房、2013）
- パトリシア・ヒル・コリンズ＋スルマ・ビルゲ『インターセクショナリティ』（下地ローレンス吉孝監訳、小原理乃訳、人文書院、2021／原著＝2020）
- レスリー・カーン『フェミニスト・シティ』（東辻賢治郎訳、晶文社、2022／原著＝2020）

自然とつながるデライトフルな建築へ

川島範久
建築家

▼「持続可能性＝サステナビリティ」の起源

いまや「ＳＤＧｓ（Sustainable Development Goals）」という言葉を目や耳にしない日はないほどＳＤＧｓは広がりを見せている。アイドルグループＡＫＢ48の56作目の楽曲タイトルが「サステナブル」（２０１９）であるほどだ。ところで、これらの言葉がどういう流れで出てきたかご存知だろうか。

「サステナブル」を表すドイツ語の「Nachhaltigkeit」が12世紀のフランス北東部アルザス地方の修道院の林業規則に見られ、伐採と植林を計画的に行わなければ林業は次世代まで持続可能なものにできないという考えが16世紀からドイツの森林経営に取り入れられ、19世紀には林業の本質となった。

しかし、18世紀の産業革命以降、人口、エネルギー・水・化学肥料の使用、交通・通信などの社会経済システムの指標、および二酸化炭素をはじめとする温室効果ガス、地球の表面温度、漁獲量、森林の喪失、土地利用の増大などの地球システムの指標が上昇を始め、第二次世界大戦後の20世紀後半からグレート・アクセラレーションと呼ばれる急速な上昇傾向に入った。

１９７０年代前後にはレイチェル・カーソンによる『沈黙の春』（１９６２）をはじめとして環境危機についての指摘が多くなされ、激甚公害が世界各地で起きた。１９７２年にはスウェーデン・ストックホルムで「国連人間環境会議」が開催され、人間や環境のためにも自然保護を優先するべきという人間環境宣言が採択された。

その後の１９８０年の世界自然資源保全戦略における保全の定義のなかで「サステナブルな利益」という文言が使用され、１９８７年に「われら共有の未来」と題された「環境と開発に関する世界委員会」の報告書（通称「ブルントラント報告書」）で「サステナブルディベロップメント」という用語が使用され普及したが、そこでは「将来の世代が必要とするものを損なうことなく、現在の世代の要求を満足させる開発」と定義された。

これが２０１５年に採択された「ＳＤＧｓ」に結実する。先進国・途上国すべての国を対象に、環境・社会・経済の３つの側面のバランスがとれた社会をめざす世界共通の目標として、17のゴールとその課題ごとに設定された169のターゲットから構成される。貧困や飢餓から環境問題、経済成長やジェンダーに至る広範な課題を網羅しており、豊かさを追求しながら地球環境を守り、誰ひとり取り残さず、皆が人間らしく暮らしていくための社会的基盤を2030年までに達成することが目標とされた。

▼建築における「持続可能性」／焚火とテント

では、建築物のデザインにおいて「持続可能性」を考えるとは具体的にどのようなことだろうか。

そこでまず振り返るべきは建築史家のレイナー・バンハムによる『環境としての建築』（1969）である。バンハムは第2章「環境管理」で次のような考え方を示す。

> ある種族が夕方野営地に着いて、そこで倒れた木材がたくさんあるのを見つけたとする。その木材の環境的な潜在力を利用するには2つの方法がある。すなわち風除けや雨除けとかを作るのに使う――構造的な解決方法（テント）――か、火を起こすのに使う――エネルギーとして用いる方法（焚火）――かのどちらかである。
>
> （一部引用者訳）

建築には環境制御装置としての側面があるが、「構造（テント）」と「エネルギー（焚火）」の2つの方法によるものがある。近代以降は特にエネルギーを用いた機械設備による制御の比重が高まり、建築計画が大きく変化していくことになったが、ついにはドライブインシアターやラスベガスのように、機械設備による環境制御のみで空間がつくられるまでになった。

この『環境としての建築』が出版された直後にローマクラブにより『成長の限界』（1972）が発表され、オイルショック（1973、79）が起き、過度に機械設備による制御に頼りエネルギーを大量消費してきたことに対する反省が叫ばれるようになった。そこで、機械設備に頼りすぎず、建築の「構造」的な側面によって環境を制御する方法が改めて注目を集めるようになった。

特に太陽エネルギーを活かす方法は「パッシブソーラー」と呼ばれる。1976年には米国で「National Passsive Solar Conference」が開催され、1982年にはフロリダ大学のバウエン教授を中心にPLEA（Passive and Low Energy Architecture）が組織されて国際会議が開催されるようになるなど、パッシブソーラーは世界的な潮流となった。

近年では、このパッシブソーラーをはじめとする自然の光・熱・風などを活用する建築的工夫＝パッシブ・デザインをしたうえで、高効率な設備システムを構築するアクティブ・デザインと適切に組み合わせ、加えて太陽光発電をはじめとする創エネルギー技術や蓄電池などによる蓄エネルギー技術、それらをつないで適切に制御する管理システムを用い、建築単体だけではなく都市全体でネットワーク制御することが重要といわれており、これらの「省エネルギー」技術は広く普及しつつある。

▼エフェメラリゼーション／ハイテック〜エコテック

一方、近年は建物の高性能化が求められるあまり、建築の「構造」的側面が過剰になる傾向があることは指摘すべきだろう。先に紹介した同じ木材という物質の使い道として、構造（テント）とエネルギー（焚火）の2つがあるというバンハムの指摘を思い出そう。同じ性能の建物を少ない物質でつくること＝「省資源」も持続可能性の実現に向けて重要なのである。

最小限の構造体で最大限の空間を包み込む技術＝エフェメラリゼーションを徹底的に追求したのがバックミンスター・フラーであり、その集大成といえるのがフラー・ドームの開発および《モントリオール万博アメリカ館》（1967）だ［18-1］。

このようなフラーの思想は、「ポストモダニズム」が流行した1970年代には顧みられることはなかったが、1980年代の「ハイテック建築」の潮流の際に再評価されることになった。ハイテック建築が勃興するきっかけとなったのはレンゾ・ピアノ＋リチャード・ロジャースによる《ポンピドゥー・センター》（1977）［18-2］であり、ノーマン・フォスターによる《香港上海銀行》（1985）はその真骨頂といえるだろう。

ハイテック建築はしかし、建設プロセスの工業化・高精度化と建築構造の高性能化を一層推し進め、エフェメラリゼーションの様相を強めたが、構造表現的なスタイルが優先されるがあまり、エネルギー負荷的には不完全なものが多かった。

この問題を、技術のさらなる高度化を通じて対処しようとした潮流が「エコテック建築」である。ピアノによる《関西国際空港》（1994）はその萌芽であり、フォスターによる《ライヒスターク》（1999）もこの流れに位置づけられるとともに、歴史的な旧国会議事堂をコンバージョンして環境性能を高めたという点で、さらに総合的に持続可能性に取り組んだ事例ともいえるだろう（以上の歴史的経緯については難波和彦による『メタル建築史』に詳しいので参照されたい）。

18-1：バックミンスター・フラー《モントリオール万博アメリカ館》（1967）　撮影＝岩元真明

▼建築の四層構造／建築と人間の相互作用

以上のように、建築における持続可能性の実現には、省エネルギーと省資源が求められる。しかし、それだけでは不十分であり、総合的に取り込むことが求められる。そこで参照すべきは、建築家の難波和彦による『建築の四層構造』だ。建築を見る視点は、物理性・エネルギー性・機能性・記号性と4つあり、それぞれの層から持続可能性に向けてできることがある。

つまり、省資源（物理性）と省エネルギー（エネルギー性）だけでなく、機能性の観点から用途や生活様式の変化にも対応可能なフレキシビリティを持たせる工夫や、記号性の観点から永く愛される建築とする工夫もなければ、どれだけ高性能な建物をつくっても、長く使われることなく壊されてしまうのである。その意味で、先の《ライヒスターク》のような既存建築のリノベーションは総合的に持続可能性に取り組む有効な手段のひとつといえるだろう。

18-2：レンゾ・ピアノ＋リチャード・ロジャース《ポンピドゥー・センター》（1977）　筆者撮影

また、『建築の四層構造』は「建築」を見る視点であるが、ここでいう「建築」は固定的なものではなく、そこで生活する「人間」との相互作用により、ともに変化していく存在であるということを忘れてはならない。われわれの現在の生活はプラネタリー・バウンダリーをゆうに超えており、持続可能性の実現に向けて最も重要なのは、「人間」自身が変化すること、つまり私たちのライフスタイルや価値観の変容であるといってよいだろう。

▼自然とつながる建築へ／地球に降り立つ

そこで、持続可能性あるいは人間の自己変容に向けて建築がめざすべき方向性として「自然とつながる建築」というコンセプトを提示したい。

ここでいう「自然」は、地球の上＝地球表層の数kmの薄い膜である地球生命圏で得られる「身近な資源」であり、それは〈太陽〉〈大地〉〈生命〉の3つに分類することができる。

〈太陽〉太陽光や自然風などの気候
〈大地〉土や木などの大地からの素材、あるいは大地そのもの
〈生命〉植物、虫・鳥、動物から微生物までを含めた生き物

「自然とつながる建築」は、この「身近な資源」を積極的に活用するものである。「身近な資源」は、適切な使い方をすれば再生可能な資源となる。

振り返ってみれば、近代以降の建築・都市では、このような「身近な資源」を適切に活用することをしてこなかった。すぐそこに太陽光や自然風があるにもかかわらず、閉鎖環境をつくり、遠い場所の地中深くから掘り出した化石燃料を燃やしてつくるエネルギーを用いて、機械設備によって環境調整をしようとしてきた。すぐそこに土や木があるにもかかわらず、遠い場所の地中深くから掘り出した鉄や石油由来の材料などを用いてきた。また、構造物の安定性については考えても、そこの地形や水脈、土中環境のことは二の次にしてきた。また、観葉植物や愛玩動物はさておき、雑草や動物、虫、微生物など、人間以外の生物を徹底的に排除しようとしてきたといってよいだろう。私たちは日々、人間しかいない世界に生きているかのように感じる。

それに対して「自然とつながる建築」は、その「身近な資源」を積極的に活用する。太陽光や自然風を積極的に取り込むことで、運用時の機械設備によるエネルギー消費量を減らせるとともに、快適な温熱・光環境をつくることができ、災害時に都市インフラが遮断されても活動を維持することができる。すぐそこにある土や木を、できるだけ余計なものを加えずに使えば、材料転用をし続けることも可能で、最後は大地に還すことができ、材料調達・施工と解体・廃棄にかかるエネルギーを減らすことができ、自然素材による温かみのある空間をつくることができる。地形や水脈、土中環境を傷めないような、あるいは再生するようなつくり方ができれば、災害リスクを下げることができる。そして、多様な動植物、そして微生物までが共存できるような環境にできれば、生物多様性を回復させることができ、災害リスクの低減、気候変動の緩和、感染症リスクの低減、さらには人間の心理的なストレス軽減も期待できる。

18-3：川島範久建築設計事務所＋淺沼組《GOOD CYCLE BUILDING 001》(2021) 撮影＝鈴木淳平

しかし、自然とつながるのは、前記のような実利的な側面があるからだけではない。本来的に、私たちはこのような自然とともにありたいと望む。通り抜ける風、時に移ろう光、暑い日の影、寒い日に差し込む陽に、快適さとともに、美しさを感じる。土や木でつくられた建築の部位は、年月とともに変化し深みが出てくる。ましてや植物は生命体であるから、日々成長し、枯れて死んでしまうこともある。土や植物があることで、虫や鳥が集まってくる。このように自然は変化するものであり、時に厳しく、弱いものである。だからこそ人は、このような自然とのかかわりを通じて愛着を持ち、大切にし続けたいという思いが湧いてくるのではないだろうか。

私たちは地球に生きていて、さまざまなモノとの連関のなかで生きている。そのような自分以外の「他者」とのつながりのなかで生きることにこそ歓び（デライト）を感じることができ、自己を変容させていくことができるのではないだろうか。しかし、現在の都市では、そのような連関のなかで生きているという実感を持ちづらい。だからこそ、現代の都市、東京をはじめとする高密度に建築物が集積する都市に自然を積極的に取り込むことが、この地球環境危機の現代には重要だと考えるのである。

しかし、このような自然を建築・都市に取り込むことは、本来的に難儀である。そもそも、これまで建築・都市は、自然から切り離すようにつくられてきたからだ。厳しい日差しや風雨から守るように建築はつくられてきたし、土の道は雨で泥となり流れ出てしまうから、それに蓋をするように都市はつくられてきた。木は、条件によっては腐ってしまうし、火で燃えてしまうから、鉄やコンクリートなどの人工材料に置き換えられてきた。植物も同様で、野生の状態は人間にとって危険で不快なものであるから、開拓し都市化していく過程

で除去されていったのである。

また、自然はたびたび私たちの想定を超えた猛威をふるう存在でもある。地震、台風、猛暑、寒波、豪雨、豪雪……。近年は異常気象が異常ではなくなってきている。自然は私たち人間の思い通りにはならない、制御しきれない存在である。そして、かつての安定した状態から逸脱したものになってきている。そのような存在を人間の生活環境である建築・都市に取り込むことは容易ではない。

われわれは近代において、自由と平等を皆に行き渡らせることができると信じ、科学技術の発展とともに、際限のない拡大再生産を行ってきた。そして、世界中に超高層都市を建設し、宇宙にまで飛び立とうとまでしてきた。しかし、地球は有限だった。その結果として、気候変動、自然災害激甚化、環境汚染、資源枯渇、感染症パンデミック、格差の拡大、新たな紛争の勃発と長期化といったことが起きている。現代は地球環境危機の時代に突入しているのである。

このようななかで求められるのは、アクターネットワーク論者の哲学者ブルーノ・ラトゥールが『地球に降り立つ』で主張するように、この世界の外側へ向かうのではなく、テレストリアル（大地）に向かうことだと考えている。それには地球表層の数㎞の薄い膜である地球生命圏（クリティカルゾーン）に対する科学が求められる。無重力による解放をめざすのではなく、足元の土の掘り返しを通して解放をめざすべきであ

る。制限をすべて取り払う革新をめざすのではなく、一定の制限のなかでの豊かさを見出す革新をめざすべきなのである。「自然とつながる建築」は、これまでの近代建築の技術をこのように再方向づけするための新しいコンセプトなのだ。

▼伝統知を学び、現代に活かす

そのようなクリティカルゾーンに対する科学を考える際に重要になるのが、それぞれの地域で世代を超えて受け継がれてきた知識・知恵の体系である「伝統知（Indigenous Knowledge）」の再評価だと考えている。近代以前は、太陽・大地・生命との連関のなかでしか人間は生きられなかったからだ。

例えば傾斜地集落には、太陽からの日射をいかに活かすか、地形に沿って吹いてくる風からいかに守り／活かすか、湧き出る水と空から降る雨をいかに活かし大地に還すか、動く大地をいかに安定的なものにするか、といった知恵が見られる。里山には、生活に必要な薪や炭、山菜などを得ながら、人の暮らしの営みを通して環境を保つ知恵が見られ、民家には、空石積みや石場建て、土壁や茅葺屋根など、すぐそこにある大地に還せる材料だけで、自分たちでつくり、自分たちで維持管理し、そのプロセスを楽しむ知恵が見られる。

これらの伝統知は、部分的にではあるが、現代のデジタル技術を活用し定量的に効果を検証することも可能である。例えば、近年の環境シミュレーション技術により日射や風の解析を行うことで、集落や民家の配置や形状の理由の一端をよく理解できる。また、高度な構造解析技術の活用により、空石積みや石場建てなどの構造安定性の解析も可能になってきている。

しかし、人間を含めた地球システムはあまりに複雑であり、そのネットワークのすべてを科学的に把握しきることは（その努力はするとしても）できないだろうことを認める態度、あるいは畏怖の念のようなものも重要だろう。なにより、これらの伝統知は、実際に身体を動かすことで、地球からの跳ね返りを感じることも重要だと考えている。すべての事物は連関しており、私たちはそのなかで生きているといった実感を持つことができ、それが自己変容につながるからだ。

18-4：川島範久建築設計事務所＋松井建設＋高田造園設計事務所《かなめのもり》（2023）　撮影＝鈴木淳平

そして、これらの伝統知は、現代の都市・建築に活かすことができる。築30年の中規模ビルのリノベーションに際し、既存躯体を最大限活用しながら、新たに加える材料は建設残土を活用した土などの自然素材を主とし、土壁の施工は建物のユーザーが参加するワークショップを通して行い、そのメンテナンスもユーザー自らできるようにし、将来的には素材として回収して再利用するか土に還すことができるようにした《GOOD CYCLE BUILDING 001／淺沼組名古屋支店改修PJ》（2021）［18-3］や、都市における庭や森の手入れの際に発生する枝《えだ》粗朶《そだ》や落ち葉や竹などを活用し、降った雨を保水・浄化し地下水を涵養する外構基盤をつくった《かなめのもり》（2023）［18-4］などは、伝統知の現代都市・建築への適用を試みた筆者による実践事例である。

　土を掘り返すことによる地球からの確かな跳ね返りを頼りに、伝統知を学びながら新たな技術を獲得し、自然とつながるデライトフルな建築・都市に再構築していこうとする試みの先に、サステナブル・デザインの向かう先が見えてくるのではないかと考えている。

「持続可能性」をより深く知るために

- レイナー・バンハム『環境としての建築——建築デザインと環境技術』（堀江悟郎訳、SD選書、2013／原著=1969）
- 難波和彦『建築の四層構造——サステイナブル・デザインをめぐる思考』（LIXIL出版、2009）
- クリストフ・ボヌイユ&ジャン=バティスト・フレソズ『人新世とは何か——〈地球と人類の時代〉の思想史』（野坂しおり訳、青土社、2018／原著=2013）
- 難波和彦『メタル建築史——もうひとつの近代建築史』（SD選書、2016）
- ブルーノ・ラトゥール『地球に降り立つ——新気候体制を生き抜くための政治』（川村久美子訳、新評論、2019／原著=2017）

サーキュラーデザインをめぐる歴史的考察

岩元真明
建築家

▼リサイクルのシンボル ——カリフォルニア、1970年

リサイクルマークをデザインしたのがひとりの建築学生だったことはあまり知られていない。アースデイが初開催された1970年、シカゴの段ボール箱会社が「地球への愛を表明するために」リサイクルのシンボルマークを求める学生コンテストを開催した。500を超える作品が集まり、ヘルベルト・バイヤーやソール・バスといった錚々たるグラフィック・デザイナーが審査を行い、23歳のゲーリー・アンダーソンが勝利を射止めた。アンダーソンは南カリフォルニア大学の建築学生だった。フランク・ゲーリーやトム・メインを輩出した名門校で、コンラッド・ワックスマンやピエール・コーニッグらモダニストに学んでいた。アンダーソンは印刷機に巻き込まれるロール紙とメビウスの輪から着想を得て「追いかけ合う矢印《チェイシング・アローズ》」と呼ばれるマークを制作した。3本の矢印のうち2本はめくりあがり、1本は折れ下がる。アンダーソンがデザインしたマークは非対称形で、メビウスの輪というコンセプトを忠実に表現していた[19-1]。

大学卒業後、アンダーソンはヴィクター・グルーエンの事務所に一時身を置き(これもフランク・ゲーリーと同じだ)、1978年以降はボルチモアや中東で活動。リサイクルとは縁のない建築家人生を送った。一方、リサイクルマークは彼の知らぬ間に国境を越え、繰り返し複製され、単純化され、数々の亜種を生みながら世界中の誰もが知るところとなった……。

▼循環デザインの原点 ——月と地球の間、1967年

循環は更新し続ける概念である。過去20年ほどの短い間でもCradle to Cradle(ゆりかごからゆりかごへ)、MOTTAINAI(もったいない精神)、アップサイクル、サーキュラーデザイン、クリエイティブリユース、リバーシブルデザインなど循環にかかわる言葉が数多く生まれた。リサイクルは3R——リデュース・リユース・リサイクル——に拡張され、その後も5R、7R、10R、18Rと拡大を続

けている。循環の概念はその都度のスローガンを生みながら、文字通り再生し続けている。それでは現代における循環デザインの原点は一体どこにあり、その本質は何なのだろうか。

この問いに対するひとつの答えが、リサイクルマークが誕生する直前、1960年代末のアメリカに見出される。無論、リサイクルという言葉も、循環の概念も、それ以前から存在している。物資が窮乏した第2次世界大戦中の「勝利のために回収を」キャンペーンがリサイクルの起源だという説もあれば、1897年にニューヨークに登場した廃品回収施設に端を発するという説もある。建築史を学ぶ者ならば、西洋中世における「スポリア」と呼ばれる部材転用を思い描くかもしれない。あるいは伊勢神宮の式年遷宮に、仏教の輪廻転生に、ヘラクレイトスの万物流転に、循環デザインの原点を見る者もいるだろう。しかし、1960年代末のアメリカは人類が地球の有限性を認識したという点で以前とは一線を画していた。レイチェル・カーソンの『沈黙の春』（1962）によって環境問題に目覚めた人々は、1967年に人工衛星が捉えた地球のカラー写真を初めて目撃する。暗黒の宇宙に浮かぶ色鮮やかな正円。循環する《サーキュレーション》には円環《サークル》が必要である。現代に至る循環デザインは、人々が円《まる》い地球の姿を認識した瞬間に誕生したのではないだろうか。

19-1：リサイクルマークをデザインしたゲーリー・アンダーソン（右）

翌年の1968年、スチュワート・ブランドがカウンターカルチャーのバイブルとなる『ホール・アース・カタログ』の出版を開始。その表紙にはNASAが撮影した史上2枚目となる地球のカラー写真が採用された。初期の『ホール・アース・カタログ』を紐解いてみると、DIYによる太陽光利用、土壁や竹構造、コンポストやエディブル・ランドスケープへの関心が並んでおり、今日のサーキュラーデザインとの接点の多さに驚かされる。1969年には平和活動家のジョン・マコーネルが同じNASAの写真を使って「地球の旗」を提案。これは環境保護の世界的イベントであるアースデイのシンボルになった。

同じ頃、バックミンスター・フラーは『宇宙船地球号 操縦マニュアル』（1968）を発表し、地球の課題を宇宙的視点から捉えた。「モア・ウィズ・レス」や「リジェネレーション」といった言葉を使って資源の効率的分配と再生エネルギーの重要性を論じたフラーは、今日的な言葉を使えばプラネタリーなスケールでサーキュラーデザインを考えた最初の建築家だった。人類が地球というサークルを認識した時点で、循環デザインの焦点は単なる節約や意味の再生産ではなく、地球環境問題へと決定的に移行したのである。

▼オイルショックへの建築的応答 ——西側諸国、1970〜80年代

1973年、アメリカ、カナダ、西ヨーロッパ、日本などの西側諸国にオイルショックの衝撃が走った。原油価格の急騰によって突然の節制を余儀なくされた人々は、ローマクラブの「成長の限界」(1972)で指摘されていた資源の有限性を肌身に感じた。省エネ・省資源・リサイクルは広く一般の関心となった。オイルショックは国策にも影響を与え、アメリカでは1977年にエネルギー省が発足。日本でも1979年に省エネ法が制定された。

オイルショックが建築に与えた影響についてはジョヴァンナ・ボラーシとミルコ・ザルディーニによる『Sorry, Out of Gas: Architecture's Response to the 1973 Oil Crisis(ソーリー、アウト・オブ・ガス——1973年のオイルショックに対する建築的応答)』(未翻訳、CCA、2007)に詳しい。ボラーシらはオイルショック後の1970〜80年代に太陽・土・風を利用する建築への関心が高まったと指摘する。太陽に関していえば、太陽熱給湯器やソーラークッカーのDIYが流行しパッシブソーラーや蓄熱壁《トロンブ・ウォール》の設計手法が発展した。土に関していえば、土壁と地面に埋まった建築——アースシェルター——に注目が集まり、アメリカ各地で実験が行われた。小規模な風力発電が都市と田園の双方で展開したのも1970年代末であった。

ところで、「循環デザイン」には地球規模の物質循環をめざすグローバルな戦略と、建物あるいはコミュニティ内部での自給自足をめざすローカルな戦術の2つがある。前者は高度に政治経済的な問題であり、フラーのような例外を除けば、オイルショック後の建築家の多くはローカルな戦術を追求した。太陽・土・風に関する要素技術を統合し、自給自足する建築、すなわち自立循環型の建築を目指したのである。例えば「ごみを自然資源と捉えた建築家」と呼ばれるマイケル・レイノルズは、1970年代末に空き缶と古タイヤをかき集めて自邸《アースシップ》の建設を開始。風力発電、パッシブソーラー、中水利用を組み合わせオフグリッドの生活を実践した。

原油価格が下落した1980年代半ば以降、オイルショックの影響は薄らいだ。ジミー・カーター大統領がホワイトハウスの屋根に設置したソーラーパネルをロナルド・レーガン大統領が撤去したという逸話は示唆的である。資源の確保は技術やライフスタイルの問題ではなく政治経済と外交の問題とされ、自立循環の実践は建築界の主流から外れた。

しかし、オイルショック後の建築家たちの試みが完全に途絶えたわけではない。ひとつ象徴的な例を挙げよう。2018年、**福島**第一原発の事故を契機として徳島県にレイノルズが招聘され日本初の《アースシップ》が建設された。

3・11とコロナショックをきっかけに、2010年代には日本各地にオフグリッド・ハウスが登場した。オイルショックから生まれた自立循環型の建築は、危機が訪れるたびに蘇るのである。

▼リサイクルからリノベーションへ ——日本、2000年代

さて、ここで舞台を1970年代の日本に移そう。オイルショックをきっかけに日本でも資源循環への関心が高まりを見せた。1974年には「リサイクル運動市民の会」が結成され、リサイクルという言葉が徐々に浸透。1975年には沼津市が資源ごみの分別回収を開始し、1980年代には全国に広まった。この間の建築家のリアクションとしては「住宅にも、フリーマーケット感覚を！」と訴えた石山修武の『「秋葉原」感覚で住宅を考える』（晶文社、1984）が挙げられる。さらに1991年、全国各地のごみ問題を背景として廃棄物処理法が改正され、1990年代にはリサイクルが急速に一般化した。伊東豊雄と難波和彦と佐々木睦朗が「住まいとアルミ研究会」を結成しアルミのリサイクル性に着目したのも1990年代末のことである。しかし、大局的に見ると、日本の建築家たちがリサイクルというテーマを扱うことは少なかった。

2000年、塚本由晴と貝島桃代らが『10＋1』No.21（LIXIL出版）誌において「トーキョー・リサイクル計画」を発表するが、主な関心は物質のリサイクルではなく都市空間のリサイクル、すなわちリノベーションだった。その後リノベーションの名を冠した書籍が相次いで出版され、21世紀のリノベーション・ブームが幕を開ける。世間のリサイクル熱に対し、ポストバブル世代の建築家たちは物質循環ではなく空間の循環、すなわちリノベーションによって応答を開始したのである。

▼サーキュラーデザインの展開 ——EU発、2010年代

2015年、EUがサーキュラー・エコノミー政策を大々的に打ち出し、大量生産・大量消費・大量廃棄からの脱却を訴えた。この前後からサーキュラーデザインという言葉が全世界で流行し、プロダクトデザインからファッションへ、建築へ、社会の仕組みのデザインへと広がりを見せつつある。21世紀のサーキュラーデザインの特徴としては循環への眼差しの精緻化が挙げられる。地球上での物質循環は「自然界における循環（生物サイクル）」と「産業界における循環（技術サイクル）」に分離され、両者の混合は再生を阻害するものとして敬遠される。原料レベルでのリサイクルよりも製品自体を再利用するリユースが良しとされ、さらに、リユースよりもリペアが、リペアよりも日々のメンテナンスが、環境負

荷の小さい営みとして推奨される。廃棄物に付加価値を与えようとする「アップサイクル」や「クリエイティブリユース」、部材の解体可能性を重視する「リバーシブルデザイン」など、２０１０年前後に登場した新しいデザイン言語はこのような眼差しの精緻化と連動している。

同時期、建築家たちがモノと物質を眺める眼差しも精緻化した。日本の例を挙げれば、ふすまやシステムキッチンなどの建築要素に独特の再解釈を行ったスキーマ建築計画の《SAYAMA FLAT》（２００８）、解体時に発生する廃材を再構成した403architecture[dajiba]の《渥美の床》（２０１１）、建築の解体・移動・再構成を作品化した門脇耕三らによる「第17回ヴェネチア・ビエンナーレ国際建築展日本館」（２０２１）、新築住宅の分解可能性を突き詰めた能作文徳の《明野の高床》（２０２１）など、モノと物質に迫り、その循環を主題にしたデザインがひとつの潮流をなしている。リノベーションによって循環デザインに足を踏み入れた建築家たちの眼差しの解像度は、３Ｄスキャニングやデジタルファブリケーションといった技術の力を借りながら、空間から建築要素へ、建築要素から建材へ、建材《マテリアル》から物質《マター》へと高まったのである。

しかし、ここで一度立ち止まり、過去を振り返ってみよう。すると、今日のサーキュラーデザインがオイルショック以後の実践と似ていることに気がつく。無論、デザインの理論と方法はより洗練されており、フードロスなど扱う問題の幅も広がっている。しかし、１９７０年代も２０２０年代も閉じたサークルを前提としている点では変わらない。建築家の小見山陽介は２０１０年代の木造建築を論じるなかで、木造の社会性を説明するダイアグラムの多くが円環状であり「サークル・オブセッションズ（閉じた環への強迫観念）」にとらわれていると指摘している。環状のダイアグラムは循環型社会への寄与を示す一方、建築をめぐる物語を単純化・単一化する恐れがある、という批判である。

この強迫観念は木造建築に限らず、サーキュラーデザイン全体にもあてはまるように思われる。かつて都市計画家・建築家のクリストファー・アレグザンダーは「都市はツリーではない」（１９６５）において近代都市計画の多くがツリー状の階層構造をもち、ゆえに多様性を欠いていると批判した。ツリー同様、サークルもきわめて単純な図式である。循環のデザインが過去を乗り越えるためには、循環が新しい言葉として生まれ変わるためには、円環という単純な図式から脱する必要があるのではないだろうか。しかし、どのようにして？——試みに、ゲーリー・アンダーソンのメビウスの輪のように、ひとひねりして裏返してみるのはどうだろうか。例えば、押しも押されもせぬアイコン建築家、スターアーキテクトの代名詞であるフランク・ゲーリーがサーキュラーデザインの先駆者だとしたら？

▼リバース、カリフォルニア——1969年

南カリフォルニア大学で建築を学んだフランク・ゲーリーはヴィクター・グルーエン事務所で働いた後、1962年にロサンゼルスに事務所を構えた。1968年、ある展覧会のデザインを依頼されたゲーリーは美術館の地下倉庫に眠る材料をリユースし、剥き出しの合板や波板をつぎはぎにした展示空間をつくりだす。ヒッピーたちと同じく、彼は身の回りにある安い材料に心を惹かれていた。

リサイクルマークが生まれた1970年頃にはリサイクル材である段ボールを使って椅子を制作し、初めて世間の関心を得た。1978年に建設した自邸のリノベーションでは仕上げをひっぺがして既存の架構を剥き出しにする表現を開拓した。合板や石膏ボードを塗装せず、そのまま用いることによって未完成の美学を示したのも彼だった。

「けちんぼうの建築《チープスケート・アーキテクチャー》」を自認するゲーリーは薄っぺらの金属板の魅力に取り憑かれ、ある日、それが曲面の形成に適していることに気がつく。それではどうやって無駄なく、多様な曲面をつくろうか？　彼なりのモア・ウィズ・レスに突き動かされたゲーリーは、コンピュテーショナル・デザインをいち早く採用し、材料と生産の効率化を図りながら前代未聞の複雑な建築をつくりだした。

その後、ゲーリーはスターアーキテクトとなり、物質循環とは縁の薄い建築家人生を送った。一方、ゲーリーが切り拓いたリユース、リサイクル、リノベーションの美学とコンピュータを用いた節約術は、彼の知らぬ間に国境を越え、繰り返し複製され、単純化され、数々の亜種を生みながら世界中の誰もが知るところとなった……。

「循環」をより深く知るために

●バックミンスター・フラー『宇宙船地球号 操縦マニュアル』（芹沢高志訳、ちくま学芸文庫、2000／原著=1968）
●Giovanna Borasi, Mirko Zardini eds., *Sorry, Out of Gas: Architecture's Response to the 1973 Oil Crisis*, CCA, 2007.
●大月ヒロ子+中台澄之+田中浩也+山崎亮+伏見唯『クリエイティブリユース——廃材と循環するモノ・コト・ヒト』（millegraph、2013）
●加藤耕一『時がつくる建築——リノベーションの西洋建築史』（東京大学出版会、2017）
●水野大二郎+津田和俊『サーキュラーデザイン——持続可能な社会をつくる製品・サービス・ビジネス』（学芸出版社、2022）

建築はより倫理的に——しかし同時に、より美的に

市川紘司
建築史家

▼社会課題に応答する建築的実践

21世紀に入ってから、貧困や差別、戦争難民、環境破壊、災害復興といったさまざまな「社会課題」に直接的に応答しようとする建築家の実践が増えている。2010年末～2011年初頭、ニューヨーク近代美術館（MoMA）で開催された「Small Scale, Big Change: New Architectures of Social Engagement」展は、そうした建築界の新しい潮流にフォーカスする画期的な展覧会だった。

MoMAの展覧会では、「社会課題に応答する実践」を「ソーシャルエンゲージメント」（社会参与／社会実践）と呼び、11組の建築家とその実践が取り上げられた。例えば、チリのアレハンドロ・アラヴェナによる、住宅を半分のみを建設し、残り半分はヴォイドとした社会住宅のプロジェクト［20-1］。それは住宅価格をより廉価にしつつ、入居する低所得者によるライフステージに合わせた自由な増築をナッジするための開発手法だった。あるいはフランシス・ケレは、出身地であるアフリカの貧困農村において、コミュニティの人々と協働しながらローカルな材料や技術を用いたローコストの公共施設を出展した。また、ベネズエラのユニットであるアーバンシンクタンクが出展したのは、当事者たちを巻き込んだフィールドリサーチに基づき、都市スラムの雇用問題を解決すべく設計されたケーブルカーとその駅舎である。

20-1：アレハンドロ・アラヴェナほかElemental《キンタ・モンロイの集合住宅》(2004)　撮影＝山道拓人

以上はいわゆる**グローバルサウス**を舞台とするプロジェクトだが、展覧会ではフランス・パリやアメリカ・ロサンゼルスの住宅問題に取り組む建築家も紹介されている。**キュレーション**を手がけたMoMAのアンドレス・レピックは、先進国／発展途上国の違いを問わずソーシャルエンゲージメントの建築がグローバルに生起していることを示そうと、収集した100以上の実践例から最

終的なラインナップを決めたという。

「Small Scale, Big Change」展の出展建築家には、のちのプリツカー賞受賞者が多いことが興味深い。アラヴェナは2016年、ケレは2022年に受賞。またパリの社会住宅のリノベーションを出展したラカトン&ヴァッサルも2021年に受賞した。展覧会以降、ソーシャルコンシャスな建築実践が世界的に注目され、評価されてきたこと、そしてそれを先駆的に取り上げたMoMAの嗅覚が正しかったことがうかがえる。

▼「鍼師」としての建築家

「Small Scale, Big Change」展の建築家たちには共通する方法論と態度がある。デザインとは一見無関係に思えるリサーチを丹念に行うこと、住民や行政などさまざまな関係者と積極的にコラボレーションすること、それによってプロジェクト自体の規模は小さくとも社会環境へのインパクトを広く波及させようとすることなどだ。まさしく、「スモールスケール」の仕事によって「ビッグチェンジ」をめざすわけである。展覧会のカタログに寄稿した建築史家バリー・ベルグドールは、このような方法論・態度を指して「建築的鍼治療」と呼ぶ。なるほど、極小のツボを探り当て、それをピンポイントで刺激することで身体全体の健康を改善しようとする「鍼師」の手さばきは、小さな建築をつうじて大きな課題に

取り組む建築家たちのアナロジーにふさわしい。

ベルグドールは、「建築的鍼師」である彼らを「創造主」的なモダニストと対照化させている。ル・コルビュジエの《ヴォワザン計画》(1925)に象徴されるような、建築家ひとりの頭と手によって世界を根底からつくりなおそうとしたのが近代の建築家的想像力だったとすれば、先行世界を丹念に読み解きながら最小限の手数による介入と改善を志向するソーシャルエンゲージメントのそれは、たしかにまったく異なるものといえる。

実際、ソーシャルエンゲージメントの建築の歴史的な系譜をたどれば、1960年代に登場した「参加型デザイン」に行き着くことになるだろう。ルシアン・クロールがユーザーである学生たちを巻き込みながら設計した《ルーヴァン・カトリック大学学生寮》(1975)、建築設計で使われる言語体系の「民主化」の実験というべきクリストファー・アレグザンダーの「パタン・ランゲージ」[20-2]、あるいは発展途上国の貧困地域におけるジョン・ターナーの「サイト・アンド・サービス」型の公営住宅など、建築を建築家という「創造主」による独占から解放し、広く社会のなかに共有しようとしたのが参加型デザインの試みだった。それは近代建築を

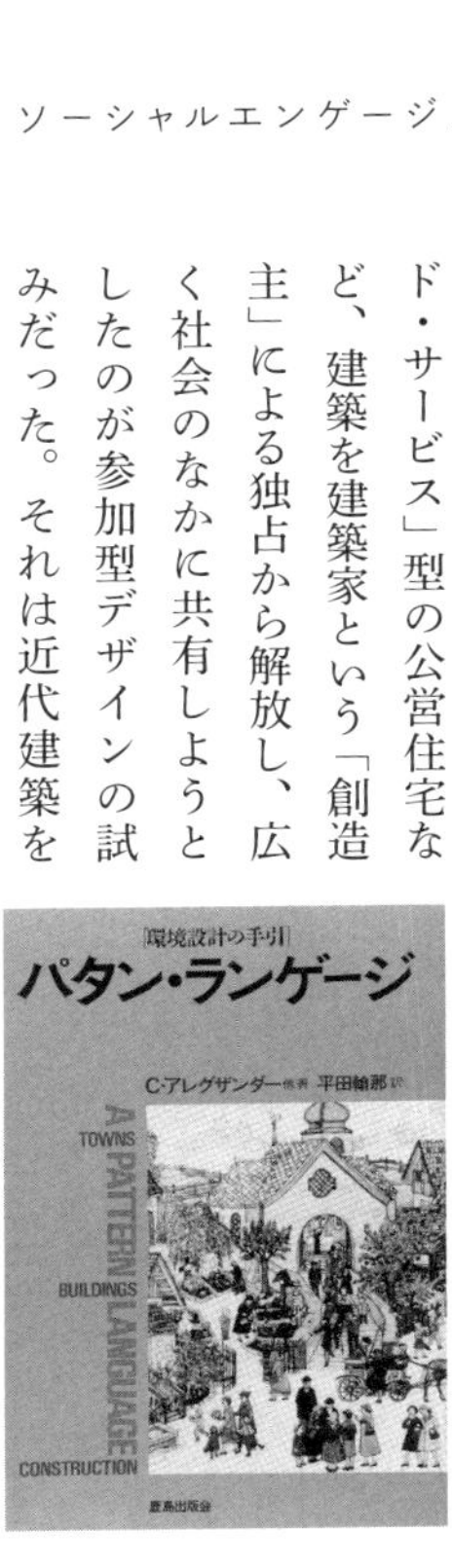

20-2：クリストファー・アレグザンダー『パタン・ランゲージ』(鹿島出版会, 1984／原著=1977)

批判するポストモダンの実践であったといってよい。つまり、ソーシャルエンゲージメントの建築はポストモダンの延長線上に位置づけられるのだ。

▼社会関係の(再)構築をめざして——日本における展開

日本の建築家・坂茂は、MoMAの展覧会によってソーシャルエンゲージメントという概念が一般化する以前から、建築をつうじた「社会貢献」に注力してきた建築家として注目に値する。坂は、建築家が歴史的に特権階級(権力者や資本家)に従属してきたことを批判し、一般社会に貢献するための取り組みを1990年代半ばから積極的に展開してきた建築家だ。紙管の建築による自然災害の被災者や戦争難民のためのボランタリーなプロジェクトは、断続的に30年以上続く。

2010年代半ばに建築評論家の五十嵐太郎が「リレーショナルアーキテクチャー」(関係性の建築)と名づけた建築実践のタイプも、ソーシャルエンゲージメントの建築の日本的展開といえるだろう。建築が完成する瞬間ではなく設計から施工までのプロセスを重視すること、そうしたプロセスのなかに関係者や利用者を積極的に巻き込むこと。そして、そうして生み出される建築によって地域やコミュニティの「関係性」を(再)構築すること。そのような建築家の取り組みがリレーショナルアーキテクチャーと呼ばれるものだ。幾度もの市民ワークショップを行いながら造形やプランを固めた新居千秋の《大船渡市民文化会館・市立図書館》(2008)、パブリックミーティングでの住民投票をつうじて段階的に設計案を発展させた工藤和美+藤村龍至らの《eコラボつるがしま》(2014)、敷地近くに設計分室を設置して竣工に至るまでのプロセスを地域と共有する青木淳らの《十日町プロジェクト》(2016)[20-3]などが例となる。

「コミュニティデザイン」を看板に掲げる山崎亮(Studio-L)は、リレーショナルアーキテクチャーを代表する存在だろう。ランドスケープデザインを出自とする山崎だが、1995年の阪神淡路大震災をきっかけに、建築や土木構築物という「モノ」ではなくコミュニティ——すなわち人と人の「関係性」そのものをデザインの対象とするようになる。そして限界集落から地方都市まで、問題を抱えるコミュニティにおいて「つながり」を生み出す仕組みや活動のデザインを手がけていく。そうした山崎の活動は、「建てない建築家」などと呼ばれながら、特に2011年の東日本大震災前後には建築界内外で注目を高めた(テレビ番組「情熱大陸」でも取り上げられた)。建築家との協働も多く、先述の青木の《十日町プロジェクト》や乾久美子の《延岡駅周辺整備プロジェクト》(2018)などで、地域の人々をプロジェクトへと参画させる活動をさまざまに実践している。

五十嵐によれば、リレーショナルアーキテクチャーの登場は1990年代以降の「ポストバブル」という時代状況に関係する。少子高齢化が進み、地域コミュニティは空洞化した。また、施設を建てるだけでその後の利活用をおざなりにしてきた「ハコモノ行政」が批判され、時の政権は「コンクリートから人へ」と叫ぶ。そうした日本社会の諸問題に応答するように生まれ出てきたのがリレーショナルアーキテクチャであったといえる。完成後の施設利用や運営を計画段階から検討すべきことを説き、その実装のためのアイデアを考察する小野田泰明『プレ・デザインの思想』(TOTO出版、2013)は、同様の背景に対する建築計画学の理論的応答として重要だろう。

▼美学か倫理か？　作品か社会か？

ところで、ソーシャルコンシャスな実践の増加はなにも建築に限った話ではない。そもそも「ソーシャルエンゲージメント」という言葉自体、より早く1990年代からアートの領域で使われていたし、五十嵐のリレーショナルアーキテクチャーも元ネタは「リレーショナルアート」(関係性の芸術)」だ。リレーショナルアートとは、「トラフィック」展(1996)や『関係性の美学』(1998)で知られるキュレーター、ニコラ・ブリオーによって広められたアート実践のタイプ。ギャラリーでタイ料理を観客にふるまうイベントを手がけたリクリット・ティラヴァニなど、絵画や彫刻といった古典的なメディウムを持たず、その制作プロセスや、関係者や鑑賞者とのコミュニケーションを主題とする「非物質性」などを特徴とする。

20-3：青木淳建築計画事務所《十日町市市民活動センター・交流センター》　筆者撮影

デザインの領域では、2007年にクーパーヒューイット国立デザイン博物館で行われた「Design for the Other 90%」展が重要だろう。水を人力で運ばなければならない貧困エリアのための、子どもでも転がせる円形ポリタンクなど、特に近代インフラの整備されていない途上国の切実な問題を解決するデザインが集められた展覧会だ。(富裕な10%ではなく)「そのほかの90%」のためにデザインになにが可能かを問う視点は、特権階級ではなく一般社会への貢献をめざす坂茂とも通じる。

建築にしても、アートにしてもデザインにしても、こうした社会課題の解決・改善を主題にかかげるプロジェクトは時に美学的な観点から批判されてきた。文芸評論家の藤田直哉による「地域アート」批判は典型的なものだろう(藤田直哉編著『地域アート——美学/制度/日本』堀之内出版、2016)。藤田は、2000年代以降にブームとなった「地域芸術祭」

で制作されるリレーショナルアート的な作品（地域アート）が、しばしば十分な「美的クオリティ」をもたず、たんなるコミュニティの活性化や地域振興制作のツールに堕していると批判した。社会的側面が重視されるあまり美学的側面が軽んじられていないか、というわけだ。そして地域アートの源流である20世紀後半の前衛芸術の、そのラディカルな前衛性がスポイルされた作品の様子を指して、藤田は「前衛のゾンビ」と呼んだ。

建築においても美と社会性はしばしば対立的に考えられてきた。ソーシャルエンゲージメントの先駆的建築家というべき坂茂も、被災者や難民への社会貢献プロジェクトと、住宅や公共建築における「作品づくり」とを明確に分けている。また、マッシミリアーノ・フクサスのディレクションによる第7回ヴェネチア・ビエンナーレ国際建築展（2000）の主題は「Less Aesthetics, More Ethics」だった。グローバルな都市化とそれが引き起こす諸問題に対して、「美学」（エステティック）をより小さくし、その代わりに「倫理」（エシックス）をより大きくすることの必要性が説かれた。

「作品vs.社会」あるいは「美学vs.倫理」という二項対立……。同様の視点は、東日本大震災の被災者のための集会場シリーズ《みんなの家》を展開した伊東豊雄にも認められるだろう。伊東は被災者に寄り添うために「批評性」や「作品」を追究する建築家のエゴイズムを捨て去ることを宣言すると、《宮城野区のみんなの家》（2011）では木造切妻屋根や縁側など、意図的に「普通な」デザインを試みた。こうして建築家と建築を被災地コミュニティのなかに溶け込ますことがめざされたのである。

20-4：平田晃久建築設計事務所《太田市美術館・図書館》 筆者撮影

▼二者択一を超えて

美学と倫理、あるいは作品と社会性を二項対立的に位置づけることは、少なくとも実践の水準では違和感なく理解できる。建築家がデザインを先鋭化させることと、人々の関係性の網の目のなかで社会課題へと応答することは、現実のプロジェクトのなかでバッティングする局面がたしかに存在するだろう。また坂茂の活動がクリアカットに体現しているように、「社会貢献」と「作品づくり」ではクライアントをはじめ与条件が根本的に異なる。とはいえ理論的には、美学・作品と倫理・

社会性は二者択一の次元にあるわけでもない。

例えば建築家・平田晃久の《太田市美術館・図書館》(2017)〔20-4〕は、ワークショップを繰り返して市民(ユーザー)の意見を集めながら、造形や空間構成のアイデアを凡庸化させることなくむしろ先鋭化させた興味深いプロジェクトだ。事程左様に、社会性の追究とデザインの実験は必ず相互に矛盾する関係にあるものではない。MoMAのレピックも、2000年のヴェネチア・ビエンナーレ国際建築展に見られる思考フレームを批判したうえで、「Small Scale, Big Change」展では「より美学的で、より倫理的な」建築を提示することをめざしたとする。私たちがめざすべきなのも、こうした「両取り」のスタンスだろう。

問われるべきは、そもそもなぜ私たちは当たり前のように建築や建築家を「社会」の外側に置くことから始めてしまうのか、という点かもしれない。1960~70年代のカウンターカルチャーの影響? 少なくとも日本の建築家界では、その「カウンターの時代」に登場した磯崎新や「野武士」世代(伊東もそうだ)がこの半世紀の思考フレームの基礎をなしてきたから、大いにありうる。だが、大きな体制に対する外側からのカウンターや抵抗、といった世界観はすでにリアリティを失効して久しい。であるならば、いま私たちは世界観を更新しなければならない。

当然ながら建築をつくることは社会的な行為である。まずはその前提のうえに立つところから始めよう。そのうえで美学的な側面から、と同時に倫理的な側面から、建築は検討されなければならない。美学と倫理は二者択一で選ばれるものではなく、たんに検討の位相が違うだけだと考えたほうがよいだろう。少なくとも理論的にはそうである。

私たちが考えるべきは、建築をその外から社会へとエンゲージさせることではない。そうではなく、あくまでも建築をソーシャルエンゲージメントとして位置づけなおし、実践していくことが求められている。

「ソーシャルエンゲージメント」をより深く知るために

●ジョセフ・ヒース+アンドルー・ポター『反逆の神話〔新版〕——「反体制」はカネになる』(栗原百代訳、早川書房、2021/原著=2001)
●Andres Lepik, *Small Scale, Big Change: New Architectures of Social Engagement*, MoMA, 2010.
●五十嵐太郎「リレーショナル・アーキテクチャー」(『美術手帖』2015年1月号、美術出版社)
●坂茂『紙の建築 行動する——建築家は社会のために何ができるか』(岩波書店、2016)
●市川紘司「それでも私たちは「作品」を鍵括弧でくくる」(布野修司編『はてしなき現代住居——1989年以後』フィルムアート社、2024)

ヒトとモノの持続的な関係性をめざす建築のつくり方

板坂留五
建築家

▼チューニングとそれまで

本稿で扱う「チューニング」という言葉は、建築の分野においては、建築家・西澤徹夫により設計され２０１２年に竣工した《東京国立近代美術館所蔵品ギャラリーリニューアル》について書かれた文章で初めて用いられたとされる。（西澤徹夫「空間やモノ、コトの整理整頓から」『新建築』２０１５年３月号）西澤は、あらゆる設計のなかでも改修においては、それまでに重ねた時間の分だけ具体的で切実な要望があり、それらを細かく拾っていく作業に終わりはないとしながら、時代にふさわしい使い方やあり方へ高解像度でチューニングしていく作業が必要であると言及している。

また、青木淳は『新建築』２０１５年４月号の月評でこの作品を取り上げ、「チューニングとは、狂った調べを正しい調べに調整する」行為であると述べ、そのような建築のつくり方は、目の前の具体からはじまり、それをひとつの理想を体現した具体に近づけていく行為として、ひとつの理想からの具体化という通例の設計手法とは反対に位置づけている。

「チューニング」に関係する概念として青木の「オーバードライブ」がある。これは、『新建築』１９９９年７月号に掲載された青木による論考「決定ルール、あるいはそのオーバードライブ」にて提示されている。空間のどんな決定ルールも、本当のところは、そこでの人間の活動内容からは根拠づけられるべきではなく、無根拠であるべきだと述べ、設計者は意識的に決定ルールに身を委ねて、その先まで行ってみなければいけないという。決定ルールとは、建築をつくるにあたっての与件を、設計者と依頼者をはじめあらゆる関係者がひとつの物理的空間の構成に置き換えようとする時に必要な、案を論理的に展開するためのルールである。

一般的に建築を設計することが、カタチかナカミか、フォルマリズムかリアリズムかという選択肢の間を右往左往しているだけだと危惧を呈し、設計は「何らかのカタチをもったひとつのものをつくるための、そこに至るまでの無数の判断と選択のひとつづきの手続き」であると捉え、この手続きのあり方を向き合うべき問題としたほうがよいのではないか、と示した。この仮説を、2006年竣工の《青森県立美術館》で実行することとなり、西澤は当時の担当スタッフである。
「チューニング」と「オーバードライブ」の共通点や展開を考察すると、オーバードライブでは、決定ルールに対してそれをどうして用いるのかを問わないことを「無根拠さの宙吊り状態」と表現している。一方、チューニングでは、チューニング自体は暫定的なものであるという考え方から、それらをアーカイブすることが重要であり、ひとつのプロジェクトとして位置づけようとしている。西澤は、アーカイブにおける全体をレイアウトと呼び、決定的なものではなく暫定的な余白を措定するものであると定義することにより、都度チューニングを積み重ねることを許容することができると考えている。どちらも、全体を取り持つもの（決定ルール、レイアウト）によって輪郭を宙吊りにしたままに設計を暫定的に進めるという創作論を示している。そうすることで、建築家が実際に手を出すことのできない敷地を超えた都市スケールおよび数年数百年の長いタイムスパンすらも建築の全体のなかに取り込んでしまう可能性を発見している。

21-1：《半麦ハット》 撮影＝栗田萌瑛

筆者は2019年に西澤との共同で《半麦ハット》［21-1］という自身の両親の住居兼店舗を設計した。《半麦ハット》とは、敷地となった淡路島のとある街で見かけた風景をサンプリングし、それらを組み合わせてひとつの建物をつくるという、筆者が大学院の修了制作の時から取り組んだプロジェクトだ。本作は、街なかにある多種多様なとりとめのないマテリアルや両親のあらゆる趣味趣向などを、それぞれ自律したモノとして扱いながら、それらが隣り合い生まれる個別の関係性（衝突や融合）を一つひとつ判断して積み重ねていく手続きをとっており、チューニングによる建築として位置づけられる。

竣工後、内覧会に参加した建築家ら12人にこの建築を通してそれぞれに考えたことを文章にしてもらい、それらをまとめて『半麦ハットから』という本をつくったが、全体性やまとまりについて言及するものが複数ある。そのなかでも編集者・春口滉平氏は、近年の建築意匠に「エレメントばらばら系」というジャンルがあると示唆し、それに対して「エレメントまとまり系」を仮想する。エレメントばらばら系の特徴として、「1.空間性を志向しない　2.全体性を志向しない　3.複雑性を許容する　4.エレメント同士の関係性に介入する」を挙げ、それに対してエレメントまとまり系は、特定の空間性や全体性を志向し、ひとつの状態へと構造化しようとする特徴があるとした。また、「エレメントばらばら系」が、エレメントをばらばらにすることが目的化しているような状況を生み、批判していたはずの対象に自ら転じてしまう矛盾を提起し、それを「ばらばらのジレンマ」と呼んだ。春口は、《半麦ハット》を通して「ばらばら」と「まとまり」の二項対立を瓦解させる方法で「コンセプト」や「ひとつ」という考え方から離脱する方法を論じている。

▼チューニングする主体

さて、一方で「チューニング」は建築家が行うだけではないようだ。

例えば西澤は、青木との共同設計による《京都市京セラ美術館》(2020)について、『GA JAPAN』164、MAY-JUN/2020(A.D.A. EDITA Tokyo)のインタビューのなかで、各時代でチューニングした「手つき」の積み重ねが、文化の厚みになっていくと期待している。建築家による設計を長い歴史のなかのひとつの段階として認識し、その後も各時代で誰かによるチューニングが続いていくことを見据えた姿勢が読み取れる。

青木は、暮らしながら「こうしたらもっとよくなるかも」と自分で空間に手を加えていくという行為が「不断のアップデート、あるいはチューニングの状態」であるとして、その建築的事例として能作淳平《富士見台団地のリノベーション》(2014)やラカトン&ヴァッサル《パレ・ド・トーキョー》(2012)を挙げている。

また、筆者設計の《TANNE RAUM》(ギャラリー兼フリースペース、2019、東京)もチューニングを考えるうえでの現代的な創作の例として挙げてみたい。竣工した2019年当時は、秋から冬にかけてはシュトーレンの倉庫として使い、それ以外はギャラリーとして運用していたが、その後コロナ禍となったこと、パン屋を閉業して新たな事業の準備が始まったことなどにより、スペースの使い方が少しずつ変化している。ホワイトキューブのような開けたギャラリーではなく、柱が立ち並び、それらの間に倉庫の棚や絵のキャンバスを掛け渡すことでゾーニングを変えられるように設計していたのだが、オーナーらの日々の試行錯誤により私の想定以上にあらゆる空間が設え続けられている。時に、ギャラリーで一緒に展示する作家も加わり、つねにチューニングされ続け、空間の使い方だけでなく新たな絵画のかたちも発見され続けている。

　このようにチューニングする主体を、建築家のようなプロではなく、市井の生活者のようなアマチュアとして考える視点もありえるだろう。乾久美子＋東京藝術大学乾久美子研究室展「小さな風景からの学び」（ギャラリー・間、2014）もそのひとつである。街なかで見られる自分で使う場所を自分で作りあげている現場を「小さな風景」と名づけ、研究室のメンバーと1年をかけて全国各地で収集し類型学的に分類した写真の展示と書籍によって発表した。この活動は、乾久美子建築設計事務所で現在も引き続き行われ、自身の事務所サイトで「小さな風景」というコラムを発信している。乾らは、その風景からその土地で生きる人々が日々の生活のなかから見出したささやかな「資源的なもの」と、彼ら／彼女らがそこに与えた意味や構造を発見しようとしている。2019年に出版された『Inui Architects —— 乾久美子建築設計事務所の仕事』（LIXIL出版、2019）のなかで乾は、建設後に使い手と環境が一体となった場所としての成長を促すために、建築のなかに人が反応し、ついかかわってしまうような構造を内在化させる必要があり、それこそが建築が果たすべき役割だと示している。

　こうした事例は、誰でも建築の設計に参加できることやDIYを促すような、利用者の自由を無邪気に促進させる態度や、建築はそうやって生かされているのだ、というような建築が主語となるような価値観とは異なる。建物とそこを使う人や物が、相互に押し引きし合うような持続的な関係性を建築によってつくろうとしていると筆者は考えている。建築家は、そういった持続的な行為の連続を通して、そこを使う人が生きること（家であれば暮らすこと、学校であれば学ぶこと、美術館であればつくることあるいは観ること、あるいは維持すること）について考えることを求めているのだろう。

　建築以外の創作においても、このような姿勢を感じる作家がいる。映画監督の濱口竜介は、映画『ハッピーアワー』（2015）を制作し、本作の制作方法を記した『カメラの前で演じること』（左右社、2015）という著書を上梓している。濱口は、演技が脆弱な**フィクション**であり、カメラはそれを正確に映し出す存在となるため、「本読み」や「サブテキスト」といういくつかのプロセスを試行し、演者に「安心」と「勇気」を与える環境をつくっていたという。そうすることでカメラの前での演技が、これからの日々やこの世界の価値を支える希望になると述べている。

▼「すでにあるもの」に対する手つき

　ここまでで、「チューニング」は、（1）創作論であり、（2）建築のある状態を示すこと、（3）主体は作家だけではないことを整理した。

筆者は、2012年にいわゆる「震災以降世代」として大学に入学し、新築にかかわらずリノベーションやまちづくりを設計の対象として扱う建築家やアーティストに、非常勤講師や講演会などを通して接してきた。チューニングの初出が西澤の改修の事例であることからもわかるように、この言葉は「リノベーション」との相性がよい。リノベーションは、すでにそこに存在している既存の空間があり、新たに求められる要望をどのようにインストールするかについて、既存の空間を読み取る必要がある。それに対して、すべてスケルトンにして思い通りに改修し、再び原状回復のために壊すという従来の空間のつくり方は、既存を「ないもの」として扱い、机上のパースやイメージを現場にできるだけ完全な形でインストールするというハリボテのようなつくり方である。そのようなつくり方が環境負荷の観点や工事費の高騰でローコストが求められる観点などから懸念されつつあるなか(といっても主流ではあるが)、2008年に発表された建築家・長坂常による《SAYAMA FLAT》を皮切りに、既存の空間の持つ要素に対して引いたり足したりずらしたり、相対的な操作を施すようなリノベーションが増えてきた。ほかにも元火力発電所を扱ったヘルツォーク&ド・ムーロン《テート・モダン》(2000、ロンドン)や元印刷所を扱ったロバート・アーウィン&オープンオフィス《ディア・ビーコン》(2003、ニューヨーク)、土木構造物を扱ったディラー・スコフィディオ+レンフロ《ハイライン》(2009、ニューヨーク)など規模の大きさもさまざまに世界各地で見られる。

リノベーションの多くはいわゆる内装で、新築のような外観や構造体など自律した輪郭いわゆる「カタチ」を持ちにくいため、これまでのカタチかナカミかの創作論ではうまくいかなくなったのかもしれない。それらよりも、目の前にある既存の躯体やこれまでの痕跡、求められる要望を拾っていくことのほうが設計の本質であると気づいてきたのだろう。その時「チューニング」という概念は、全体を宙吊りにしたまま一つひとつの具体に向き合うことのできるつくり方としてリノベーションと親和性があるといえる。現代においては、「具体する既存の空間」が「無根拠さの宙吊り状態」をつくる要素として位置づけられるだろう。

▼持続的な関係を目指して

前述した著書『半麦ハットから』の寄稿文のなかで建築家・大村高広は、具体的な空間のありようについて自身の一人称視点により記述し、その経験を通して形態のばらばらさの先に人間の身体感覚があることを言及している。「極めて具体的な事物と身体の接触を通した「手触り」」が、習慣化すること(状態が留まること)を先延ばしにすること、つまりその空間をチューニング状態にするための手続きの結果として、必然的にスケールや色がばらばらになると論じ、チューニング的設計手法により、住まい手と建物の持続的な関係をつくることができる可能性を示唆している。

美術家・映像作家である田中功起は、２０１３年第55回ヴェネチア・ビエンナーレ国際美術展にて「Abstract Speaking: Sharing Uncertainty and Collective Acts（抽象的に話すこと——不確かなものの共有とコレクティブ・アクト）」と題して、同じ職業の複数の人たちがあるタスクを一緒に取り組み、その記録を展示した。協働のような倫理的な行為を、ものをつくる（陶芸やピアノの演奏、髪を切るなど）という推進力のある行為と同時に行うことにより、相手も自分も変化しながらトライアル・アンド・エラーを繰り返していく「社会彫刻の過程」が記録されている。このような即物的で具体性に満ちた出来事ひとつの場所に集められている様子を、田中は「複数の思考が割り切れないまま歩きつづけることでもある」と表現し、抽象のもつ時間と空間を超える可能性を示唆している。

チューニングは、なにか理想のかたちをめざすのではなく、目の前の具体からはじまる行為だからこそ、建築設計に限らず、スケールの違いやフィクションか否かに関係なく展開可能な創作の考え方である。日々、多様な価値観により、誰かが守るべきだと思っていてもだれかの真っ当な理由で壊され刷新され都市の変化や、社会情勢や災害により起こる自身の価値観の変化を目の当たりにするなかで、作家自身と創作物の新しい距離感が必要だと感じている。作家自身と創作物そのもののつながりをより強めて固定化する働きをする創作論ではなく、生活や文化、社会がよりよく続いていくためには創作はどうあるべきかと思考し、作家自身もアップデートされうる創作論として、「チューニング」という概念の必要性を感じている。

「チューニング」をより深く知るために

- ●青木淳『原っぱと遊園地』（王国社、２００４）
- ●田中功起『必然的にばらばらなものが生まれてくる』（武蔵野美術大学出版局、２０１４）
- ●濱口竜介ほか『カメラの前で演じること』（左右社、２０１５）
- ●青木淳『フラジャイル・コンセプト』（ＮＴＴ出版、２０１８）
- ●板坂留五『半麦ハットから』（盆地edition、２０２０）

生活者による建築の「フレーミング」と美的評価

青田麻未
美学者

▼日常になっていく建築――オーディの経験から

2020年1月、COVID-19によるパンデミックが世界的な問題へと展開していく前夜、私は在外研究のためにフィンランドのヘルシンキへと降り立った。あまりに早くやってくる北欧の夜が明け、到着翌日に私の目を驚かせたのは「オーディ（Oodi）」と名づけられた《ヘルシンキ中央図書館》（ALAアーキテクツ、2018）だった［22-1］。船にも似たその建物は、どんよりとした曇り空の下、明るいガラスと温もりのある木の素材を組み合わせた姿によって、異彩を放っていた。同図書館は多くの観光ガイドブックにも掲載されており、観光スポットとしても人気が高い。私も夢中でその外観を写真に収めるべく、カメラのシャッターを押した。それはモニュメンタルで、北欧の最新のデザインを象徴する建築として私の目を捉えた。

だが当然のことながら、この図書館を実際に使うようになり、また大学へと向かう道すがら毎日横目に見るようになると、最初の衝撃的な印象は薄れてゆく。オーディもまた私が人生において出会ってきたいくつかの図書館と同様、定期的に訪れ、その中で本を読んだり勉強をしたり、場合によってはコーヒーを飲んでくつろぐ場所になった。また毎日繰り返し見ていると、ガラス張りのこの建物は、天候や時間の変化に応じてその見え方を幾通りにも変えていくことに気づく。こうして、オーディは私にとって、日常を過ごす環境のひとつの要素となり、ヘルシンキでの私の暮らしの一部として溶け込んでいったのだ。

▼美学を通じて建築を語る？

ところで、美学を通じて建築を語るといわれて多くの人が想像するのは、まず、芸術作品の一種として建築を捉えるアプローチではないだろうか。たしかに、従来の美学においては芸術ジャンルとしての建築の特殊性を考える議論が蓄積されており、そのなかでは、建築が「作品」の一種であるとすれば、それはどのような意味においてであるかが考察されてきた。

例えば絵画作品と音楽作品は同じく「作品」と呼ばれうる

が、しかし両者は実際にはかなり異なる存在である。版画などではない限り、原則的に絵画作品は一点モノである。これに対して音楽作品は、例えば世界各国でいろいろな機会にベートーヴェンの「第九」が演奏されるが、私たちはそれらの演奏すべてを同じ作品の演奏だとみなすだろう。このように、芸術作品と一口にいっても、その存在様態はさまざまである。これについて考えるトピックは「芸術作品の存在論」と呼ばれ、建築についてもそうした議論は展開可能である。だがそもそも、建築を完成された作品としてのみしかみなさないとしたら、先に挙げたような日常生活のなかでの建築とのかかわりを捉えきれないのではないか。

もうひとつ、美学を通じて建築を語るといった時に想像されうるのは、建築の持つ視覚的特徴——かたち、装飾、色など——を問題にしているという見方である。美学の一歩外側に出ると、「美的なもの（The Aesthetic)」はほとんど視覚的なもの、という意味で理解されることは珍しくない。しかし、特に現代において美学は、視覚に限られない、さまざまな感覚をつうじて生じる美的経験について考察している。

一例を示そう。ドイツの美学者ゲルノート・ベーメは、雰囲気という彼の概念を用いて、建築の美的経験を説明している。彼のアプローチは、建築とかかわる時、私たちが単に目によってそのデザインを評価するのではなく、身体をもってその場にいることの意義を強調する。私たちは建築の用意した空間において、その広さ／狭さ、近さ／遠さ、開放性／閉鎖性、また私たちに対してどのような動きを要求してくるかといったことを、身体を通じて感知する。いわば、建築が生み出した雰囲気のなかに、自分の身体を投じているのである。

22-1：《ヘルシンキ中央図書館》外観　筆者撮影

▼フレーム／フレーミング

以上のような前提のもと、環境美学（Environmental Aesthetics）および日常美学（Everyday Aesthetics）という現代美学の分野に軸足を置いて、建築が私たちに与えてくれる美的経験とはどのようなものかを考える。

環境美学とは1970年前後に英米圏で興った現代美学の一分野である。この分野は、当時の美学のほとんどが芸術をその対象とし、自然美の問題が顧みられてこなかったことに対する反省として生じた。またこの時代は、環境問題が深刻化する時期と重なる。社会問題に対する美学からの応答という意図も、環境美学誕生の背景にある。はじめは主に自然環境の美について議論していた環境美学であるが、現在では都市や田園、あるいは公園など、幅広い「環境」における美的経験が議論されている。

日常美学は環境美学から派生し、2000年代に入ってから盛り上がりを見せている分野である。この分野においては、より私たちの日常生活が主題化する。旅先ではなく地元での美的経験とはどのようなものか、掃除や片付けといった日常的行為のなかに美的な要素はあるのかなど、およそ生活にかかわるさまざまな話題が議論されている。

環境美学・日常美学においては、芸術作品のように、私たちの鑑賞に先立って誰かが完成させてくれたものとして対象を捉えない。《モナリザ》や《ゲルニカ》は私たちがそれを美術館で眺める前に、すでにそれぞれの画家が歴史のある時点で完成させ、枠取ることで、自律する対象として成立している。これに対して、自然、都市、あるいは日常生活には「完成」はない。そもそも、これらは先に挙げた絵画のような明確な境界を持たず、世界そのものとして私たちの前に広がっている。そのような対象を美的に見るとはどのようなことなのか——この問いに向き合うのが、環境美学や日常美学である。この問題を考えた先駆的な論者が、イギリスの哲学者ロナルド・ヘプバーンである。ヘプバーンは、芸術と環境の大きな違いのひとつとして、前者には「フレーム」が存在するのに対して、後者にはない、という点を指摘した。ここでいうフレームとは、美的経験の対象となるものを確定している装置のことを指す。最もわかりやすい例として、絵画の額縁=フレームを挙げることができる。額縁は、その内側にあるものこそが美的経験の対象であり、その外側にあるもの——壁の染みや隣に飾られた作品など——は無関係なものであることを告げる。こうしたわかりやすいフレームのほかに、音楽作品であればその始まりと終わり、舞台作品であれば客席と舞台の境界線があるように、現代芸術のなかにはあえてその規範を破るものがあるにせよ、伝統的な芸術作品の場合には、私たちの美的経験が始まる前にすでにその対象の範囲は確定されている。

これに対して、環境とは空間的な範囲を規定する境界線を持たず、また絶え間ない変化にさらされているという意味で時間的にも不安定なものである。私たちの美的経験に先立って、その対象を明示するフレームが存在しないのだ。ではどうするのか。美的経験がなにかについてのものである以上、そこにはなんらかの意味で対象が必要である。実際、私たちは環境のすべてを一度に経験しているわけではない。そこには芸術とは違う仕方ではあるものの、やはりフレームが存在するのである。

芸術の場合には芸術家（あるいは芸術をめぐる既存の慣習）がフレームを付けること、すなわち「フレーミング」を行っている。では、環境の場合には誰がフレーミングをしているのか。それは私たち自身である。

環境の場合には、環境自体が刻々と変化している。しかも、私たちは環境のなかに固定された単なる眼ではなく、多くの場合、複数の感覚を駆使しながらそのなかを動き回っている。河原でピクニックをしている時、はじめはピクニックシートの上に座ってぼんやりと川を眺めているかもしれないが、徐々に木々のさざめく音が耳に聞こえてくるだろうし、持ってきたリンゴをかじりながら涼しい風に身を包まれるかもしれない。またそのうち、立ち上がり川に沿って歩いてみたり、走り出したりするかもしれない。このあいだ、私たちは何度も少しずつフレームのかたちを変えながら、川の環境を美的に経験するのである。

　環境を美的に鑑賞する時、私たちは自分自身で環境をフレーミングする。いわば、私たち自身が美的対象の「制作者」となるのである。環境の美的鑑賞には、このような創造性が内包されている。このフレーミングの議論は、日常生活のなかで建築と向き合う時にも重要なものになるだろう。

▼日常美学的視点からの建築評価

　建築は建物という形式で、物理的にそこに存在する。ならば、建築の美的経験はヘプバーンのいうところの芸術経験に近いものであり、環境の場合のように私たち自身が行うフレーミングの出る幕はないのだろうか。そうではないだろう。私のオーディでの経験に似た感覚は、多くの人々が持っているのではないか。つまり、建築はたしかに建築家によってある時点で一応の完成を見るが、その後はそこでどのような活動をするのか、またその建築とどのくらいの時間の長さをかけて付き合っていくのかに応じて、実際に人々が美的に評価するものは異なるし、変化もする。それぞれの生活のなかで、私たちは建築が生み出す空間／建築が含まれる空間をフレーミングし、美的に評価するのである。

　アメリカの哲学者アベル・フランコは、日常的な建築の美的評価は、住まいやすさ（Inhabitability）がどのように、またどの程度実現されているかという観点から行われていると分析する。住まいやすさからの評価とは、私たちそれぞれが抱く理想の生活を実現するために、その建築がどの程度貢献するのかという観点からの評価である。

　これは、単に機能を軸に建築の美的価値を評価する態度とは異なる。フランコはいくつもの事例を挙げながら議論していくが、そのなかに、19世紀様式のカフェでボードレールの文章を読む経験がある。読書という行為をどれだけスムーズに行えるのかという観点からみれば、このカフェは図書館に劣るかもしれない（隣席の客がもしもおしゃべりであったなら、読書は妨害される）。しかし、「私の生活のなかの今この時、この場所でこの行為を行うこと」が経験の質を高めていると思えるから、この人は図書館ではなくカフェで読書する（この様式のカフェでボードレールを読めばさぞ雰囲気が出るだろう）。

　機能の観点からはベストではなくても、私の生活のなかでいま求めている経験を与えてくれるという観点から、私たちは建築を評価する。先にベーメを引きつつ述べたように、経験の質について考えることも、美学の仕事のひとつである。さらに先に述べたフレームの考え方を敷衍すると、生活者は身近な建築を、自分がそこで行う行動に基づいてフレーミングするといえる。私たちは建築をただ外側から立ち止まって鑑賞するという、絵画や彫刻を評価するやり方ではなく、自分の生活の理想に照らして、建築の内や外で多様な活動をしつつ、感覚をはたらかせる。それぞれの活動を通じてそれぞれのフレームが創造される。ボードレールを読む場所としてこのカフェを使う人と、家族と離れて束の間ひとりで過ごす場所としている人とでは、この建築に対する美的評価が異なるという以前に、そもそも美的な対象として享受しているものが異なりうるのである。前者はボードレールの世界と自分が今いる場所を重ねてその全体的な雰囲気を味わうかもしれないし、後者はより建物内の装飾に目を凝らしているかもしれない。

　フランコの議論が主に建築内部空間の評価にかかわるものであるとするならば、フィンランドの美学者アルト・ハアパラは外部空間との関係における建築の日常的な美的評価について示唆を与える。ハアパラは、旅行者が見知らぬ土地に魅了される際に感じる「新奇さ（Strangeness）」に対して、一定の時間そこに暮らして生活のルーティーンを構築した居住者が地元に対して感じる「親しみ（Familiarity）」を美的なものの一種として位置づける。居住者は、自身の日常がその場所で安定して営まれることに快を感じる。この快こそが親しみであり、主体と場所との愛着とも言い換えられる。

　そして親しみを抱くということは、感性をつうじて「場所の感覚」を理解することでもある。その結果、たとえスター建築家による作品であったとしても、居住者にとっては美的によくないものとなる可能性がある。ハアパラは自身の論考のなかで、フィンランドを代表する建築家アルヴァ・アアルトによる《エンソ＝グッツァイト本社ビル》（通称《シュガーキューブ》、1962）を「醜い」と大胆にも評する。それはこの建築が、周囲の環境——ロシア正教会や市庁舎を含む——の持つ歴史性を無視していることに由来するとハアパラはいう。

　生活者としての私たちにとって、建築は単一の作品としてではなく、自身の暮らす居住環境の一部である。すなわち私たちのフレームは、その建物を超えてその外部空間を含む。またさらにいえば、このフレームは現在だけを切り取るのではない。この場所が持つ歴史性を理解するということは、過去の姿の（集合的）記憶、さらには未来の姿の想像までをも念頭に置くということである。つまり生活者のフレームは、空間的にのみならず、時間的にも広がる。建築の美的評価は、こうした複合的なフレーミングに基づいて、行われうるものなのだ。

▼おわりに——評価から実践へ

以上、日常美学的な観点から、生活者が建築を美的に評価するということについて検討してきた。こうした評価はどのように実践的な文脈において効力を持つだろうか。最後に2つの観点から展望を述べる。

第1に、日常美学がもしも個々の生活者の視点の違いを積極的に受け止めるのだとすれば、そもそも、私たちが共同体のレベルで建築についてのなんらかの意思決定を下すことについて提言を与えることができるかという懸念があるかもしれない。たしかに、日常美学的な視点は評価のための単一の基準を与えないため、実践的な判断を下す場面では頼りなくも思える。しかし、日常美学は私たちの建築に対する判断がなぜ食い違うのかを説明することができる。食い違いの理由を知ることは、長い目で見れば、お互いが妥協点を見つけるために有効である。

第2に、評価にとどまらず、それ以前の建築設計の段階において日常美学的発想がどのように寄与するかを問うこともできる。もちろん、私たち一人ひとりがその来歴に従って建築と向き合う以上、あらゆる評価者の視点を先回りして理解し、設計に組み込むことは難しい。しかし、別の仕方で規範を提示することはできるだろう。日常美学的な視点で建築を見ることとは、突き詰めれば、「原理原則に従うのではなく、個々の対象と主体の関係を重視する」ということである。日本出身でアメリカで活躍する美学者のユリコ・サイトウは、こうした態度を「**ケア**」と捉え、日常美学を「ケアの美学」として捉え直している。そしてこれはデザイナーなどの制作者にとっての職業倫理としても機能すると述べる。ここには当然建築家も含まれうる。すなわち、原理原則や、商業的な成功を約束されたパッケージを当てはめるのではなく、対象との個別的な出会いの可能性をつねに視野に入れた設計が理想とされるのである。

「日常美学」をより深く知るために

● ゲルノート・ベーメ『雰囲気の美学――新しい現象学の挑戦』（梶谷真司+斉藤渉+野村文宏編訳、晃洋書房、2006／原著=1995）
● Ronald Hepburn, "Contemporary Aesthetics and the Neglect of Natural Beauty," in Peter Lamarque and Stein Haugom Olsen eds., *Aesthetics and the Philosophy of Art: The Analytic Tradition, An Anthology*, Blackwell Publishing, pp.521-534, 2004.
● Arto Haapala, "On the Aesthetics of the Everyday: Familiarity, Strangeness, and the Meaning of Place," in Andrew Light and Jonathan M. Smith eds., *The Aesthetics of Everyday Life*, Columbia University Press, pp.39-55, 2005.
● Abel B. Franco, "Our Everyday Aesthetic Evaluations of Architecture," in *British Journal of Aesthetics*, Volume 59, Issue 4, pp.393-412, 2019.
● 青田麻未『環境を批評する――英米系環境美学の展開』（春風社、2020）
● Yuriko Saito, *Aesthetics of Care: Practice in Everyday Life*, Bloomsbury Publishing, 2022.

「人間中心主義批判」

多元世界について――人間のリデザイン

川崎和也
スペキュラティブ・ファッション・デザイナー

▼デザインの存在論的転回

前提を確認しておこう。なぜ「人間中心主義批判」について考えることが重要であるのか。その理由は、「デザイン」の存在意義に根本的な変化が起こっているからである。しかし、そもそも「デザイン」とは何であろうか。問題解決？　ものづくり？　あるいは、消費を加速させるメカニズム？――環境危機などを背景に、デザインすることを手放しで肯定することが難しくなっている21世紀において、人間が人工物をつくること一般を指すその言葉を再定義する必要が生じている。近年、そのための思想や実践群――「デザインの存在論的転回」とでも呼ぶべき動きが顕在化している。近年、人類学をはじめとした人文社会科学において、自然と人工といった従来の二項対立を前提としない思想が勃興し、その変化を一般として「存在論的転回」と呼ぶことが多い。ここでは、存在論的転回とデザイン理論が共進化する様相に着目しつつ、人間中心主義批判の議論を展開したい。

デザインの存在論的転回の条件を理論的に位置づけた特筆すべきものに、人類学者であるアルトゥーロ・エスコバルの実績がある。エスコバルはその著書『多元世界に向けたデザイン――ラディカルな相互依存性、自治と自律、そして複数の世界をつくること』（2018）において、テリー・ウィノグラードとフェルナンド・フローレスの認知科学における考察を主な先行研究として「存在論的デザイン」の重要性を指摘した。

存在論的デザインの条件は、端的に以下のように要約できる。「私たちはデザインすると同時に、デザインするものによってデザインし返される」。スマートフォンやソーシャルネットワーキングサービスの登場によって、私たちの日常的なコミュニケーションや都市での消費行動が劇的に変容したことを例として挙げるまでもなく、それが椅子であれ、高層マンションであれ、対話型人工知能であれ、人間を取り巻く環境はあまねくデザインされ、私たちの世界観を形作っている。

デザインは単に人工物を制作することのみならず、世界観を創造する営為でもある。エスコバルは、モダンデザインがもたらす「未来を奪う」世界観の構築のあり方を、デザイン理論家のトニー・フライによる「脱未来（デフューチャリング）」という概念を参照しつつ批判する。脱未来が意味するのは、資本主義と民主主義によって消費者の短絡的な欲望を満たすことを優先するがあまり、デザイナーが長期的な結果や問題を無視する悪しき現状だ。それに対してフライが提唱するのは、西洋中心主義とは異なる倫理を立ち上げ、自然環境との新たな関係性を構築しようとする「サステインメント」と呼ばれる行動原理である。

そして、こうした理念を実装するものとして、米国・カーネギーメロン大学の教育プログラムとして確立した「トランジション・デザイン」は、21世紀のデザイン研究のひとつの到達点であろう。トランジション・デザインが対象とするのは、持続可能な社会への変化／移行を促す「ビジョン」の提案であり、その目的は社会と自然双方の回復であるという。

これまでの説明で、もはや存在論的デザインのフレームワークにおいては「自然／人工」や「主体／客体」の二元論が有効ではないことは直感的にも了解できる。実際、エスコバルは以下のように述べている。

> 非人間、事物の実在性があるモノ、地球（地球を前提としたつながり）、精神との、そしてもちろんラディカルな他者性のある人間との、（排除ではなく、複数の世界の包摂を考慮した脱植民地的な）再接続を常に伴う。

▼人間性中心デザインと利他

さらに、デザインの存在論的転回の説得力を強めるために参照したいのがドン・ノーマンの変遷である。ノーマンはすでによく知られているように、人間中心設計の基礎理論を生み出したデザイン研究の大家である。人間中心設計は、パーソナル・コンピュータの勃興を背景に発達してきた設計方法論であるが、計算機と人間間の相互作用に注目することで、利用者にとって使いやすいユーザーインターフェースを追求してきた。ところが、ノーマンが近年の著書『より良い世界のためのデザイン――意味、持続可能性、人間性中心』（2023）で提唱しているのは、「人間性中心デザイン」と呼称される巨大な視座への拡張である。

ノーマンは「人間中心」ではなく「人間性中心」というより広義の言葉を冠した理由について「「人間性中心」という言葉は、全人類の権利を強調し、すべての生物と地球環境を含む生態系全体に向けられている」と述べている。彼が意図したのは、近代合理主義が引き起こす諸問題への警鐘であろう。従来の人間中心設計はあくまでも利用者や消費者の欲望や利便性を追求することに貢献してきた。しかしながら、従来の「人工的な暮らし」を乗り越え、自然生態系や産業、公共、地域など、複雑な社会技術システムにかかわる問題に対処するためには、広義の人間性に基づくデザインが必要となる。ここでいう「人間性」とは、ユーザーや消費者などモダニティが設定する「個人」に重きを置く人間像ではなく、多文化や生態系に配慮する功利主義的な「利他」としての人間性である。

「デザインは人間をリデザインすることである」――建築理論家のビアトリス・コロミーナとマーク・ウィグリーによるこの言葉は、前述の議論を明快に言い表すのにふさわしい。これから、私たちは無批判に、無配慮に従来のものづくりを持続することはできないのかもしれない。エスコバルもノーマンもまた、次なる人間像を創造する営みとしてデザインを再定位しようと試みている。デザインは、人工物の制作によって人間の身体や思考、欲望を改変していくポストヒューマン的装置である。これこそが、デザインにおける人間中心主義批判、デザインの存在論的転回の基盤にある思考であるといってよいだろう。

▼多元世界のために何をデザインすべきか？

再びエスコバルに戻ろう。前述の通り、エスコバルはデザインの存在論的転回を理論的な背景としつつ近代の合理主義を徹底的に喝破した先に、「多元世界」という次なる世界観を提示しようとする。

しかしながら、エスコバルによる多元世界の分析は結論に向かう過程でますます抽象化することとなる。とりわけ、結びにおいては、トランジション・デザインの基本原則として「母なる大地の解放」を掲げるなど、ラテンアメリカ先住民の文脈が多元世界の概念として一般化される。そこでは、脱成長やブエン・ビビール（南米先住民由来の「良き生き方」）など、**グローバル・サウス**特有の思想が高く評価される一方で、グローバル・ノースにおける資本主義やテクノロジーは「家父長制資本主義」的概念として否定される。

こうしたサウス／ノースの二元論を掲げた徹底的な批判は、これまで排除されてきた少数派の立場からの脱植民地主義的主張としては一定の説得力を持つ。他方で、彼自身の反グローバリゼーション、反新自由主義のイデオロギーが色濃く出ていることは否めず、多元世界をデザイン界に拡大していくための戦略として功を奏しているかは定かではない。

エスコバルが結果的にデザイン批評に導入した「南北間の政治的闘争」が、本来意図していた「複数性」を減じないよう慎重に検討を進めていく必要があるだろう。著者としてはむしろ、哲学者のユク・ホイが提唱するような、テクノロジーを各々の文化圏における宇宙論に即して再解釈を行う「宇宙技芸」のような方向に期待できると考えている。ホイはここで、「道」と「器」という中国における概念を重要視してはいるものの、単なる東西の比較や対立を強調するものとされないよう、細心の注意を払っている。ここから得られるのは、ヨーロッパの思想や伝統を前提とした人間中心主義の乗り越えをデザイン実践において展開するにあたり、１９８０年代以降のオリエンタリズムやポストコロニアル理論を更新しつつ思索を前進するための洞察である。

そこで本稿では、人間中心主義批判の先に現れうる世界観を多視点で素描することで、可能な限り議論を前に進めてみたいと思う。結局のところ、これからのデザインが拠り所とするべき「多元世界」とはいったいどのようなものか。

▼惑星的なものと生存可能性

多元世界を捉え直すためにまず「惑星」という概念を導入してみたい。ここで注目するのは、巨大な天体としての惑星ではない。人工世界と自然世界の二元論を崩し、包み込む世界観としての惑星である。

哲学者の篠原雅武が指摘するように、環境危機は、単に自然の破滅的破壊という事実を指すのみならず、世界の中心たる人間が、自然も含めたあらゆるものをコントロール可能だと考える近代的な人間像がもはや終焉し、猛烈に牙をむく自然の一部として生存を脅かされながら生きねばならない現実を明白なものとした。篠原は、こうした人間の実存的不安を前提に、人間的尺度を超えた世界を認識するための概念として「惑星」を位置づけ、そこでの生存可能性を検討することを人新世における哲学のひとつのテーゼとしている。ここでいう惑星においては、人工と自然は対立するのではなく、せめぎあい、溶け合い、人のみならずモノや生命が複数の世界を共存させている。

惑星が内包する多元的な感覚をデザインで実践しようとするのはきわめて難しい。ここでは、経済成長や技術開発を減速する脱成長や、人間のみを対象としたわかりやすい**持続可能性**とは異なる位相で議論を進める必要がある。すでに二酸化炭素を大量に排出し、廃棄物を溢れさせてしまっている人間と、災害やパンデミックを引き起こす自然の間に存在する緊張関係を前提として、人間を超えたものを含めたあらゆる存在の生存空間をどのように構築することができるのかが問われているのである。

そんななか、巨視的な惑星概念の観点から生存や「住むこと」について根源的な考察を加える実践として、建築史家の中谷礼仁、松田法子、青井哲人らによって運営される「生環境構築史」は稀有な事例である。生環境構築史は、ウェブサイトにおけるメディアプロジェクトであり、土や鉄、庭などを対象とした考察や、サイエンス・フィクションの掲載、フィールドワークの報告にまで及び、依拠する時間軸も先史時代に遡るなど非常に幅広い。

「生環境構築史概念図」と名づけられたダイアグラム〔23-1〕では、人類が生き延びるために地球上で構築活動を行ってきた類型を構築様式として定義したうえで、「構築様式0」からはじまり、「構築様式4」への移行を目指している。概要を見てみると、「構築様式0」は惑星それ自体、「構築様式1」は人間活動の開始、「構築様式2」は富の移動や交換による文明の発達、主な批判対象となる「構築様式3」は都市化と資本主義を意味している。そして、資源の有限性と「構築様式3」の限界を踏まえ、惑星との動的平衡関係を再び取り結びうるような未知の様式を「構築様式4」と仮定し、それに至るプロセスを探求しているのだという。

生環境構築史を読んだうえで、どのような建築や都市の実践を構想できるだろうか。近年、例えば廃棄物を再利用した建材や、菌糸体やキノコなどを用いた新素材の応用などが環境配慮を銘打って立ち現れつつあるが、単に人間以外の存在を一元的なマテリアルとして利用するだけでは構築様式を更新することにはつながりえないだろう。それよりも、街や家をつくり、住むことをいったん構築様式として相対化したうえで、地質学や歴史学、環境哲学を念頭において広く深い時空間から思索することから得るものは多いはずだ。次代の建築家がこうした成果を参照することで、惑星的な思考を備えた実践が多く現れることを期待したい。

▼多次元化する情報環境

加えて、私たちが生存する惑星を複雑化、多元化している要因として情報環境の広がりについても触れておく必要があるだろう。建築家の豊田啓介は、ロボットやIoT、ＡＲアバター、ＶＲキャラクターなど、人間が情報環境を介してインタラクションを求められるデジタルな存在を「非人間エージェント(以下、ＮＨＡ：Non-Human Agent)」と定義し、その特徴が多様化し、社会実装される状況への考察を行っている。

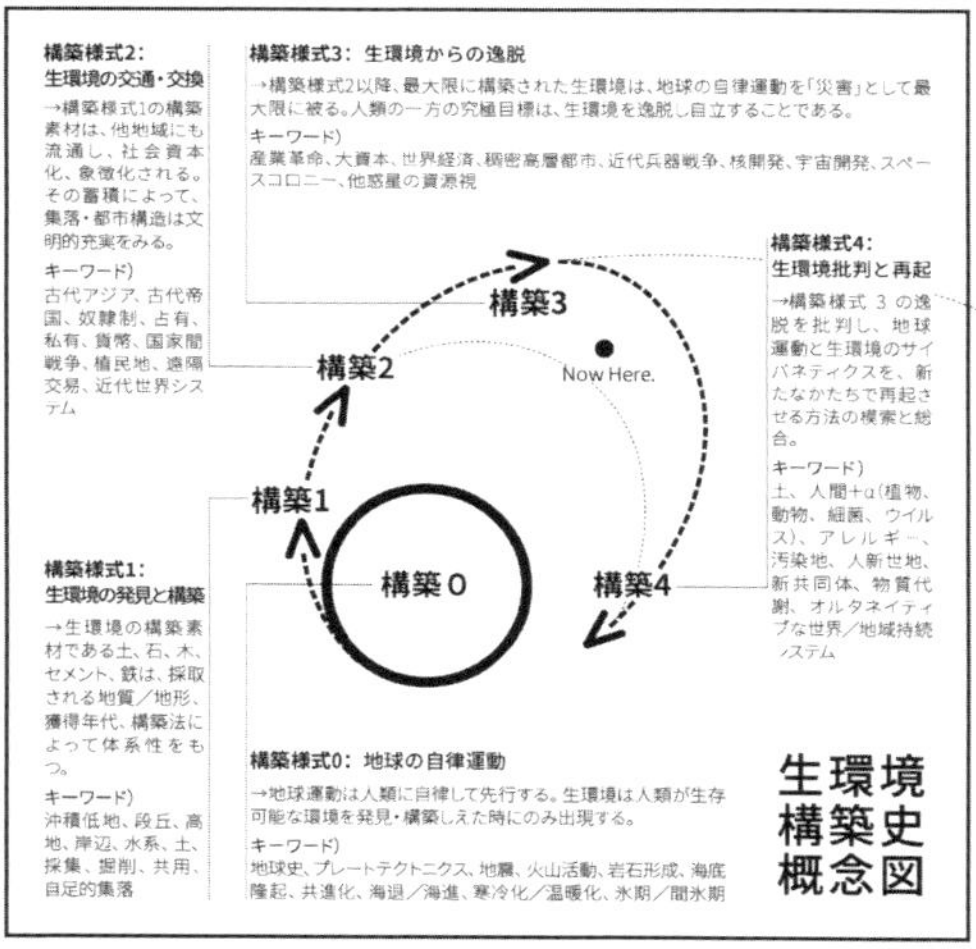
構築様式2:
生環境の交通・交換
→構築様式1の構築素材は、他地域にも流通し、社会資本化、象徴化される。その蓄積によって、集落・都市構造は文明的充実をみる。
キーワード)
古代アジア、古代帝国、奴隷制、占有、私有、貨幣、国家間戦争、植民地、遠隔交易、近代世界システム
構築様式3: 生環境からの逸脱
→構築様式2以降、最大限に構築された生環境は、地球の自律運動を「災害」として最大限に被る。人類の一方の究極目標は、生環境を逸脱し自立することである。
キーワード)
産業革命、大資本、世界経済、稠密高層都市、近代兵器戦争、核開発、宇宙開発、スペースコロニー、他惑星の資源視
構築様式4:
生環境批判と再起
→構築様式3の逸脱を批判し、地球運動と生環境のサイバネティクスを、新たなかたちで再起させる方法の模索と総合。
キーワード)
土、人間+α(植物、動物、細菌、ウイルス)、アレルギー、汚染地、人新世地、新共同体、物質代謝、オルタネイティブな世界/地域持続システム
構築3
構築2
Now Here.
構築1
構築0
構築4
構築様式1:
生環境の発見と構築
→生環境の構築素材である土、石、木、セメント、鉄は、採取される地質/地形、獲得年代、構築法によって体系性をもつ。
キーワード)
沖積低地、段丘、高地、岸辺、水系、土、採集、掘削、共用、自足的集落
構築様式0: 地球の自律運動
→地球運動は人類に自律して先行する。生環境は人類が生存可能な環境を発見・構築しえた時にのみ出現する。
キーワード)
地球史、プレートテクトニクス、地震、火山活動、岩石形成、海底隆起、共進化、海退/海進、寒冷化/温暖化、氷期/間氷期
生環境構築史概念図
23-1：生環境構築史概念図

興味深いのは、ＣＡＤやＢＩＭ、ゲームエンジンなど扱う空間記述技術の発展によって、異なる次元の情報を処理できるよう進歩の過程にあることだ。一次元から二次元、三次元といった次元に関する奥行きや、人が認知可能なスケールから認知不可能なミクロ／マクロスケール、デジタルエージェントが自律的か他律的かに至るまで、物理／仮想空間の相互依存関係はますます深化し続けている。私たちが設計した情報は、仮想空間を介して時空間の次元を拡張しながら、ＮＨＡを経由して異なる次元を往来する可塑性を獲得しつつあるのである。

さらに、デザイン研究者のベンジャミン・ブラットンは、こうした仮想／物理空間におけるＮＨＡの活性化が、地政学的なレベルで影響を及ぼすようになったと考察している。ブラットンが定式化する「積層(The Stack)」というスペクトラムによれば、ユーザー、インターフェース、都市、クラウド、地球といった異なる次元の位相はすでに情報技術を介して地層のように密着しており、その総体は人の行動や欲望を管理するアルゴリズミックな管理型権力であるという。

このような多次元化するデジタル環境を、批評的に実践する一例として、Forensic Architecture(以下、ＦＡ)に関連性を見出せ

るかもしれない。ＦＡは政治的暴力の影響を受けたコミュニティ、人権団体、国際検察官、環境保護グループ、報道機関と共同で、人権侵害の事例に対して「科学捜査（Forensics）」を行う団体である。建築を意味する単語がグループ名に冠されているが、実際は紛争地などにおける犯罪行為の真相を、デジタル技術による明白なエビデンスとともに権力者の横暴を明らかにする探偵のような実践を展開している。

ＦＡが中央集権的権力に抵抗しつつ捜査を遂行するためには、単一の手段に固執するのではなく、複数のＮＨＡをブリコラージュ的に援用することが重要となる。コンピュータビジョンや機械学習、３Ｄモデリングツールを巧みにマッシュアップする「イメージデータ・コンプレックス」という方法論を採用しているのは、テロ事件の法医学的調査において成果物の解像度を可能な限り向上させると同時に、政府やテロリスト組織側のデジタルな権力体制をアドホックに解体するための戦術でもあるのだ。ブラットンのいう積層によるアルゴリズムの権力との緊張関係と、ますます多元化するＮＨＡとの相互関係のなかで、インターネットの自立・分散・協調がどのように拡張可能かが問われている。関連して、台湾のＩＴ戦略大臣も経験したプログラマーのオードリー・タンと経済学者のグレン・ワイルによる、Ｗｅｂ３とデジタル民主主義による分散型多元主義を実現するための政治的運動体「RadicalxChange（ラディカル・エクスチェンジ）」の動向も併せて注視していきたい。

ここまで、エスコバルらによって提起された「デザインの存在論的転回」についての問題意識に照らして、人工／自然の二元論に代わる概念として「惑星」を対置し、多元世界における活発なアクターとして、多次元化する情報環境における「非人間エージェント」の意義を示した。建築を含むデザインをめぐる状況はかつてなく変化を迫られている。多元世界をめぐる議論は、人間中心の教養への批判としてのみならず、必ずや次代のデザインの道筋を示す嚆矢となろう。

「人間中心主義批判」をより深く知るために

- ●ユク・ホイ『中国における技術への問い――宇宙技芸試論』（伊勢康平訳、ゲンロン、２０２２／原著＝２０１７）
- ●アルトゥーロ・エスコバル『多元世界に向けたデザイン――ラディカルな相互依存性、自治と自律、そして複数の世界をつくること』（水野大二郎ほか監修、増井エドワードほか訳、ビー・エヌ・エヌ新社、２０２４／原著＝２０１８）
- ●篠原雅武『「人間以後」の哲学――人新世を生きる』（講談社、２０２０）
- ●ドン・ノーマン『より良い世界のためのデザイン――意味、持続可能性、人間性中心』（安村通晃＋伊賀聡一郎＋岡本明訳、新曜社、２０２３／原著＝２０２３）
- ●ウェブサイト「生環境構築史 Habitat Building History」(https://hbh.center/)

意味の反転ゲーム

元木大輔
建築家

▼なぜハックか

ハックについてテキストを書くというお題をいただいた。これまでハックという言葉そのものについてどこかで語ったりしたことはなかったが、このテーマがいままでにつくってきたものや考え方の延長線上にあることは間違いないし、なにせ『Hackability of the Stool スツールの改変可能性』（2022）というタイトルの本まで出してしまっている。この本は、1933年にアルヴァ・アアルトがデザインした《Stool 60》という、シンプルかつモダニズムの名作であるスツールを改変した300以上のアイデアとリサーチをまとめたものだ。《Stool 60》のようにシンプルであるということは、汎用性が高いが万能ではない。特に大量生産を前提としたモダニズムのプロダクトにおいては、みんなに平均的に愛され使われるために最大公約数的なデザインである必要があり、そのデザインの過程で大量のニッチな機能や情報が削ぎ落とされてしまっているからだ。そこで個別のニーズに対応するのは大変だが、多様なニーズをできるだけ簡単に取り戻すために、世にすでに流通している「モダニズムの型」をハックするのはどうかということを考えたのだ。

この本では、単純な機能主義やユーザビリティを超えて、自らカスタマイズできる拡張性や改変可能性、すなわち「ハッカビリティ」について考えた。さらに、スツールを改変するアイデアをたくさん出すにつれて、《Stool 60》のようにハッカビリティが高いプラットフォームは設計できるのか？という新たな問いが生まれた。しかし、当時はデザインをするうえでの概念としては面白いと思っていたが、言葉そのものを掘り下げて考えるテーマとしては捉えていなかった。というのも、ハックはあくまでも手段であって、その目的は最小限の手つきで新しい視点を提示することだからだ。似た手法として、例えば心理学でいうところのリフレーミングや、アートでいうところのもの派やDADA、シミュレーショニズム、音楽でいうところのサンプリングやカットアップ、リミックス、デザインでもドローグ・デザインをはじめとする先人たちの作品群がある。この数多の先人たちによって試みられてきた既存の見方をずらす手法のうちのひとつとしてしか、ハックを捉えていなかったのだ。

そもそも前提として、DDAではデザインやものづくりに対して、複雑なシステムをゼロから設計するのではなく、最小限の手数やリソースで最大限の効果を得られる方法を採っている。その理由は、僕個人のものぐさな性格によるものも大きいが、もうひとつは、街に大量生産・大量消費を前提としたものが溢れていて、毎日たくさんのゴミが廃棄されているという現代社会の状況にある。さらに、ものに限らず、経済効率化を優先するチェーン店などの風景が先進国の郊外に広がり、街のデザインがどんどん均質化していることとも関係している。僕たちはデザインが好きで、ものづくりを楽しみ、新しい価値を生み出したいと思う一方で、これ以上何かをデザインする必要があるのか、というジレンマを抱えながら日々活動をしている。そんななかで、すでにあるストックを利用して、最小限の手数でものや空間がもつ意味をひっくり返すことができれば、そのジレンマを解決しつつものづくりを続けることができるし、モダニズム以降の問題——ものや情報、システムに溢れた現状——をよりよくするための工夫のひとつとして、社会にとっても有用なのではないかと思う。

24-1《Stool 60》の多様な改変版を展示した「Hackability of the Stool」展
(Vitra Showroom, 2023)　撮影＝Taran Wilkhu

話をハックに戻そう。本来「ハック」とはどういう意味なのか。現在の意味に近いかたちで使われ始めたのは1960年代のアメリカで、ハッカーとはコンピュータについての深い専門知識を持ち、優れたプログラムを世の中に多く発表した人たちのことで、コンピュータに精通した人物への尊称として使われる言葉だそうだ。しかし一般的にイメージするハッカーといえば、システムを乗っ取って本来と違う主張をしたりする技術者のことだろう。悪意のあるハッキングは、厳密にはクラッキングとして区別されることが多いが、「システムの拡張性を探って最小限の手数で元の意味を反転させるようなこと」がハックと呼ばれているようだ。さらに昨今では、その意味が拡張されて「ライフハック」のようにちょっとした工夫で効率化を図るアイデアを説明する際にも使われたりしている。ただここでは、意味が広がり続ける広義のハックではなく、きわめて狭義なデザインにおける手法としてのハックの可能性について考えてみたい。

ハックと聞いて、もう少しステレオタイプにイメージすることができる例を挙げてみよう。例えば外務省のウェブサイトをハックして猫の画像を拡散する大掛かりないたずらを計画したとする。もしくは水道管をハックしてポンジュースが出るように公共インフラを変えてしまうことを想像してみる。この面白さや痛快さはその無意味な目的性にもあるが、ハックするシステムが大きければ大きいほど、方法が簡単であれば簡単であるほど、効果が倍増する点だろう。僕たちの考えるハックの面白さは、既存のシステムやインフラ、素材を最大限に活用して、最小限の手つきやアイデアでその機能を拡張したり、まったく違う意味をもたらしたり、巨大なシステムを乗っ取ってしまうような、意味の反転ゲームにある。

▼ハックとデザイン

　僕が具体的かつ直接的に影響を受けたハック的なクリエイションのひとつは、１９９０年代に登場したオランダのドローグ・デザイン、もうひとつはやはり１９９０年代にサンプリングを駆使して制作されたヒップホップの珠玉のトラックだ。ドローグ・デザインは、ポストモダン的な考え方の一表現であり、それまでのモダニズム色の強いシンプルなデザインの潮流のカウンターとして登場した。批評性やユーモアをふまえて日用品を再定義するような手つきや、意味や機能をずらすサンプリングや転用的な手法を多用するデザインだ。時を同じくしてエディットやサンプリングのように、既成の音楽を再編集したり一部を組み合わせてまったく違う楽曲をつくる音楽がたくさん生み出された。このようなエディット、転用、サンプリングといった考え方が市民権を得たのはこの頃だと思う。

　さらに少し遡ると、１９５７〜６２年に自転車のサドルや農業用トラクターの座面、車のヘッドライトを転用して制作した家具を発表した、建築家でありプロダクトデザイナーのアッキレ・カスティリオーニによる一連の作品群にたどり着く。そして、この考え方の源流のひとつは間違いなく、便器をアート作品として展示したり、レディメイドという概念を提唱したマルセル・デュシャンだろう。さらに今回、ハックについて調べていると、ジョン・ケージの《4'33"》がきわめてハック的な作品であるという一文があった。《4'33"》という曲は、オーケストラの演奏者たちがステージ上で「演奏をしない」というもので、観客が咳き込む音や体を動かす音といった環境音がすべて音楽となりえてしまう可能性を示唆し、それを聞いた人が「音楽とはなにか」という巨大な問いについて考えてしまうとても批評的な作品だ。たしかに音楽という巨大な概念を、「演奏しない」という誰にでも再現可能かつ最小限の手つきでひっくり返している点は、きわめてハック的なアプローチであるといえるだろう。

▼ハックと都市

　名作スツールをハックし続けるなかで、僕たちはある視点を得ることができた。それは「すべては素材である」ということだ。誰もが、特に製品は完成されているというバイアスを持ってしまっている。しかし、すべては素材であるという視点をもって眺めてみると、ものから都市までたくさんのハッカビリティに溢れていると気づくことができる。あらゆるものがもつ拡張・改変可能なプラットフォームとしての可能性だ。なにかをハックすることは、そのハックしやすさ、つまりハッカビリティの高いプロダクトや空間について考えることにつながる。このことは、『Hackability of the Stool スツールの改変可能性』に詳しくまとめたが、ハックはその対象がインフラ的であればあるほど、より社会的な影響をもつように思う。つまり、ハックという手法には、すでに整備されたインフラやシステムを再定義できる可能性が秘められているということもできるだろう。

都市のように大きなインフラの意味をできるだけ簡単に反転させるハック的な方法論は、タクティカル・アーバニズムとして紹介されることが多い。それはトップダウン式の大規模な都市計画ではなく、ボトムアップで小規模かつ実践的に都市に介入していく考え方のことだ。ゲリラアーバニズムや都市プロトタイピングなどとも呼ばれ、硬直した街を変えるための低予算、短期間でできる取り組みのことだ。世界中で行われているケーススタディのなかでも代表的なのは、コインパーキングを一時的に公園《パーク》に転用するパークレットなどだ。このタクティカル・アーバニズムの考え方や手法がもたらす有効な点をいくつか紹介したい。1つ目はソフトウェア・プロジェクトのように、小さいアイデアを出すことからスタートし、それを検証・改善するデザイン・構築・観察・再学習の循環型プロセスを組み込めること。2つ目は、ひとつのアクションが小さいので、たくさんのアイデアを試すなかで実際に機能するものをあぶり出すことができることだ。完成や竣工を設定し、「つくる」と「使う」を完全に分離するのでなく、短期的なアクションの積み重ねによって成果をもたらすアプローチともいえる。そして、このタクティカル・アーバニズム的な視点や、マルセル・デュシャンやジョン・ケージの作品群がもたらしてくれる重要なポイントは、ハック的なアイデアは、都市のように巨大で複雑なもの、さらに音楽やアートのような概念的なスケールにまで考え方を拡張できる可能性を示してくれているという点だ。さらに、ハッカビリティが高いプラットフォームは参加可能性が高いので、その発見が多方面に影響を与えて、あちこちで反転ゲームが起こりえるだろう。

▼《空き地》と《うすい店》

このハックの効果に少し自覚的になったのが、僕たちが今計画している《空き地》〔24-2〕と《うすい店》というプロジェクトだ。北海道札幌市の目抜き通り、狸小路商店街のアーケードに面したビルの建て替え計画にまつわるプロジェクトで、建設が始まる前の土地を、商店街に対して開かれた公園のようなスペースにしたいという一風変わった依頼からスタートした。一般的な建設の計画では、更地であれ工事中であれ、誰にもアクセスできないように仮囲いを立ててしまうが、商店街とのかかわりを維持したいということだった。

　僕たちは、このオープンスペースに家具のような後々にも転用可能なもので居場所をつくるということを提案した。期間限定の計画なので、公園のように全体をくまなくデザインするのではなく、動かせたり再利用できるもので構成したい。しかし、家具スケールでは個のふるまいが強く出すぎてしまうので、もっと各々が自由にふるまいながらも、みんながひとつの大きな空間をシェアしていると感じられるものがよい。そこで、フルーツバスケットを巨大化させたような形状の、寝転んだり、へりを背もたれのように使って座ることができるお椀をつくり、人工芝でつくった大きなクッションを配置した。公共の場で人がビールを飲んでくつろいだり、走りまわるように、説明書がなくともみんなが思い思いに使いこなしてくれる空き地のような場となることを願い、この場所は《空き地》と名づけられた。

　さらに、建築が着工した後の約2年間も商店街へ開いた関係を維持したい。そこで工事の仮囲いがあることで面白く街とかかわり続けることができる方法として、工事の仮囲いを少しだけセットバックし、仮囲いの前に奥行き1.5m程度の《うすい店》をつくることを考えた。朝はコーヒースタンド、昼には定食を出してもよいし、夜になったらビア・バーとなり、薄いスペースが街とかかわり続けるというアイデアだ。

24-2《空き地》(2023)　撮影＝Kenta Hasegawa

　《空き地》は待ち合わせ場所であり、遊び場であり、時にはコンサート会場にもなる。ファッション・ショーをやりたい、冬にスキージャンプ教室をしたい、スケート・パークをつくるのはどうか、映画を上映しよう。この《空き地》にはあの土管はないが、空き地がもつさまざまなアクティビティを受け入れる雰囲気がある。《空き地》と名乗ったことで「どう遊ぶか」というアイデアがどんどん集まってくるのだ。《うすい店》にも同じような効果がある。仮囲いを有効利用してほしいといわれてもよいアイデアは集まらないが、《うすい店》と名乗ることでたくさんのアイデアを生み出すプラットフォームになっている。この場所の姿勢とアイデアに共感してくれるテナントが増えることで、最終的に建つ建物のリーシングにつながるかもしれないし、《空き地》や《うすい店》の雰囲気を纏った建築になっていくかもしれない。

これらは、短期的な変化を繰り返しながら、機能や意味を拡張し続けるプロジェクトとして成長している。そして、ハッカビリティのとても高いプラットフォームにもなりつつある。この後がとても楽しみなプロジェクトである。

僕たちは《Stool 60》を通じて、「完成している」ということに疑問を持つ視点を獲得した。《空き地》と《うすい店》では、いままでは完成というピークにのみ焦点を当てていた建築の建設プロセスをハックし、本来楽しむ対象でない空き地や工事現場の仮囲いといった建築の生成過程にあるものや場の意味を、誰もが楽しく参加可能でハッカブルなプラットフォームへと反転させることを考えている。ハックとは意味の反転ゲームだ。システムの拡張性を探って最小限の手数で元の意味を反転させること。そのシステムが大きければ大きいほど社会的な影響があり、簡単であればあるほどに再現性があり多様性が生まれやすい。ハックとは完成しているという概念に対するアンチテーゼだ。現状をよりよくするためには、すべてのものは変化しアップデートしていくものとして捉える必要がある。ハックは机上の空論ではなく、変化を求めて手応えのある提案をするための手段として有効だと思う。

「ハック」をより深く知るために

●マイク・ライドン+アンソニー・ガルシア『タクティカル・アーバニズム・ガイド——市民が考える都市デザインの戦術』（泉山塁威+ソトノバ監修、大野千鶴訳、晶文社、2023／原著=2015）

●元木大輔／DDAA LAB『Hackability of the Stool スツールの改変可能性』（建築の建築、2022）

機会を生む場を実装する

宮崎晃吉
建築家

▼場の運営というフィールド

「場の運営」に携わる建築家あるいはデザイナーが増えている。ここでは「運営」を、実務的な業務としての「Operation」というよりは、より包括的な「Management」に近い意味で捉えたいと考えている。ある空間を用意（設計）するだけでなく、実際に社会のなかで有効に機能するために経済面、人材面、仕組みなどを調整して実装していく営み。それらを総称して「場の運営」と呼んでみたい。

建築家が場の運営まで行うことは、とくに2020年代に入ってから、かなりポピュラリティを獲得してきたといえる。シェア商店《富士見台トンネル》（2019）や《みんなのコンビニ》（2023）を運営する能作淳平。調布で《FUJIMI LOUNGE》（2019）を運営する菅原大介。《藤棚デパートメント》（2018）を運営する永田賢一郎。ドーナツ店《洞洞》（2022）を運営するツバメアーキテクツ。《社食堂》（2017）などを運営するSUPPOSE DESIGN OFFICE。複数のシェアハウスの運営などを手掛ける勝亦丸山建築計画やアンモナイツの瀬川翠。早稲田でベーカリーショップ《神田川ベーカリー》（2017）を運営するらいおん建築事務所。銭湯《仏生山温泉》（2005）や《仏生山まちぐるみ旅館》（2015）を設計・運営する岡昇平や、《神水公衆浴場》（2020）を運営する構造家の黒岩裕樹。公共施設関係では自ら設計した建物の指定管理を担うRFAの藤村龍至やジオ-グラフィック・デザイン・ラボの前田茂樹等々、簡単に思いつく例を挙げてみるだけでも枚挙に暇がない。

しかし建築家は本来、建築の設計の専門職とみなされてきた。それが運営まで担うことが一般化されつつある状況は、一体どのような背景によるものだろうか。

一番大きな要因は、人口減少社会における建築ストックが飽和傾向にあり、設計／建設のみならずその前後の企画／計画や運営にも活躍の場が開けてきた、もしくは開かざるをえない状況が挙げられる。これは世界的には人口が増加しているなかで、極端な減少傾向を先行している国々に見られる社会背景だ。

また、東日本大震災を経て建築的・土木的手法で自然を超克していくことへの限界があからさまになって以来、これまで以上に人的なネットワークや、コミュニティの重要性が意識されたことも重要なきっかけと言える。

さらに、「つくって終わり」では計画すらできないという時代の要請の側面もある。公共領域においてPFI（Private Finance Initiative）やDBO（Design Build Operation）が一般化されてきたことからも、発注者側にとって完成後の運営がもっとも大きな関心事になっており、それに応える建築家にも運営の知見が求められつつある。

▼都市をジャック／ハックする精神

一口に「場の運営」といっても、それに取り組む建築家の動機や意図も、実際の現れ方も多種多様であり、それを私が網羅的に体系化するのはちょっと荷が重い。紙幅も限られているのも言い訳にして、ここではある程度的を絞って「都市をジャック、もしくはハックする精神」とでもいえるような切り口から話を進めたい。

1950年代後半あたりから、現代美術の文脈では、スタティックで無機的な絵画や彫刻の枠組みを拡張するような前衛的な動きが広がっていた。パリでは思想家、映画作家のギー・ドゥボールが先導したシチュアシオニスト・インターナショナルがその狼煙を上げ、芸術家のクリスト&ジャンヌ＝クロードはヴィスコンティ通りをドラム缶で封鎖し（1962、《鉄のカーテン――ドラム缶の壁》）、ドイツではフルクサスの影響を受けたヨーゼフ・ボイスが社会彫刻という概念を掲げて政治的な活動まで芸術の概念を拡張していった。

日本ではネオ・ダダイズム・オルガナイザーズと呼ばれる前衛芸術グループが同時代的で、リーダーであった吉村益信が拠点にしていたのが大久保にある《新宿ホワイトハウス》（1957）で、ちなみにこれは磯崎新の処女作であった。ネオ・ダダイズム・オルガナイザーズの一員でもあった赤瀬川原平らによるハイレッド・センター（高松次郎、赤瀬川原平、中西夏之）が帝国ホテルに招待客を呼び寄せた《シェルタープラン》（1964）や東京オリンピックで沸き立つ銀座並木通りをうやうやしく清掃する《首都圏清掃整理促進運動》（1964）を展開した。

このように、ある状況を現実の社会にインストールしようとすると、思いがけない困難や障壁が生じるが、それは同時に社会に存在する見えない境界を浮き彫りにさせるということでもある。先述のクリスト&ジャンヌ＝クロードが作品を成立させる前後のプロセス全体を作品と見なしたように、社会との摩擦をもって現代の輪郭を顕在化させる作用があったといえる。

一方で、前衛が行ってきたこれらのテンポラリーなパフォーマンスは、ショッキングな一過性のイベントとしての批評性をもつものの、実際の社会を本質的に変革し続ける持続性を持ちえなかった。これに対して、社会の一部として経済的・規範的に則りながら、持続的な変革の場を実装させていく動きが生まれ始めた。例えば美術館やコンサートホールなどの既成の文化施設ではできない活動を拠点化するオルタナティブスペースとしては、建築物を切断する作品で知られる芸術家のゴードン・マッタ＝クラークがニューヨークのＳＯＨＯにキャロル・グッデンとともにオープンさせた《ＦＯＯＤ》（１９７１）や、廃校となった小学校を利用した《Ｐ.Ｓ.１》（１９７１）。日本においてはクリエイティブ・ディレクターの小池一子による《佐賀町エキジビット・スペース》（１９８３〜２０００）や吉祥寺で《Art Center Ongoing》（２００８〜）を運営する小川希、秋葉原の電気街をジャックした《秋葉原ＴＶ》（１９９９、２０００）から連続する、中村政人率いる合同会社コマンドＡによる《３３３１Arts Chiyoda》（２０１０〜２３）などがある。

また、建築分野の動きでは、六本木界隈の森ビルの開発の隙間を「スクウォッティング」するように建築家の田中陽明や長岡勉によって運営されたシェアオフィス《Co-lab》（２００３〜）や、馬喰町、横山町、小伝馬町界隈の空きビルや倉庫を利用したアーティストの展示・イベントなどを行っていた《CENTRAL EAST TOKYO》（２００３〜１０）などが、一過性のイベントにとどまらない都市の変容と定着に作用しはじめ、これをきっかけに「東京Ｒ不動産」などの一般性を獲得したサービスも生まれていった。

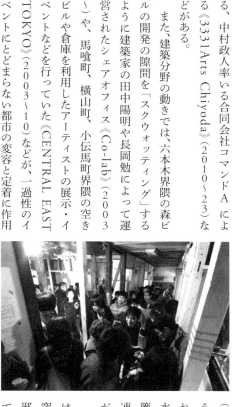

このようにして前衛が社会と調停しながら徐々に都市に浸透していくプロセスのなかで、「場の運営」が必要不可欠な要素として求められてきたのである。

２５-１：《ハギエンナーレ》　筆者撮影

▼MACHI-YATAI PROJECT

私にとってこのような都市をジャックする試みの初体験は、大学院に在学中の２００７年の夏に行った、《MACHI-YATAI PROJECT》という東京藝術大学と台東区の合同プロジェクトだった。これは谷中にある路地を、一時的な設え（MACHI-YATAI）を用いて展示空間に変換するというプロジェクトである。路地はお寺の私道で、車も入れない細い道。道の真ん中に木が立っていたり、今も水が出る井戸などがある。この一本の長い路地を「暖簾」で分節させ、その間に作品を設置することで、一連なりの展示空間とするものを考えた。日常的な通路が、暖簾を設置するだけで一変するというものだ。

ジャックするといっても、暴力的に介入するだけでは拒絶を生むだけだ。実際に暮らす住民の生活動線に突拍子もなく暖簾を下げるわけなので、単純に考えて邪魔以外の何物でもない。私道沿いの各住居に訪問して挨拶したり、町会長さんたちが集う会合に出席して説明したり、私道の持ち主であるお寺さんにことあるごとにお願いに伺ったり、毎日新聞配達するお兄さんに説明したり、と多くの調整を必要とした。

しかし、障害を一つひとつ乗り越えることで、はじめは絵空事だったプロジェクトが徐々に現実味を帯びてくる。なにもしなければ見えてこなかった場の関係性が、暖簾という構築物（障害物）をそこに立てるというプロセスを経て浮き彫りになってくる。プロジェクトに関連する人たちの関係性がより綿密なものとなり、かろうじて成立しているという特別さを実感した時、たまらないリアリティを感じることができた。

▼点から面へ

《MACHI-YATAI PROJECT》を行っていた頃、同世代の男子学生数人で住んでいた谷中の木造アパートが「萩荘」だった。大学が近いということもあり、たまり場と化していたこのアパートは、まさにゴミ屋敷の様相を呈していたが、多くの学生に愛されてもいた。2011年の東日本大震災を機に大家さんの意志で解体され駐車場になる予定だったが、やぶれかぶれで最期に行った萩荘のお葬式としてのアートイベント《ハギエンナーレ》［25-1］が思いがけず盛況だったことから、解体から一転、再生の道がひらけた。

25-2：《HAGISO》　筆者撮影

私たちは萩荘のありうべくもなかった新たな人生を《最小文化複合施設 HAGISO》［25-2］として生まれ変わらせることにした。アートギャラリーやカフェ、美容室やアトリエ・設計事務所が複合する小さいながら混沌とした施設。外から輸入するありがたい文化を拝見拝聴し、消費していく文化施設ではなく、自分たちの暮らしに連続した文化を生み出していく場所。そんな場所はなくても死ぬわけではないが、私は人が人間的に暮らしていくためには必要な場所なのではないかと思ったのだ。これを実現させるために、事業計画を立て、金融機関を説得して融資を取りつけ、スタッフを公募し、プロモーションし運営していく。そのプロセスのすべてを多くの人の助けを得ながらも自分たちの手で行った。当時はまだ建築家が場を運営することが一般的ではなかったが、クライアントワークを待つだけでなく社会に必要だと思った場所を自分たちの手でつくり続けていくことができるということを証明してみせたかったのだと思う。

既存のアートギャラリーと違って飲食空間と展示空間がほぼ同じ空間に設えられているために、単にカフェを訪れた人に思いがけず鋭利な現代美術のメッセージが刺さることもある。「居間theater」と定期的に行っている「パフォーマンス・カフェ」ではカフェの客席に突然現れるダンサーのパフォーマンスに巻き込まれることもある。予定調和が当たり前の社会のなかで、自分たちの認識の外にあるようなものとの出会いをいかに忍び込ませておくか。日常生活に溶け込みながら、サブリミナルな仕掛けを打ち続ける場となった。

《ＨＡＧＩＳＯ》を始めて1年ほど経った頃、借金をして始めた事業に全財産を傾けていたので相変わらず住まいを借りずに《ＨＡＧＩＳＯ》の設計事務所の部屋に暮らしていた。風呂なし・キッチンなしの生活は貧しいようでいて、銭湯や街の飲食店を含めて考えれば、まち全体がひとつの家のようではないかと思い至るようになっていた。そんな経験をこのまちを訪れる人にも体験してもらいたいと思い、「まち全体をひとつの宿に見立てる」宿泊施設《ｈａｎａｒｅ》を、《ＨＡＧＩＳＯ》から１００ｍほどの場所にある空き家を活用して始めることになった。チェックインは《ＨＡＧＩＳＯ》で、大浴場はまちの銭湯、自慢の料理はまちの食堂で。自転車屋さんでレンタサイクルして、商店街でお土産を買って、まちのアーティストとの出会いが文化体験になる。そんなかたちで、自分たちだけでなく、まちの人たちと協力してひとつの想像上の宿を作り上げていった。

それ以来、地元の地主さんや大家さんから空き家の相談を受けるたびに、その物件の地域的・建築的なポテンシャルを分析し、そこから発想する事業を生み出し、事業と不可分な建築を構築し、自走するビジネスとして地域にインストールしてきた。

こうして生まれた拠点は、２０２３年現在で谷中界隈の徒歩圏内に8カ所ほどになり、それぞれが個別の役割を担いながらネットワークしている。小さいながらも地域と多くの接点を生む場を運営しながら、静かにじっくりと都市を変革していく営みといえる。

▼場の運営のススメ

正直にいえば「場の運営」を続けることは楽ではない。よって、打算的なメリットをあげつらって無邪気に諸兄にオススメできるものでもない。とはいえ、実際にやってみるとその大変さに勝る効能もあるとも思えるので、人によって向き不向きはあるとお断りしたうえで場の運営の良さを提示してみたい。

・運営のリアルが理解できる（骨身にしみる）

建築物の一生を人の一生にたとえるなら、設計から建設の完了までのプロセスは人の誕生もしくは幼少期の人格の形成くらいまでであり、本当の人生は完成後からはじまると言える。設計当初と大きく変わる社会状況や社会のニーズに応えながら、その建築が存在することを許される状態を維持し、生き生きとした場であり続けるのにはさまざまな課題や困難を乗り越え続けなければならない。建築の設計をするうえで、このような運営のリアルな経験は使い手に寄り添った視野を設計者に与える。また請負の設計依頼に関しても施主から運営面での理解を期待されることが多い。

• 地域のなかで一目置かれる

地域での持続的なまちづくりや、その一員としてコミットしていこうとすると、仕事を請け負いたいだけのコンサルタント的なスタンスや、行政などから業務を請け負うネタを探すだけの雇われスタンスではどうしても地域の人たちに認めてもらうのは難しい。自分たちがその地域に本当に必要な場と信じてリスクを負って事業を行う当事者であることは信頼を得ることにつながる。

• 経営を多角化／安定化できる

請負のみに依存しない体制は、とれるかどうかわからないコンペやプロポーザルのみに頼る経営体制に比べ、収益の多角化・安定化をもたらす。とはいえ、コロナ禍のような予期せぬ困難もあるので、これは一概にお約束できない気もするが……。

• 場が機会を生む

建築家としてどこかのマンションの一室に居を構えるよりも、自分の外部にいる人に関係する場を持つことは、さまざまな出会いの機会を飛躍的に増やしてくれる。なにも多くの人のための場でなくてもよいが、場は建築のみならずそこを流れる空気も含めた表現であり、その場に共感する人々を集める。場の力は偉大である。

▼ひとりの人間として

世間からは、「場の運営」は建築家あるいは建築専門職の職能／職域を広げる活動であるとよくいわれたりもする。しかし私自身は、そういう見方には若干違和感を抱く。そう考えがちなのは建築を中心に見ているからだ。「場の運営」は当然建築家の専売特許ではない。世界は初めから領域横断的であり、人々は初めからいくつもの顔を持ち合わせている。

重要なのは自分たちが「誰か」ということではなく、自分たちが生きる環境をつくるのになにができるかということである。建築の専門性という武器を持ちながらも、その専門性にとらわれず、社会に建築を実装しながら各々がより面白い世界をつくっていくことこそが肝要と心得ている。

「場の運営」をより深く知るために

●00『シビックエコノミー——世界に学ぶ小さな経済のつくり方』（石原薫訳、フィルムアート社、2014／原著＝2011）
●馬場正尊『都市をリノベーション』（NTT出版、2011）
●広瀬郁『建築プロデュース学入門——おカネの仕組みとヒトを動かす企画』（彰国社、2012）
●松村秀一『建築——新しい仕事のかたち——箱の産業から場の産業へ』（彰国社、2013）

揺れている

湯浅良介
建築家

▼1 真実

すべての有意義な真理は私的な真理である。私的な真理は公になると、真理であることを停止する。公になれば事実になるか、精々よくても公的な特性の一部になる。悪くすれば標語となる。

——T・S・エリオット
『F.H.ブラッドリーの哲学における認識と経験』

T・S・エリオットがドイツの哲学者ルドルフ・クリストフ・オイケンのいった「私的な真理はない」という言葉を裏返して述べたこの言葉に僕は共感している。さらに、フリードリヒ・ニーチェがいう。

現象に立ちどまって「あるのはただ事実のみ」と主張する実証主義に反対して、私は言うであろう、否、まさしく事実なるものはなく、あるのはただ解釈のみと。（中略）「すべてのものは主観的である」と君たちは言う。しかしこのことがすでに解釈なのである。「主観」はなんらあたえられたものではなく、何か仮構し加えられたもの、背後へと挿入されたものである。——解釈の背後になお解釈者を立てることが、結局は必要なのであろうか？　すでにこのことが、仮構であり、仮説である。

——フリードリヒ・ニーチェ『権力への意志（下）』

建築の設計をしていると思う。この目の前の世界、与件としている前提のどこに確かなものがあるのだろうか。僕たちが見ている目の前の世界は、見ている者の意識と解釈によって如何様にも変容するのならば、なにを信じ拠り所にして空間をつくればよいのだろうか。僕はなにを見てなにを知っているのだろうか。

インターネットやSNSが隆盛し、2016年のワード・オブ・ザ・イヤーに「ポスト・トゥルース」が選ばれた。オルテガ・イ・ガセットが、大衆は「真理を愛していない」と述べたことを思い出す（『大衆の叛逆』）。皆見たいものを見て、聞きたい声を聞く。2022年にはロシアがウクライナに侵攻し、さまざまな情報が飛び交いながら、同じ地球、8000km離れた日本では日常が過ぎている。この日常のなかに不確かさと疑心を抱く人も少なくないのではないか。少なくとも僕は疑っている。

▼2 現実

同じように目の前の現実を疑ったのが、約1世紀前に活動したシュルレアリストたちだった。シュルレアリスムの創始者である詩人のアンドレ・ブルトンをはじめ、コラージュを創案したマックス・エルンスト、オブジェを創案したマルセル・デュシャンなど、今でもその名を聞くことの多い芸術家や手法を数多く生み出したシュルレアリスム。シュル＝強度のある、レアリスム＝現実主義、という名をもつこの運動は、初めて世界規模で人が殺し合う光景を目の当たりにした芸術家たちによって起こされた。目の前で起こった惨劇に、現実とはなにかを問い直した彼らは、よく目にする景色や事物を衝突させたり解体したり溶かしたり、オブジェ化といわれるそれらの操作を加えることで見ている世界の認識に揺さぶりをかけようとした。

目の前に容易く見えてしまう現実の世界そのものをあらゆる手法でひたすら揺れ動かし続ける彼らの活動と作品は必然的にわかりづらいものに溢れている。〝わかる〟という状態を意図的に回避させるそれらの手法自体はその後も生き続けさまざまなアーティストに影響を与えながらも、当時の活動そのものが短命だったのは次の世界大戦の始まりが影響するといわれているが、そのわかりづらさによるところもあったかもしれない。しかし、わかるとはどういうことだろう。

▼3 物語

建築の設計をする時、人に情報を伝えるためにダイアグラムやコンセプトといった図式や標語を活用し、煩雑な状態から取捨選択をしながら簡略化や強調を行い設計の内容をわかりやすくする。このわかりやすさは人をまとめあげ先導することに有効であり、それらを必要とする場面が建築をつくるプロセスのなかに多くある。このわかりやすさを求めるプロセスは、科学の進歩と近代化を推し進めたモダニズムが必要とした標語的な性質にも近い。

「人間の文化は物語が軸をなす」というジャン＝フランソワ・リオタールは、著書『ポストモダンの条件』の序文のなかでモダンを「大きな物語」とし、「普遍的な平和を達成しようと力を尽くす、正義と真理が準拠する啓蒙の物語」だと綴った。だからこそ、この啓蒙の物語とともに発展してきた近代建築は、人類共通の標語のように、無国籍なインターナショナルスタイルだった。標語的な性質をもつ明解な建築は世界各地へ急速に広まった。だが、同じ地球の上とはいえ、そんなに人間や社会は一様だろうか。

やがてこの「技術と産業の発展による資本主義的物語」に人々は不信感を募らせる。普遍性や正当性を掲げた大きな物語からこぼれ落ちるものに人々が気づき始め、その不信感が蔓延し反動としてポストモダンが起こる。大きな物語が綻び始め、そこまで押さえつけられてきた無数の小さな物語が顔を出したともいわれる。

ポストモダンの説明には、個性、多様性、自由など、モダニズムを対極化した言葉が選ばれる。しかし、この運動のなかで本当に自由に立ち回れていたのはごく少数の作家だけだったのかもしれない。過去の様式を歴史的な文脈と切り離して記号的に扱う手法のみが形骸化し商業的に濫用されることで、本来のモダニズムへの批評性は薄まり、主義（イズム）に達することもなくポストモダンのままその終焉を迎えたといわれている。

大小の物語論として相対的な関係にいるモダニズムとポストモダンだが、そのなかでもモダニズムを牽引したル・コルビュジエとポストモダンを代表するロバート・ヴェンチューリは対極的な存在に見える。しかし、ヴィンセント・スカーリーはヴェンチューリの『建築の多様性と対立性』の紹介文でこう述べている。

コルビュジエやヴェンチューリにとって、体験は個人的で直接的なものであった。だからこそ、彼らはお決まりの思考パターンや時代の流行から自由でありえた（中略）彼らの場合、個々の建物に焦点を絞る際に、都市全般に対する新たな視覚的、象徴的考察——大多数の計画家が陥りがちな図表的、平面図式的な見方でなく、一揃いの具体的でまとまりのあるイメージ、現寸の建築それ自体——が失われていないのである。

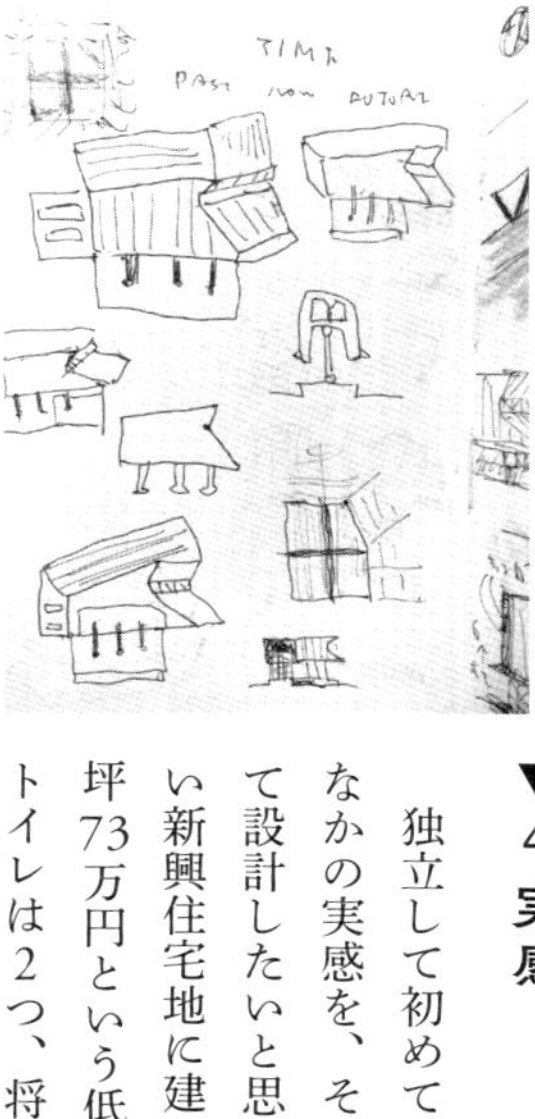

26-1：筆者による《FLASH》のスケッチ

一見対極的に思えるこの2人の間にスカーリーは〝個人的で直接的〟という共通点を見る。多くの人を魅了し先導する火種となるようなものには、個人の体験やそこからくる実感が伴っているということかもしれない。同書のなかで「本書の中で私の選んだ類例は、特定の時代に対する私の偏愛《このみ》を反映している」というヴェンチューリの言葉に、自分のなかの偏りを肯定する態度を見る。

▼4 実感

独立して初めて建築の設計をする時、自分のなかの実感を、それが偏りだとしても、尊重して設計したいと思った。神奈川県の海から程近い新興住宅地に建つ木造2階建ての戸建て住宅、坪73万円という低予算だが、屋根付の駐車場、トイレは2つ、将来はアトリエやカフェとして使用したいなど、与件は充実していた。

土地の与件や施主からの要望、さまざまな制約はあるが、なにかを絶対的なものとして信じそれを根底に設計したとして、その前提が崩れてしまった時、その上に立ったものまで危うくなってしまうことを恐れてもいた。そのくらい、現実が規定している（ように見える）ものが揺らいで見えた。

なにを信じて進めたらよいかわからないから、ひたすら手を動かしてスケッチを描いていた［26-1］。ヴェンチューリが古典を参照したように、古くから人間が信頼を置いているプロポーションや数を拠り所にしたり、徹底的に記号化したり（ロラン・バルトは現代人をホモシグニフィカンスだと揶揄したが）など、依り代となりそうなものを探りながらひたすら描いた。わかりやすさを回避しようとあえて言語化を避けて進めたために語るための筋がない、ということに竣工してすぐ戸惑った。

そこで自分が好きな写真や映像、音楽や美術といった形式を使い、第三者によるこの建築にまつわる創作をこの住宅で開示する展示会を行い、住宅と展示会という2つの形式を重ねることを試みた［26-2］。作家の作品と施主の私物が混在し、家が家でなくなる白昼夢のような時間のなかで、来場者は目の前の世界をその想像力を使って変容させながら空間と時間を体験していた。目の前に見えている世界が仮構だとすれば、僕たちが設計している建築はある仮の文脈上に成り立つセットなのかもしれない。

26-2：《HOUSEPLAYING》撮影＝徳山史典

▼5 空想

まだ建築という概念が生まれるずっと前から人間は空想する生き物だった。約7万年前から3万年前にかけて、人類の脳に起こった「認知革命」により、人類は虚構、架空の事物について語る能力を得たとされる。この虚構を信じ語る能力により、伝説や神話が生まれ、宗教が起こり、人々は集団で社会や文化を形成することができた。「厖大な数の見知らぬ人どうしも、共通の神話を信じることによって、首尾良く協力できる」（ユヴァル・ノア・ハラリ『サピエンス全史――文明の構造と人類の幸福』（柴田裕之訳、河出文庫、2023））。この能力により、文明は築かれ、古代の建造物も築かれた。〝建てる〟という行為そのものがこの虚構を信じる力に支えられている。

また、ガストン・バシュラールは『空間の詩学』（1957）で、地下室や屋根裏部屋、箱や戸棚など、見えない場所がもつ想像の広がりを描いている。多木浩二は『生きられた家――経験と象徴』（岩波現代文庫、2001）でバシュラールに触れて次のように述べた。

住むことによって建物の個々の部分に想像の価値が結びつ

き、この価値が支配的になり家は大きくなる。「家」はほとんど宇宙と同じくらいのスケールにのびあがる。かれは、家から、意識には直接見えなくなってしまった広大な世界をそこに結びつけるメタファーをつくりだしていたのである。

建てることと建てられたもの、そのどちらにも虚構を信じる力が宿っている。

この想像力を街角に建つ住宅の窓のモチーフとしたことがある[26-3]。そこでは、住人ではなく、その家の前を通る見ず知らずの誰かにとっての街の奥行きを作りだすことを考えていた。施主から購入した中古住宅の断熱改修をしてほしいという依頼を受け、既存のサッシの内側に中空ポリカと合板を利用した簡素で自由な形の内窓を作り嵌めた。その窓がもつ違和感に通行人が気づいた時、窓は家と人の意識をつなぐエレメントとなる。目に飛び込む情報は無意識に知識と経験に結びつけられ解釈されていくが、その時に記憶の像にそのまま結びつけてよいかと無意識が躊躇するような違和感をもって、見る人に揺さぶりをかけたかった。

▼6 他者

窓や地下室、屋根裏部屋だけでなく、建築の**エレメント**にはそれぞれに表象するものがある。扉や柱、壁、照明、どれも少し想像しただけでも記憶の断片が意識に働きかけ像を結んでくれる。意識の働きは文学がエクリチュールとして書き表すことを得意とするが、中でもヴァージニア・ウルフのそれは意識の流れといわれ、『波』という作品でもそのことが強く表れている。そこに描かれているのは男女6人のとめどないやりとりと時折挟まれる波打ち際の描写。言葉の連なりが意識と時間と空間を渾然一体とさせる。

鎌倉の丘陵地に建つ海が望める2×4工法の戸建て住宅の改修の依頼を受けた時、表層の仕上げしか手を加えることができない制約の中で、見えているものの変化が意識に及ぼす影響が設計のコンテクストになりうるかを探ろうと考えた。クライアントの旅の記憶や窓から見える海の景色が、この住宅の表層と意識のなかで重なることをめざした[26-4]。

なにかを見ながら、同時に違うもの、遠くや過去の何かが重なることがあるが、ウルフは文学という形式で、意識と時間、空間をオーバーラップさせる。自己と他者が重なるその意識の揺れ方は、シュルレアリストが目の前の現実を揺り動かし固定化させないことにも近い。そこでは自分という存在すら揺れ動いている。アンドレ・ブルトンがシュルレアリストだと称したアルチュール・ランボーは、デカルトのコ

26-3:《となりはランデヴー》 撮影＝白井晴幸

ギト（cogito／われ思う je pense）を誤りだとし、「誰かが私をかんがえる（on me pense）」というべきだと『見者の手紙』のなかで述べている。

独裁政権、他民族の弾圧、インターネットの普及が与えた全能感による他者への不寛容など、僕たちはいくつもの分断のある世界を生きている。規定された領域や揺るがない信条、確立した自己の殻、皆それぞれに守りたいものがある。

だから例えば、「私は他者です（je est un autre）」といってみる自己の輪郭を揺さぶるフィクショナルな想像力、ありえないことをありえるかもしれないと疑い信じることの有効性を今一度考えたい。僕たち設計者にとってそれは、ともに場所をつくる誰かや隣人、一見かかわりなく思える遠方の誰かをも想う態度と捉えてもいい。人が作り出す場所が他者の共存を許容する寛容さをもつとすればそれは、揺らいでいる世界と私とあなたの共鳴、そこに生まれる美的感覚の想起にあると仮定してみる。その時、時空も超えた他者との揺らぎの共鳴に美的な価値や喜びを見出すことが、自分ではない誰かが描いた絵や文学に心揺さぶられたあの開かれた経験が、この仮定をありえるかもしれないと思わせてくれる。

26-4：《波》　撮影＝松岡一哲

書物はわれわれの夢や想い出の気まぐれな寄せ集めに尽きるものではありません。自分を越えてゆくためのモデルも提供してくれるのです。読書は一種の逃避、「現実の」日常世界から想像の世界への、書物の世界への逃避としか考えない人もいます。書物はそんなものではありません。本当に人間らしくなるための手段なのです。（中略）書物という言葉で私が考えていますのは、文学を可能にする読み方のこと、それが魂に与える効果のことなのですが。

——スーザン・ソンタグ「ボルヘスへの手紙」

（『書くこと、ロラン・バルトについて』）

「フィクション」をより深く知るために

- ヴァージニア・ウルフ『波』（川本静子訳、みすず書房、1999／原著＝1931）
- ガストン・バシュラール『空間の詩学』（岩村行雄訳、ちくま学芸文庫、2002／原著＝1957）
- パトリック・ワルドベルグ『シュルレアリスム』（巖谷國士訳、河出文庫、1998／原著＝1965）
- ロバート・ヴェンチューリ『建築の多様性と対立性』（伊藤公文訳、SD選書、1982／原著＝1966）
- ジャン＝フランソワ・リオタール『ポスト・モダンの条件——知・社会・言語ゲーム』（小林康夫訳、水声社、1989／原著＝1979）

「福島」

共事者とひらく建築

小松理虔
地域活動家

▼廃炉、その途方もなさ

2023年8月24日、福島第一原子力発電所に溜まり続けてきた処理水の放出が始まった。30年ほどかけて海に放出され続ける。廃炉の目玉は、溶け落ちた燃料デブリの取り出しだが、現在、敷地内には汚染水を溜めたおびただしい数のタンクが並んでおり、取り出したデブリの置き場がつくれない。置き場を確保すべく、燃料デブリの取り出しが完了すると見込まれる2051年頃までに汚染水を適性に処理して放出し、デブリを取り出し、建屋などを解体して廃炉が完了するという計画になっている。これが「30年」の根拠だ。

ところが、この「30年」を信じる人は、少なくとも筆者の周囲にはいない。国は、2051年までに廃炉を終えるとしているが、計画がどんどん後ろ倒しになっているからだ。1号機から3号機まで、溶け落ちたデブリの総量は880トンとされる。だが、まだ取り出しの工法すら決まっていない。今ある技術を使って30年なのではなく、将来的に技術が開発されるだろうという根拠のない見通しの先にある30年なのだ。有識者のなかには100年単位の時間を要すると指摘する人もいれば、そもそも完全に取り出すのは不可能だとする人もいる。燃料を取り出すことができなければ、その燃料に地下水が触れることで生成される汚染水もゼロにできない。つまり、これからも水は溜まり続ける。放出は30年では終わらないかもしれない。

仮に処理水の放出が終わり、奇跡的に廃炉できたとしても、福島第一原発の敷地内には膨大な量の高レベル放射性廃棄物が残ることになる。代表的なものが使用済み核燃料だが、それら廃棄物は「ガラス固化体」という形状にされ、地中深くの施設で長期間にわたって保管されなければならない。あまりにも放射線量が高いため、固化体1本の線量が天然のウラン鉱石並みに下がるには数万～10万年かかるとされる。そんなものを10万年ものあいだ安全に閉じ込めておけるのか。そもそも10万年後に国家は、文明は残っているのか。原発の後始末に途方もない月日を要することを忘れることはできない。

福島。福の島とはよくいったものだと思う。自然が豊かで、都市がバランスよく分散し、震災や原発事故を耐え抜いた地域の絆や山海の恵みは今なお各地に強く残り、そこに暮らす人たちの誇りになってきただけでなく、訪れた幾万の人たちの心を動かし続けている。福島とは、日本の豊かな地方都市の象徴のような場所であり言葉だ。だがその一方で、福島は、この核のゴミを通じ、100年、いや10万年先の未来を想像することを私たちに強いる。

数多くの研究者や学生たちが、核のゴミの処理施設、保管施設の材質や工法について研究を続けているし、地域の建築家、設計士たちは、原発事故後の社会や自己の信念にそれぞれ向き合い、多様な建築を地域に残してきた。まちづくりの担い手たちもまた、忘却の彼方に福島が追いやられることがないよう関心を喚起し、対話を重ね、社会課題の解決策を模索し続けている。

筆者の周囲にいる建築家のなかで最も早く行動を起こしたのは、いわき市の建築家、豊田善幸だ。いわき市の沿岸部、中之作地区で被災した築200年の古民家を自費で買い取り、仲間やボランティアを募って改修。「清航館《せいこうかん》」としてリニューアルするとともに、地域の空き家をリデザインすることで地域活性を図るNPO法人を立ち上げ、現在も活動を続けている。豊田が改修に関わったシェアハウス「コウノヤ」には、筆者の歴代のアシスタントも入居しており、若い世代のチャレンジを支える場所にもなっている。

いわき市平では、里山に9万9000本もの桜を植樹する「いわき万本桜プロジェクト」が進行中だ。その里山に建設された「いわき回廊美術館」は、国際的な現代美術家、蔡國強がコンセプトを描き、プロジェクトに関わる有志たちがDIYで建設した民間の美術館である。里山の斜面に100mにわたって建てられた回廊は龍が天空へと登る姿にも見え、初めて見た時には震えるほど感動したが、さらに心を揺さぶったのは、DIYで建てられた痕跡があちこちに残っていたことだ。市民が自ら手を動かし、作家とともにこの作品をつくったということ、その場所が地域のシンボルになっているということがまざまざと感じられるのである。

私たちは、津波にふるさとを破壊され、絶対に壊れない、絶対に事故を起こさないと伝えられていた原子力発電所が爆発するという、あまりにもショッキングな出来事を経験した。「巨大なもの」や「経済合理性に突き進んでいくもの」に対する拒否反応・忌避感を今なお感じる人は少なくないだろう。いわばその第1世代に当たる筆者もまた、災害直後の「震災ユートピア」を過ごすなかで、国や巨大企業に復興を任せるのではなく、地域が自律的に動き、市民が能動的・主体的にアクションを起こす未来をつくりたいと思ってきた。だからこそ、多くの人たちに「関わりしろ」が開かれ、自分たちで自由につくり変えられるようなプロジェクトに心惹かれるのだろうと思う。

　こう書いてくると、「市民の関わりばかりを重視するから歴史に残るような国家的建築プロジェクトができなくなっているのだ」と批判されるかもしれない。だが、筆者はそれを否定しない。東京五輪のスタジアム建築で私はザハ・ハディドの案に心動かされたし、あの曲線を実現するためにどれほどの新素材や新技術が開発されるのだろう、それによって産業そのものも活性化されるかもしれない、などと期待を抱いたものだ（震災当時、私が建築部材を輸入する木材商社で働いていたということも期待の背景にはある）。巨大なものに拒否感があり、市民の手でつくり上げるミニマムなプロジェクトを志向しつつも、建築家たちの壮大なビジョンにも心惹かれてしまう。そんなアンビバレントな心情が自分にもある。

　私たちは、いわばその「はざま」にあるといえる。地域の復興や再生、活性化に向き合いつつ、「復興とはなにか」も問わねばならないし、せいぜい80年しか生きられない人生で、時々は10万年後の未来にも想像力を働かせていく必要がある。

　そんな福島で、私たちは「建築」とどう向き合えばいいのだろう。原発も建築であり、防潮堤も建築であり、核廃棄物の処理場も建築ではあるのだ。福島と建築は無縁ではいられない。建築家でも研究者でもない私は、福島と建築をどのように考えたらいいのだろう。ここから少し自分なりに考えを突き詰めていきたい。

▼当事者から共事者へ

　原発事故は、大きな被害や苦痛を地域に残すばかりでなく、その解決に至るまでに膨大な時間を要する。震災や原発事故の当事者を「被災者」だけに限定すれば、長期にわたって福島を考え続けることはできない。課題が大きいほど、私たちは古今の知を参照し、当事者性を外側へ拡張しながら、ひとりでも多くの人たちに関わってもらう必要がある。そうでなければ、課題を改善することはおろか、私たちが直面したことを伝承することもできないからだ。いずれ当事者はこの世を去り、震災を経験したことのない人が廃炉や復興を見届けることになる。「震災を体験した人でなければ震災を語ることができない」わけではない。

　「当事者」はさまざまな社会課題（貧困や教育、ジェンダー、性暴力、病気や障害など）に存在し、自分たちの悩みや葛藤、怒りの声を発信している。当事者の声は、同じ課題を抱える人たちの共感を生み、連帯の機運を育んでもいる。だが、「当事者」の存在を表に出すほど、「私は当事者ではない」と考える人、つまり「非当事者」を作りだしてしまうようにも感じている。

　どういうことだろうか。自分の経験をもとに考えてみる。震災後、福島を訪れる学生や観光客などに話を聞くと、関心はありながら、「福島について正しく理解しているわけではないので発言できない」「まちがった発言をすれば当事者を傷つけてしまうかもしれない」「下手なことを言って論争に巻き込まれたくない」というような言葉が出てくる。当事者を慮ってまじめに考えてくれているのだが、まちがいを恐れるがあまり、深く踏み込もうとしないので自分事にもなりにくく、中途半端ゆえにますます話せなくなる。そういう人が増えている気がするのだ。

当事者同士で思いを持ち寄り、自己を肯定しながら課題と向き合おうという時、当事者という言葉はたしかに連帯を生む。だが、当事者の声を広く伝え、社会を巻き込んでいこうという時には、当事者という言葉が逆に障害になってしまうのではないか。なぜこのようなジレンマが起きるのかといえば、「当事者」という言葉が、やはり当事者「だけ」を指す言葉だからではないだろうか。なにかの「当事者」が規定されると、同時に「非当事者」が生まれてしまう。「社会の一員としてのわずかな当事者性を付与されている外側の人」を「当事者」という言葉は説明することができないのだ。

そこで私が思いついたのが「共事者」という言葉だった。「当事者」は文字通り「事に当たる者」と書く。本人や支援者など、直接的に事に当たる人をイメージできると思う。これに対して共事者は「事を共にする者」と書く。だれか困難を抱えている当事者が別にいて、その当事者とともになにかをする、つまり「第三者」をイメージできるはずだ。共事者は、当事者でも、当事者を直接的に支援している人でもない。その問題に関する専門家でもない。素人であり、中途半端に関心を持ってしまった人たちだ。だが、当事者性はゼロではなく、社会の一員としてその物事や課題をともにし、ゆるふわっと当事者を包み込んでいる。共事者とは、そんな「中途半端」な人たちの存在のことを指す。

共事者たちは「よそ者」ゆえ、勘違いや誤解もあるし、当事者の抱える課題を正しく理解しているわけではない。復興のため、当事者のためと目的を掲げて行動するわけでもなく、むしろ、自分勝手でふまじめな行動の先で、たまたま課題に触れていく、そんな存在だ。だが、当事者の外側にいる人たちが意識やイメージを変え、その問題について考えるようにならなければ社会は変わらないし、記憶も教訓も伝承できない。復興には共事者が必要なのだ。

この「共事者」は、哲学者の東浩紀が提唱した「観光客」の概念に強い影響を受けている。東は自著『観光客の哲学』(ゲンロン、2017)のなかで「誤配」という概念を使いながら、ゆるふわっとした存在である観光客の重要性を説いた。誤配とは本来届けられるべき人ではなく、そうではない人たちに届いてしまうことだ。目的から外れたところに届くことで、新しいイノベーションが生まれたり、議論の風穴が開いたりすることは現実にもある。震災復興という強いリアリティのなかで悶々とする日々を送っていた頃、東の提示する「観光客」と出会ったことが、その後の「共事者」の発明につながっている。

あるいは、この「共事者」を哲学者の國分功一郎が著書で投げかけた「中動態」に紐づけて考えてもいいかもしれない(『中動態の世界──意志と責任の考古学』医学書院、2017)。國分は古代ギリシャの時代には能動でも受動でもない「中動」という「態」が存在したという言語学の知見を下敷きに、「意思」や「責任」という概念について詳細に検討している。「する/される」の外部にあるという中動態の再発見は、意思から生じる責任という概念に批評的な光を当てただけでなく、その射程の広さゆえ、福祉や**ケア**の現場にもある「支援する/されるの外部」を想起する補助線となった。本書の出版以降、「中動態」は福祉やケアの現場と哲学とをつなげるキーワードとして参照されるようになっている。

2人の哲学者が示した観光客、中動態という概念は、「復興支援する/される」の外部で、ふわりと福島を訪れ、深刻な課題に触れてしまうかもしれない観光客の姿を想起させた。私はそうした外部的な存在に希望を感じた。私自身が、震災という強烈な出来事が巻き起こす現実のリアリティに縛られ、どこにもいけなくなってしまっていたからだろう。

思えば、震災後のプロジェクトは、復興のため、再生のため、被災者のためと「強い目的」を掲げなければならなかった。もちろん、そうしてスピーディに復興政策を一つひとつ実現していくことは重要だ。目的を掲げることで成果が数値化され、最短距離で推進するためのスケジュールが組まれていくのも事実だろう。だが、その一方で大きな責任が生じ、当事者以外の「よそ者」は意見しにくくなり、目的を遂行できそうもない人たちは排除され、組織からもプロジェクトからも冗長性や余白が奪われてしまったように思う。

▼脱目的的で擬態した復興

私もそのはざまで苦しんだ。その外に出たかった。つまり「共事者」とは、「当事者」と「非当事者」のあいだで身動きが取れなくなってしまった私が、そのはざまから逃れるために発明された言葉なのだ。その意味で共事者とは、震災と原発事故を経験した福島でしか生まれえなかった言葉だといえるのかもしれない。

共事者という言葉が偶然生まれたことにより、私は「共事者的であるとはいかなることか」という問いに向き合わざるをえなくなった。当事者的とは、本人の当事者性や専門性を生かすアプローチだ。そこに求められるのは正しさである。積み上げられた知識を正しく伝え、掲げられた目的のために運用する。当事者と支援者が協力し、最短距離で課題解決を図っていくような目的遂行的なアプローチだといえるだろう。災害直後は、ボランティアよりも自衛隊の活動が求められるし、当事者が上げた声に応えるには、その声の背景まで理解しようとする専門家や研究者が求められる。それと同じだ。

一方、共事者はまったく正しくはない。「面白そう」とか

「やってみたい！」という思いが動力になっているから、正しいか正しくないか以前に、自分の欲望に突き動かされてしまう存在だ。だから、とても場当たり的で、不安定で、素人的である。もしかしたら有効に働くかもしれないが、そうならない可能性もある。だが、だからこそ偶然の出会いや関わりが生まれ、福島に対して自分が持っていたイメージを変える出会いが生まれたり、認識を改めるような学びが得られるかもしれない。そう、誤配の可能性が生まれるのである。

　例えば、課題の多い福島県の水産業をテーマにイベントを企画するとしよう。当事者的に考えると、当事者や専門家を招いて話を聞いたり、放射線量の正しい知識を学んだり、線量測定の現場を見たり、現状を正しく理解するようなアプローチになるだろうか。「正しく学ぼう、福島の水産業」というようなタイトルがつくかもしれない。実際、このようなイベントはこれまでにも数多く行われてきたし、必要なのもわかる。だが、このような企画に仕立てると、すでに正しく理解している人が集まりがちで、0から1が生まれるというようなアプローチにはなりにくい。

　一方、共事者的に考えると、参加者の間口は広いほうがいい。シンプルに「福島の酒と魚料理を楽しむイベント」を市場や港、鮮魚店で企画するのはどうだろう。とにかくうまいものが食いたい、酒を飲んでみたいという人が来てくれるはずだ。ただ、それだけでは本当にただの飲み会になってしまうから、来場者の酔いが回ってきた頃に、漁業者や水産業者のトークを入れたり、科学的な調査データを織り交ぜたり、たまたま隣り合った人たちと福島について語り合うワークショップを入れたりしてみる。私が実際に企画してきたのも、このようなイベントだ。

　ここで重要なことは「擬態」である。初めから福島の復興のため、水産業を正しく理解するためと目的を掲げていたら、その目的に合致する人しか来てはくれない。そして、もしそうだとしたら構造は変わらない。そうではなく、まずは不特定の人たちが興味を持ってもらえそうな入口をつくっておき、そのあとで、あたかも騙し討ちのようにして本来伝えたいメッセージを入れ込むくらいがちょうどいいのではないか。もちろん、そのメッセージを受け止めてくれない人も多いだろうが、福島の産品を食べてもらえただけでまずは成功といえる。

　一見するとカフェのような障害福祉事業所、美食を通じたサイエンスコミュニケーション、家族写真の撮影会に見立てた「遺影」の撮影会、音楽フェスに仕立てた福祉イベント、飲み会風の育児相談会……。私が関わってきたものには、本来の目的を隠した「擬態」的なものが多い。

▼目的と脱目的の共存

　私たちは、何事も目的を掲げて行動しようとする。だが、その目的は私たちを縛り、その目的を遂行するために正しく行動できる人以外の人を排除しがちだ。一方、共事者的であるとは、むしろ脱目的的で、目的地にたどり着こうとしない(たどり着いてもいい)。逆に、漂流を重ねるのである。この先どうなるかわからないという状態のまま、そこから生まれるものを面白がるわけだ。こうした漂流の時間を、もう少しでいいから、まちづくりや建築のプロセスに入れ込めないだろうか。

漂流することは簡単ではない。何のために、誰を相手にどのような成果を出す、ということを明確にしなければ、投資も得られなければ補助金も獲得できない。だから一旦は、目的を掲げなければならない。そこで鍵を握るのが「目的外使用」である。初めは目的を掲げはするものの、目的外の用途を挿入したり、外部の人材を流入させたりすることでエラーが起こりやすい領域をつくるのだ。つねにハプニングが起きそうなワクワクがあれば、想定外の人たちに「誤配」が生まれるような環境をつくることもできる。そうして目的を達成していくのだ。

言い換えればこれは「方便」のことである。方便とは、人を真の教えに導くための仮の手段のことをいう。一人ひとりの考え方も、知識も技術も経験も異なる。「正しい関わり」だけでは、受け止め切れるはずがない。人それぞれに学びを深めていくには、さまざまな回路を通じて関わりを開いていくことが重要だ。

▼共事者を育てる建築

とはいえ、建築やまちづくりを専門とするあなたは、ここまで読んで「そんなに無責任では困る」と感じるだろう。なにかを地域で企てていく以上、そこに住む地域住民、被災した人たち、クライアント、ステークホルダーたちと真摯に向き合っていかなければならないからだ。

だがそこで重要なのは、「当事者のために」という「正しい寄り添い」ではないと思う。むしろその正しさを疑い、距離を保って検証し、その正しさから逸脱するような冗長性や目的外性を計画のなかに織り込んでいくようなアプローチではないか。建築家も「私」を主語にして語り、その課題をどう考えるのか、ひとりの人間としてどう関わっていきたいのか、どのようなプロジェクトに育てていきたいのか、思想や理念、欲望を語り続けてほしい。

一方で、建築は寄り添うだけでは機能しない。建築家は共事者だ。正しく寄り添うのではなく、時間をかけて当事者たちと共創の関係をつくることで、当初掲げていたものとは違っているかもしれない「お互いが本当につくりたかったもの」を実装してほしい。それは案外、走り出してみないと見えてこないかもしれないし、なにかが完成した後に見つかるかもしれない。そのような変更可能性・冗長性、関わりの余白を残しておくことを私自身も意識している。

この数年、本来は目的に入っていなかった小さな取り組みが業務につながり、クライアントの課題解決につながった、というようなことが増えていると感じる。当初予定されていた仕事は「入口」にすぎず、課題解決を目指そうと走り出して気づいたら2、3年経っていた、というケースも少なくない。当初掲げた課題や目的が間違っていたら、その課題はクリアにならず成果も出ない。「その目的は本来の課題解決に資するのか」は、漂流したり、目的外使用したり、長期的に関わるなかで見えてくるものだ。

ただ、こうした長い関係は、クライアント自身も覚悟を決める必要があるだろう。互いが刺激的な関わり合いを続けるには、ハードな対話に付き合い、苦楽を共にし、未来を構想する観客や仲間、建築家にとってのよきパートナーも必要だ。いわき万本桜プロジェクトに関わる蔡國強を支える存在として、プロジェクト代表の志賀忠重がいるように。いい建築を評価し、長く使い続ける市民がいれば、その建築は本来想定された以上の価値を生み出すことができるかもしれない。その地域における「建築の観客」を育てるということも、必要なことになっていくだろう。

福島という言葉は、東北にある地方自治体を指す言葉であると同時に、社会課題の当事者とはだれかという問いを私たちに突きつける言葉でもある。つまり、課題だらけの日本に暮らす私たち、みなに関係のある言葉だ。10万年という長期間、廃棄物を安全に保管できる建築とはいかなるものか。その計画は、もはや計画といえるのか。10万年ものあいだ、原型をとどめる建築物などつくれるのか。人々の関心はそれほど長く維持できるのか、いやそれ以前に、国家や文明は存在しうるのか。考えるべきことは無数にある。

福島の問いは壮大であり、答えを出すにはどうやら時間がかかりそうである。だからこそだ。時に激しく楽しみ、時にのらりくらりとやりすごしながら、建築家も私たちも、共事者同士ふまじめにつながり合って、「建築を新しくする言葉」を更新し続けたい。本稿が、その助けになればうれしい。

「福島」をより深く知るために

❶ 小松理虔『新復興論』(ゲンロン叢書、2018)
❷『d design travel FUKUSHIMA』(D&DEPARTMENT PROJECT、2022)
❸『浪江町赤宇木の記録――百年後の子孫《こども》たちへ』(赤宇木記録誌編集委員会、2024)

「プラットフォーム」

集積と分散、民主化と権威化

酒井康史
エンジニア

▼プラットフォームの二義性

プラットフォームは一般的には「人が上に立てる一段上がった平面状で特定の行為や操作をするための構造物」だが、興味深いことに、この言葉が使われ始めた16世紀中頃からすでに「デザイン、コンセプト、アイデアあるいはそのパターンやモデル」という抽象的な概念を指す場合もあったという。プラットフォームという言葉に含まれていた二義性は現代においてより先鋭的に表れているといえる。

身近な例から始めれば、いま、日本でプラットフォーマーと聞けば、企業時価総額のトップを独占するGoogle、Apple、Meta（旧Facebook）、Amazon、X（元Twitter）といったテック企業を思い浮かべるだろう。本国アメリカではプラットフォーマーと呼ぶのは一般的ではない。このプラットフォームという語は「まとまった商品や部品で構成されたもの同士を使えばより便利な状態」を指すようになった。例えば、iPhoneを購入すれば、同じApple社のAir Podsの機能が完全な状態で使える。この場合、Air PodsはiPhoneへ半分依存し、縦統合している。また、クロスプラットフォームというと、OSやアーキテクチャ（プロセッサの構成とその命令セット）を横断して使えるソフトウェアのことを指す。

これら各種インターネットやソフトウェアにおけるプラットフォームの共通点は、汎用技術が土台にあり広範囲な用途に対応できる機能が上に積み上がっているという点だ。なにが土台で、なにがその上で縦統合されているかを考えれば、各プラットフォームの構造的特徴も見えてくる。配車サービスを提供し、そのユーザーベースとテクノロジーを使って出前や配達サービスをしているUberもこの類いに入るという見方もできよう。Airbnbなどの物理環境を介するサービスもプラットフォームビジネスとして見ることができる。

建築領域でどのようにプラットフォームという言葉が使われているのか、建築家・磯崎新の言説を通して見てみよう。磯崎が皇居前広場で「東京祝祭都市構想　プラットフォーム2020」プロジェクトを発表した時、その100日間限定のイベントを「インターネットの仮想の場」として『atプラス25』誌に寄せている。

　プラットフォームとはお立ち台のことでしたが、いまではインターネットの仮想の場の喩《たとえ》でもあります。さしあたりは想像的に空中に浮かんでいて、誰でもがアイデアを注入できる。アクセス自由、いずれ発信もはじめる。

　磯崎はこのイベントを皇居前広場で敢行するにあたりプラットフォームは高御座《たかみくら》であるとしつつも広場だとしてさまざまな使い方を含む用途を設定している。この論考の中心として捉えたいのは、クラウド・インフラ以上に意味を持つ高御座（集約）と広場（開かれた公共性と参加）がもつ権威構造の対比が同居しているという点である。言い換えれば、高御座が示す「天皇の即位」という集権化の最たる性質を示す一方で広場が示す開かれたアクセス、高公共性や民主主義的である広場の性質（権威の分散化）という両義性である。この一見矛盾する関係がインターネットと都市や建築を通して私たちにどのような影響を与えたのだろうか。

▼集約と離散化

　2000年代に集合知を発展させたマサチューセッツ工科大学スローン経営大学院のトーマス・マローンは、集合知の種類、人間の組織構造を4つに分類した。そのなかで人の組

織が存在しない自然を分散状態とした。その上に人は徒党を組み、時にはテクノロジーを使い、プラットフォームを人造することでひとりでは成し遂げられないことを可能にしてきたとまとめる。

　鉄道インフラを例に考えると、手つかずの自然から路線を引き、駅を設置する離散化行為である。駅のプラットフォームという物理的な要素だけではなく、どこに駅を設置するかという決定は住宅やオフィスといった都市のリソースを集約する。情報的な側面で見てもいつ誰がどこで乗り降りしたかという情報は大変な価値を生み、鉄道会社によって集約される。

　インターネットプロトコルもひとつの自然状態である。このプロトコル＝取り決めに則ることで複数のノード（端末）が相互通信する。この取り決めレベルでは情報の集約は行われないので、分散プロトコルといわれている。インターネット上での駅のような集約が行われている要素は各層に渡るが、この依存傾向はさらに高まっている。自分でメールサーバーを立てずにGoogleに管理させるどころかSlackやDiscordといったクローズドなプラットフォームでのやりとりに移行しているだろう。広く開かれたインターネットはどこへ行ったと考えてしまう。

　SNSプラットフォーム隆興期での彼らプラットフォーマーは、インターネットプロトコルが分散技術であるがゆえに（自然のままでは）扱いにくいインターネットを誰でも総

発信ができるよう「民主化」することこそがこれからのインターネット２・０だというのが謳い文句だった。しかし、例えばＸにおいても、民主主義の重要な語り場としていながら、ほかのＳＮＳに流れていかないようにさまざまな仕掛けがある。またデータを集約する場でもありながら、同時にそれらの注目集約的であることも、文字通り分散プロトコル上のお立ち台として機能している。アメリカの大統領選において、権威主義的にふるまう前大統領のトランプのフォロワー数が現大統領のバイデンの３倍弱という数字を見てもこの傾向がわかる。ただし、いくら開かれたアクセスを強調し、民主性を高めようとしても、そこはやはり高御座であることを忘れがちだ。

しかも、データが金のように価値を持ちうるという市場とその規範が定着した時点で、この資産の取引の契約にかかわる法的な整備が後追いであるがために、人々は民主化といった利点や生活を維持するために「自発的服従」をしている。今の時代メールアドレスやLinkedIn、もっといえばネットへのアクセスがなければ仕事につくことは難しいだろう。プラットフォームビジネスがあまりに儲かるのを見てデータ資本主義社会への批評の影で、ヘゲモニーを生み出す支配に対する拒絶からであろう。この関係が物理空間に適用される現場となり壮大な失敗となったのがスマートシティだ。

▼スマートシティの敗北

テクノロジーとデータの力によって都市生活を快適にしようという素朴なスマートシティという提案はどうなったのだろうか。スマートシティに関する現時点での評価は『MIT Technology Review』誌の２０２２年７、８月の都市特集では「Death to the Smart City（スマートシティに死を）」という能動的標語が掲げられている。

数あるスマートシティプロジェクトにおいて最も注目を浴びたのがSidewalk社によるトロントQuaysideの４・８万平米の開発プロジェクトだ。自動運転・ｗｉｆｉキオスク・最新センサーによる快適に暮らすための特区でもあった。それをGoogleと同じAlphabet社傘下のスタートアップが行うというのだ。スマートシティの金字塔となるべく注目を集めたこのプロジェクトだが、２０２０年５月に中断が発表された。表向きはコロナ禍による先行き不透明な不動産市場によるものということになっているが、実際は住人の理解が得られぬまま進められた強硬な開発態度が原因だとする報道記事が大半である。この取り組み以前にマンハッタンでのｗｉｆｉキオスクの設置の事例を見て、トロント市側も途中までは最新のテクノロジーを、市税をほとんど投じずに実現できることから乗り気だったようだが、そのからくりがキオスク端末から得られる個人情報を使ったデータブローカービジネスであるという人権団体からの糾弾後は諸手を挙げての歓迎とはいかなくなった。すでに情報空間上ではプラットフォームビジネスとして成功しているGoogleと、マスコミ対応がうまく、つねに啓蒙家としてふるまってきたSidewalk LabsのCEOドン・ドクトロフだったが、ジェイン・ジェイコブズの活動拠点であったトロント市と、政治よりもテクノロジーに信頼を置いていたパロアルト市との、土壌の違いを見落としたのではないだろうか。こうした情報プラットフォームでの成功を利用し都市の開発に介入しようとした試みの失敗と危険性をベン・グリーンは『スマート・イナフ・シティ——テクノロジーは都市の未来を取り戻すために』（中村健太郎＋酒井康史訳、人文書院、2022／原著＝2019）でまとめている［28-1］。近視眼的な技術導入ではなく、民主的なプロセスをサポートするテクノロジーの必要性が謳われている。「スマートシティに死を」というスローガンを掲げた先の『MIT Technology Review』のQuayside地区での追跡特集では、結局スマートシティが実現したところは主に権威主義社会であり、スマートシティはプーチンのお気に入りだとさえ述べている。

ただし、スマートシティによる盲目的な技術導入に対し、そういったものをすべからく否定すべきだというのもナイーブである。技術レベルでいえば、先にも述べたインターネットプロトコルそのものは分散的なシステムである。プロトコルレベルでは輸入置換をサポートする意味でスマートシティを擁護したかもしれない。イーロン・マスクと並びPayPalマフィアのドンでありスタートアップ文化を牽引するピーター・ティールによれば、AIは集約型、共産主義的であり、ブロックチェーンは分散技術、自由主義的であるという。しかし、インターネットプロトコルとその取り決めの上で駆動する各種プラットフォームやアプリケーションが分散的形質を継承するどころか集約に向かったように、ブロックチェーン上で行われるアクティビティを観察していく必要があるだろう。ちなみに、現状パブリックチェーンで取引額上位の仮想通貨にはそれぞれビットコインだったらサトシナカモト、イーサリウムであればヴィタリックと、神格化されたアイコンが存在している。なんにせよ、下部にあるプラットフォーム技術とその上で行われるレイヤーが違うという指摘はスマートシティに始まったことではない。

28-1：ベン・グリーン『スマート・イナフ・シティ』

▼建築におけるプラットフォーム的方法論

プラットフォームとその上で営まれるコンテンツを技術的な差ではなく、統治や所有、デザインの問題の違いとして捉えるという意味では、建築家ニコラス・ジョン・ハブラーケンのスケルトン・インフィルのもともとの思想がこの流れを汲む。プラットフォームが地盤を上げ、その上で行われる行為と上下で分けるのに対して、中と内で分けたのがハブラーケンだ。

その書籍は、大規模な住宅プロジェクトにおいて、基礎建築を「サポート」と呼び、内装仕上げを「インフィル」と呼ぶ区別を論じています。この区別は、主に制御とデザインの責任に関するものであり、技術的な側面は二次的です。多住戸または連棟の建築タイプの各住居は完全に独立している必要があります。これはいわゆる柔軟性の問題ではありません。柔軟性は物事を説明するための主に技術的な方法です。むしろ、これはまず、設計タスクを分離することとの問題であり、建物について話しているので、技術的な問題が必然的に関与しますが、基本的には意思決定の新しいパターンに関するものです。

（Stephen H. Kendall, *Residential Architecture as Infrastructure: Open Building in Practice*, Routledge, 2021. 引用者訳）

スケルトン・インフィルを発表した後のアメリカでの反応が以下のようなものであったのが、単なる技術論ではなく、経済学からの反応もあったことがうかがえる。

それは一部からは真のマルクス主義理論として賞賛され、大衆を解放するものとして、またユーザーの個別のイニシアチブを信頼する真の資本主義的アプローチとしても賞賛されました。

（同前）

その後Open Building論に影響していくのだが、デザインタスクの分離・分業を提唱する。まず、公共性が高く、長期間にわたり影響を残すものと、アドホックでしばしば変わる私的な領域の分離がある。これはプラットフォーム側とアプリケーションと相似だ。Open Buildingではさらに私的な領域での分離が可能になり、デザイナー同士の分散的な協調エコシステムをつくられる。プラットフォームと上のアクティビティと二分するのではなく、その上位概念にグラデーションがあり、そのグラデーションによりデザインの分散的な協調エコシステムがあるというのはこの例以外にも、ジェイコブズの「シノハタコミュニティ」や山本理顕の「地域社会圏」の議論のなかで経済分野でのメカニズムデザインが語られるなど、さまざまな所で垣間見ることができる。

ほかにも、英国人建築家のジョン・ターナーから始まり、１９７０年代後半に世界銀行が中心となり世界中の開発援助の一貫で行った「Sites and Services」の動きがある。特に分散性が高いスラムという環境のなかでインフラという名のもとプラットフォームを提供し、周辺の共助によって生活改善を行うという意味で近い思想である。ターナーはただエンドプロダクトとして住宅を供給するのではなく、スラムという分散的な環境から自治や市民参画的な側面を残すことでハウジングがあると説くが、その主張が集約の最たる例である世銀が開発援助というかたちで推し進められ、さらにそれによって地価が上昇、ジェントリフィケーション（地価上昇による経済的立ち退き）が起こるといった例が１９８２年の段階で指摘されている。ここでも分散と集約の倒錯した関係がうかがえる。

以上のように、昨今盛んに使われ、インターネットプロトコルとインフラをどのレベルでも支え同時にプレイヤーでもあるプラットフォームビジネスの社会的影響とその建築・都市の反応を見てきた。すでに具体・抽象軸での両義性をもったプラットフォームという語彙は、現代においても権利の集約と分散を両方含む概念として存在している。

対立する立場がより両極化していくプロセスとして人類学者のグレゴリー・ベイトソンによる「Schismogenesis（分裂生成）」という語がある。極化した２つのコミュニティによる資源の枯渇現象の因果を示すために近年使われている。これらの研究ではオストロムを引用しながら協調的政策の必要性が改めて重要視されている。インターネット上で民主化を約束し、いまなお経済的に影響力を持つプラットフォームは、現実空間でも仮想空間でも分裂生成する巨大な構造としてわれわれの暮らしとともにある。

「プラットフォーム」をより深く知るために

- 山本理顕＋上野千鶴子＋金子勝＋平山洋介＋仲俊治＋末光弘和＋Y-GSA／松行輝昌『地域社会圏主義 増補改訂版』（ＬＩＸＩＬ出版、２０１３）
- 『at プラス25 特集＝東京祝祭都市構想──２０２０年東京五輪に向けて』（太田出版、２０１５）
- Thomas W. Malone, *Superminds: The Surprising Power of People and Computers Thinking Together*, Little, Brown Spark, 2018.
- Ben Green, *The Smart Enough City: Putting Technology in Its Place to Reclaim Our Urban Future*, MIT Press, 2019.

サードプレイスの先へ

山道拓人
建築家

▼通勤・通学を脱プログラムするところから

プログラムという言葉は、設計者からすると建物の用途という意味で使われることが多い。改めて辞書で引いてみると、催し物の「予定」だったり、舞台やテレビの「演目・番組表」だったりする。ITでいえばコンピュータプログラムを略してプログラムということが多く、コンピュータが行う処理を順序立てて記述したものを指す。いずれにしても「流れ(進行)」のようなものを示すといえる。

私の基本的な平日の流れというのは、朝起きて、ご飯を食べ、自宅を出て、駅に行き電車に乗って、職場に行き、仕事をして、夜には家に帰る。主にこの通勤という1日の流れ(プログラム)が前提となって都市はできている。住宅地とオフィス街を鉄道でつなぐつくり方はまさに「通勤都市」といえるだろう。その都市で生きるためにエリアを行ったり来たりする私は「通勤人間」としてプログラムされてきたと言える。通勤のあちらとこちらに対応したエリアの用途制限の範囲において、建物は個別にプログラムされている。都市も人間も建物もプログラムされていて、それらが互いに関係している。

そもそも通勤・通学というのはいつからあったのだろうか? 阪急電鉄の創設者として著名な小林一三(1873〜1957)という実業家がいた。1910年代、彼は住宅のローンシステムのような仕組みを考えた。都心と郊外を結んだ路線沿いに郊外住宅地をつくり、一般人もマイホームを持てるようにした。さらに小林は百貨店や劇場など目的性が高い施設をつくった。住む場所、働く場所、遊ぶ場所を、電車で**移動**する、通勤通学という枠組みをつくりだした張本人とでもいえよう。日本の鉄道開発は、これに沿って展開していったといわれている。

海外に目を向けると1960年代に都市活動家、都市研究家、作家のジェイン・ジェイコブズは、近代以降の都市計画を批判した。都市を用途によってエリアを分けるゾーニングと、それに対応し建築に単一のプログラムをあてがってできた環境は、非人間的であるという批判である。ジェイコブズは代表的な著作『アメリカ大都市の死と生』のなかで、都市に多様性を生むための4つの条件を示している。

条件１：その地区や、その内部のできるだけ多くの部分が、二つ以上の主要機能を果たさなくてはなりません。できれば三つ以上が望ましいのです。こうした機能は、別々の時間帯に外に出る人々や、ちがう理由でその場所にいて、しかも多くの施設を一緒に使う人々が確実に存在するよう保証してくれるものでなくてはなりません。

（中略）

条件２：ほとんどの街区は短くなくてはいけません。つまり、街路や、角を曲がる機会は頻繁でなくてはいけないのです。

（中略）

条件３：地区は、古さや条件が異なる各種の建物を混在させなくてはなりません。そこには古い建物が相当数あって、それが生み出す経済収益が異なっているようでなくてはなりません。この混合は、規模がそこそこ似通ったもの同士でなくてはなりません。

（中略）

条件４：十分な密度で人がいなくてはなりません。何の目的でその人たちがそこにいるのかは問いません。そこに住んでいるという理由でそこにいる人々の人口密度も含まれます。

（中略）

都市の多様性と活力の伸びに良くも悪くも影響をおよぼせる、いくつかの強い力（中略）は、多様性の発生に欠かせない四条件の一部が欠けて、地域が歪められていない場合に効いてきます。

今日の日本では再開発ビルの工事はたくさん進行している。「駅前・再開発」といった言葉で検索すれば、区別のつかない無色透明のタワーの画像がたくさん並ぶ。通勤・通学の観点でいえば、主要な駅に近ければ近いほど、土地の価値は高くなる。高い価値を持つ場所に床が効率的に積み上げられたタワーは、機能を集約させ、人間を歩かせないことに注力する。改札の中も商業開発の対象になり、駅から出なくても買い物も食事もできることが当たり前になった。既存の町との関係を持たない町（のような建築）ができあがる。ジェイコブズの４つの条件を同時に満たしていないことがほとんどである。駅を基準点に価値を高めすぎるつくり方は、駅から少し離れた徒歩数分の商店街やその裏側の飲み屋街、街のカルチャーを衰退させてしまい、都市は非人間的になっていく。

▼プログラムミックスの萌芽

通勤・通学を脱プログラムするところから考えないといけない。人が移動することで、時間帯によってはどこかのエリアや建物がガラガラになる。大袈裟にいえば、都市に建つ建物の多くは、1日の半分くらいしか使われない。真っ暗で巨大なオフィスビルを見ると、もっと混ぜたほうがよくない？と感じる。

2011年の東日本大震災以降、暮らしの条件が見直されるタイミングがあった。当時、模索されたプロジェクトにはいまでも学びがある。まず思いつくのは、既存のインフラに依存するライフスタイルを見直すようなあり方として「地域社会圏」(2012)がある。400人からなるひとつの共同体を支える新しいインフラのような建築の構想だ。住宅に加え、教育、商業、福祉、エネルギー、菜園といったプログラムミックスの権化である。山本理顕を中心とする建築家や学生たちによって書籍としてまとめられている(山本理顕+中村拓志+藤村龍至+長谷川豪ほか『地域社会圏モデル』)。初期バージョンの巨大さからは、ゼロから都市建築をつくろうとする力強さを感じるが、個人的には、増補改訂版に掲載されている木造密集地バージョンのほうがしっくりくる。新しいものと古いものを混ぜて、地域の生態系に根を張ろうとするもので、こちらのほうが身の丈に合っているとも、むしろ建築的には実現しようと思えばチャレンジングだとも感じる。

プログラムミックスを促すためには、これまでプログラム同士を分け隔ててきた要素を問い直す必要がある。architecture WORKSHOP《ハイパー・ミックス》(2018)は、商業とオフィスと住居の複合建築である。特に、オフィス+住居階で、通常は各住戸やテナントを分け隔てるための廊下にあたる部分が、逆に各ユーザーをつなぎ止めそれぞれの個性が滲み出るようにコモンスペースとして位置づけられている。さらに通常の下駄履きの商業施設や集合住宅のように上下でバッサリ分節するのではなく、建物全体で職住をミックスさせるような工夫が企画レベルでも盛り込まれている。つばめ舎建築設計+スタジオ伝伝《欅の音terrace》(2019)は、築38年のアパートをリノベーションし、商い区画を盛り込むものである。廊下の手すりと道路側のフェンスを外し、デッキを設け、玄関をディスプレイのように作り替えている。境界的な要素のリデザインがプログラムミックスに一役買っている。

また建築のハード部分の工夫だけではなく、プログラム自体や管理・運営方法にまで積極的に踏み込む事例が増えてきている。仲建築設計スタジオ《食堂付きアパートメント》(2014)は、1階の食堂、地下のシェアオフィス、上階は5つのSOHOが立体的に積層される。設計時の想定は、入居者が打ち合わせやイベントでアイドリングタイムの食堂を使えたり、シェフが建物セキュリティや、掃除、荷物受け取りといった維持管理を担う。さらに建築家が食堂に出資する代わりに運営にも参加し、利益に応じたフィーも受け取るといった方法が模索された。グランドレベル《喫茶ランドリー》(2018)は、喫茶店と街共有の家事室のプログラムミックスといえ、ミックス具合を促進させるような運営が卓越している。サービスが一方的に提供される「管理」された商業的な場所ではなく、想定外をむしろ後押しする「運営」の匙加減が絶妙な私設公民館ともいえるような雰囲気だ。さまざまな企画が地域住民主体で行われる雰囲気・環境づくりによって能動的なプログラムミックスが起こり続けている。後述するが、店員／客、外来者／地域住民、といった肩書きやマインドセットが脱プログラムされる工夫がある。

２０１０年代のプロジェクト群は、これまでの前提、枠組み、カテゴリー、建築要素、肩書き……の問い直しがスタートしたような時代であった。

▼プログラムミックスの実践

２０２０年、コロナ禍に突入した。ステイホームが余儀なくされ、通勤・通学のプログラムが社会全体で一斉に解かれたタイミングでは、自分たちで暮らしの工夫を日々試す必要があった。家がオフィスや大学になり、道路や交差点が遊び場になった。あっちでキャッチボール、こっちでバドミントン、そっちでは犬の散歩、ＢＧＭは上階のピアノ練習――。飲食店は路上で弁当を売り、外席を充実させた。商店街にある昔ながらの八百屋や肉屋では、ほとんど屋外といえそうな開口の広いミセ空間が異様な賑わいを見せていた。本稿に準うと、住宅地はプログラムミックスの実践状態となったといえよう。

29-1：ツバメアーキテクツ《BONUS TRACK》SOHO棟が広場を囲む　筆者撮影

ここで、コロナの緊急事態宣言とともに竣工した《BONUS TRACK》（事業主＝小田急電鉄株式会社、運営＝散歩社、設計＝ツバメアーキテクツ、２０２０）を紹介しよう［29-1］。小田急線が地下化した地上部分の下北沢駅西側に、職住混合（家と店のプログラムミックス）を実現する「新築の商店街」をつくった。既存の商店街からは徒歩数分の距離があり、下北沢駅と世田谷代田駅のちょうど中間に位置している。建物の設計とエリアマネージメント（内装監理業務）をツバメアーキテクツが担当した。１棟が５００㎡程度の商業用途の中央棟、残りの４棟が１００㎡程度の長屋型のＳＯＨＯ棟（兼用住宅）で、広場を囲む。同じ頃設計にかかわっていた日本各地の町家・長屋の集落や、かつての下北沢にあった闇市のように、人々の営みと建物同士が響き合うあり方を参照した。

私たちは2018年から設計の与条件設定からかかわった。下北沢では近年駅近の店舗賃料が高騰していて、若く個性的なテナントが参入しづらい状況になっている。もともとは個性的な商店が混ざり合ってできた下北沢らしい風景が、ケータイショップやチェーン店の増加によって失われつつあった。そこで、街を大きく変えてしまう開発ではなく、下北沢らしさを維持しつつ、若い人や新業態のテナントがチャレンジできるような住みながら商う商店街として、この街区の設計を行ってきた。参入しやすい賃料から逆算しテナントサイズを決め、周辺のボリューム感と突き合わせながらボリュームスタディを繰り返した。第一種低層住居専用地域で住みながら商いを行う状況をつくるためにSOHO棟はすべて兼用住宅とした。兼用住宅は日本の住宅地においてまさにプログラムミックスを実現するための方法である。制限の厳しい第一種低層住居専用地域においても兼用住宅とすれば面積の49%に商いなどある程度ほかの用途を混ぜることができる。棟を組み合わせると人が集まることができる場を住宅地に用意できる。もちろん棟同士の境界線上にフェンスなどは設けず、互いのセットバックをプログラムミックスの土壌とする。

29-2：ツバメアーキテクツ《HORA BUILDING》
路面階のドーナツ屋「洞洞」　撮影＝梶原敏英

さらにプログラムミックスというあり方が街並みとして表現されアクティブに持続するように、建物のデザインだけでなく、各テナントが建物を改造できる部分を設けたり、リースラインを超えて屋外にはみ出せるルールをつくったりしている。ローカルルールにおいては禁止事項ではなくできることの範囲を明確化することで、かえって入居者が積極的に街並みづくりにかかわれるようにするエリアマネージメントとしての内装監理業務である（一般的な内装監理業務は、建築的なリスクを冒さないようにブレーキをかける役割であることが大きい。ここでは街並みに参加するように背中を押しサポートするような役割だったといえる）。これまでの駅前の不動産的な無色透明のビルでつくるピークとは異なり、都心の駅間に人々の個性が混ざり合ってできる価値をつくろうとしている。

結果としてできたのは路地にも広場にも見えるような建築と樹々のなかで、昼間は地域の人・働く人・くつろぐ人が混ざり合い、夜にかけて灯りがついて暮らしの場所に変化する現代のプログラムミックスを体現する場所となった。

▼プログラムミックスのツボ

《BONUS TRACK》ではコロナが落ち着いた今もプログラムミックスの実践状態が持続している。また、私たちも竣工しておしまい、ではなく、継続的に地域にかかわらせてもらっている。街の変化を捉えながらビジョンづくりをし、いくつかの建築を断続的に設計した。

そのなかのひとつとして、《BONUS TRACK》のすぐ隣の住宅地側へぽこっと飛び出た敷地に《HORA BUILDING》(2022)を設計した[29-2]。《BONUS TRACK》から住宅地へ通り抜けができる土間のような1階から上階へ螺旋状に床が重なり、全体がワンルームになっている。上階をツバメアーキテクツのオフィスとして使い、路面階はドーナツカフェと公民館的なギャラリーが一体となった店「洞洞」を自分たちで運営している。

建物全体を単一のプログラムにするのはもったいないと思い、上下階のプログラムが時間帯によって互いに伸縮するような建築を目指した。

のちの店長となる友人と一緒に、1年以上かけプログラムをつくった。まず、ベースとなるドーナツ屋というプログラムについて。下北沢には食べ歩き文化があること、周囲に甘いものを出すお店が少ないこと、ドーナツ屋は下北沢に1、2軒しかなかったことがある。またこの辺りは親子連れも多く、子どもは甘いもの、親はお酒としょっぱいもの、それを片手に街を歩いてもらう風景が想像できたので、ドーナツで行こうということになった(しょっぱいドーナツというのはないので考える必要があったわけだが)。竣工前1年間は、事務所の片隅にテストキッチンをつくって、図面を描いているスタッフの横で、ひたすらドーナツをつくり続けた。小麦粉にも種類があるので、マトリックス的に表をつくってグラム単位で配合を変えて、スタッフ全員で試食を繰り返し、甘くもしょっぱくもいける生地を開発した(われわれは設計事務所なんだろうか?と、自分たちの肩書きが脱プログラムされていくような感覚があった)。オープン後も、この生地をベースに毎月のように新メニューを開発し続けている。また、藝大出身の店長はアーティストの知り合いも多かったり、われわれも地域に対して試したい企画があったりと、さまざまな企画を続けている。

そして2022年9月にオープン。単体のプログラムの変化やプログラムミックスの相乗効果を、日々目の当たりにしている。《HORA BUILDING》は螺旋の空間構成をしているので、オフィスのプログラムが路面階まで降りて行ったり、洞洞のプログラムが上まで登ってきたりする。そして洞洞の中でも店と展示が陣取り合戦をしていく。

お客さんが増えてくると建物全体がホワイトノイズに包まれ、仕込みの時間や閉店後は静かになり、1日のなかで抑揚がある。天気によっても雰囲気がガラッと変わる。それまでは図面に「カフェ」と書けばカフェになると思っていたわけだが、プログラムというのは自分たちで実践しようと思うと、ミックス云々以前に、冒頭に書いたテレビの「演目・番組表」のように1日のなかでも目まぐるしく様相が変わる非常に動的なものなのだなとも感じるようになった。だからこそ、そこに混ぜればシナジーを起こせるプログラムミックスのツボがある。例えば、(a)お客さんが来ない仕込みの午前中に客席部分でツバメアーキテクツが打ち合わせをする、(b)閉店後の夕方以降にレクチャーイベントをする時にはドーナツをふるまう、(c)ツバメアーキテクツの企画で洞洞にて1週間展示をしながら営業をする、(d)事務所が休みの週末に上階でドーナツを食べながら子ども向けのワークショップを行う、といったミックスがあるとする。(a)は単なる空間利用の工夫の話だからミックスによるシナジーはあまりない。(b)だとたまたまレクチャーに来た人がドーナツのことを知ったり、(c)だとドーナツを食べに来た人が展示している作家のことを知ったり、(d)だと普段ドーナツを食べに来ている親子が建築というものを知る、というように(a)よりも(b)(c)(d)のようなことを積極的に起こしていけるとよい。

こんな感じでプログラム自体の流れや、プログラムミックスの効果に、当事者的なリアリティが持てると、普段の自分たちの設計内容自体も変わってくる。プログラムを共存させる時に、この領域をオーバーラップさせれば上手く行きますよ、とか、この時間帯はミックスのツボですね、といった具合に。こういう思考は建築設計にとどまらない。都市を用途地域によって色別に塗り分けていく、といった前提も変えたらいいのに、と思う。

▼プログラムミックスと分人

良いプログラムミックスには、ファシリテーターの存在が重要になることを最後に強調しておきたい。管理人というよりは、寮母・寮父さんのようにその場に一緒にいるようなサイトオペレーションが求められる。《HORA BUILDING》をつくってからのわれわれは、建築家としての顔に加え、建物の管理者としての顔、地元住民として活動する顔や、お店の運営者としての顔など、人格がプログラムミックスされたような感覚がある。分人(dividual)とは小説家の平野啓一郎によるもので、個人(individual)に代わる新しい人間のモデル。対人関係ごと、環境ごとに分かれた異なる人格のことで、統一的な「本当の自分」だけを認めるのではなく、複数の人格すべてを「本当の自分」だと捉える概念。つまり分人的建築家になったとでも書くと大袈裟だが、話は単純。例えば、なにか面白いアイデアが地域に転がっていたとして、建築家としては仕事の範囲外だなと感じても、活動家として考えれば面白いかもと感じられればなんらか前に進めたりする。ディベロッパーになにか提案する際に建築家として話すとデザイン以外のことでは聞く耳をもってもらえなくても、事業者として話すと聞き入れてくれることがある。地域の人と話す時にもそう。分人的な感覚がプログラムの輪郭を揺るがし、建築が滑らかになっていく。

▼サードプレイスの先へ

こういう場づくりに関する社会的な盛り上がりは2000年頃からあった。その頃は「サードプレイス」という言葉に示されるように家と仕事場・学校を行き来する途中で立ち寄るもの、あるいはどちらかの代替だった。

サードプレイスという概念は、アメリカの社会学者であるレイ・オルデンバーグによって著書『The Great Good Place』(1989)のなかで紹介された。日本ではスターバックス上陸と共に広まったように感じる。銀座松屋通り店の1号店は1996年開業。2000年頃にはスタバは100店舗を超えていて、当時、予備校通いをしていた筆者もスタバで学校帰りに自習をした記憶がある。

そのタイミングとシンクロするようにシェアオフィスブームが起き、建築家は個室ブースのデザインや、その外側に設置されるフリーアドレスカウンターのデザインに注力していた。ヴィヴィッドなデザインのなかに佇むと「サードプレイスにいる!」という実感は持てても、店員は店員、客は客だし1、2時間もすれば塾か会社に行くか、家に帰らないといけない。サードプレイスは通勤・通学が脱プログラムされた新しい暮らしの条件一歩手前という感じだった。

いま取り組みたいのは、もはやファーストとかセカンドとかサードではなく、その序列を自分で調整できる建築で、暮らし方や肩書きさえ脱プログラムされる(地域)社会再編である。通勤・通学が一度脱プログラムされたアフターコロナは、ジェイコブズへ本格的に応答できるタイミングなのかもしれないと感じる。

「プログラムミックス」をより深く知るために

●ジェイン・ジェイコブズ『アメリカ大都市の死と生』(山形浩生訳、鹿島出版会、2010/原著=1961)
●レイ・オルデンバーグ『サードプレイス:コミュニティの核になる「とびきり居心地よい場所」』(忠平美幸訳、みすず書房、2013/原著=1989)
●山本理顕+中村拓志+藤村龍至+長谷川豪ほか『地域社会圏モデル——国家と個人のあいだを構想せよ』(LIXIL出版、2010)
●山本理顕+上野千鶴子+金子勝+平山洋介+仲俊介+末光弘和+末光弘和+Y-GSA/松行輝昌『地域社会圏主義 増補改訂版』(LIXIL出版、2013)

保存と活用への現代的な試み

小柏典華
建築史家

「歴史的建造物」や「文化財建造物」と聞くと、まったく手を加えることは叶わず、現在の姿をそのまま残し維持していくのが「保存」の手段である、とイメージされるのではないだろうか。また、建築設計者は現代建築にかかわる建築家を示し、修理設計者とは文化財建造物の修理にかかわる修復家であるといった区別をする人も多いだろう。

ここでは、わが国が歴史的建造物をどのように守ってきたのか、これまでの文化財保存の歴史的背景を確認しつつ、私たちが将来へ建築を保存し活用するために考えるべき活動を述べていきたい。

なお、従来の保存学の学問分野に対し、活用手法は個々の提案が主である。各種学会・研究会でも個別蓄積が大切である、という従来の見解の延長でとどまっている。そこで以下では、従来の「活用」の取り組みを概観し、将来的に新たな学問領域「再生活用学」の提案に挑戦することを目標として、単に建築を使い続けることが「活用」ではなく、非常に幅広い意味を含んでいることを確認していきたい。

▼動き続ける法隆寺

わが国には、木造文化圏として世界に誇る歴史的建造物が多く存在するが、なかでも法隆寺金堂（奈良県生駒郡）は世界で最も古い木造建築として広く知られる。そんな法隆寺金堂ですら何度も保存修理で改修が加えられ、さらに昭和期には部分的な焼失を経験していることをご存知だろうか。

法隆寺金堂は2重の木造建築で、規模は桁行《けたゆき》5間《けん》・梁間《はりま》4間《けん》、本瓦葺の入母屋《いりもや》の屋根をもち、初層には裳階《もこし》を付けた低い重心からくる堂々たる佇まいをもつ。さらに深い軒の出、細部の雲斗《くもと》、雲肘木《くもひじき》や卍くずしの高欄《こうらん》など、美しい細部意匠が光る建築である。

法隆寺金堂の改修箇所として有名なものには、2層目の屋根を支える隅の支柱があるだろう。支柱は軒先の垂下を抑えるために、江戸時代の大工が付加したものである。支柱には龍が巻きついた独特なデザインが採用されており、明らかに法隆寺金堂の建設年代とは異なる意匠表現である。古くから貴重な存在として大切にされてきた法隆寺金堂に、オリジナルのデザインを踏襲した改修をするのか、後世の手とあえてわかるように付加しながら改修するのか、当時の担当大工の気遣いが垣間見える。

また１９４９（昭和24）年１月26日、法隆寺金堂の初層桁から下が焼失、さらに法隆寺金堂壁画の表面彩色が損失した。この火災の直前、法隆寺金堂の修理事業が開始された。事業の一環として、正確な記録の作成を目的としたガラス乾板を使用した写真ガラス原板が作成された。２０２０（令和２）年から壁画部分の一般公開が開始され、「法隆寺金堂壁画写真ガラス原板 デジタルビューア」(https://horyuji-kondohekiga.jp)として閲覧が可能となっている。

法隆寺金堂の初層桁より上部は、火災発生時に部材解体して別途保管されていたため、法隆寺金堂再建時に適切に組み直され、現在われわれは貴重な古代建築を学ぶことができている。火災自体は衝撃的な出来事であったが、１９５５（昭和30）年以降は毎年１月26日を「文化財防火デー」と指定することで、防災意識を再認識する機会となった。

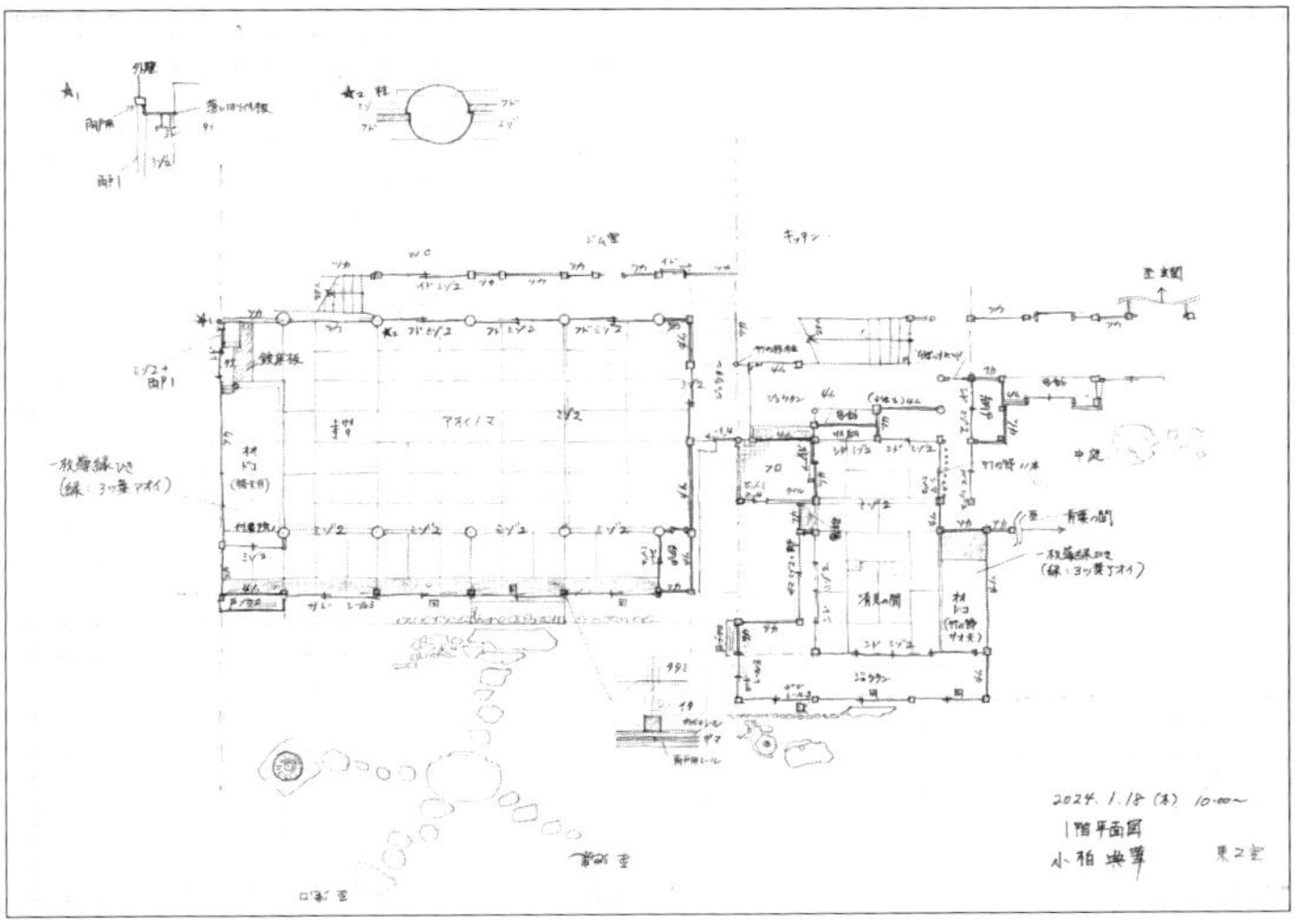

30-1：浮月楼明輝館　筆者作成

▼「保存しながら活用」——文化財保護法の改正

法隆寺金堂の１９４９（昭和24）年の火災以前、わが国における文化財建造物に関する保護体制は、１８９７（明治30）年の古社寺保存法を基底とし、１９２９（昭和４）年から国宝保存法の体制下となった。この時代には多くの「保存図」が作成され、歴史的建造物の当時の姿が克明に描かれ記録された。国宝保存法の法改正は早々から検討されていたものの、法隆寺金堂の火災による世論の文化財保護意識の高まりにより、１９５０（昭和25）年に現在の文化財保護法の基底が完成し制定された。その後、現在まで法改正を伴いながら文化財建造物の保護は連綿として続いている。

文化財保護法のもとでは、木造文化圏であるわが国独自の意匠・技術を体現した木造建築のほかに、近代以降に形成されてきた木造以外の構造躯体を有する建築の保護にも取り組んだため、今日でも多種多様な文化財建造物を実際に見て学び、共有できている。２０１８（平成30）年の文化財保護法改正により、「保存しながら活用」を推進する法的な枠組みが文化財保護法のなかに組み込まれた。つまり従来の「保存」をベースとした「活用」の体制から、「保存」と「活用」のバランスをとっていくことが必須となった。文化庁の作成した「文化財保護法改正の概要について」によると、この法改正の趣旨は「未指定を含めた文化財をまちづくりに活かしつつ、地域社会総がかりで、その継承に取組んでいく」ために、「地域における文化財の計画的な保存・活用の促進や、地方文化財保護行政の推進力の強化を図る」ことを目的にしているという。

こうした保存と活用への挑戦は、明治期の近代的建築保存のスタートした頃から続いてきたと考える。

建築家・建築史家の伊東忠太は、全国の建築保存に強い関心を持ち、その調査に従事した。保存活動の成果は、設計活動として《大倉集古館》（1927、登録有形文化財）や《築地本願寺》（1934、重要文化財）にアウトプットされている。

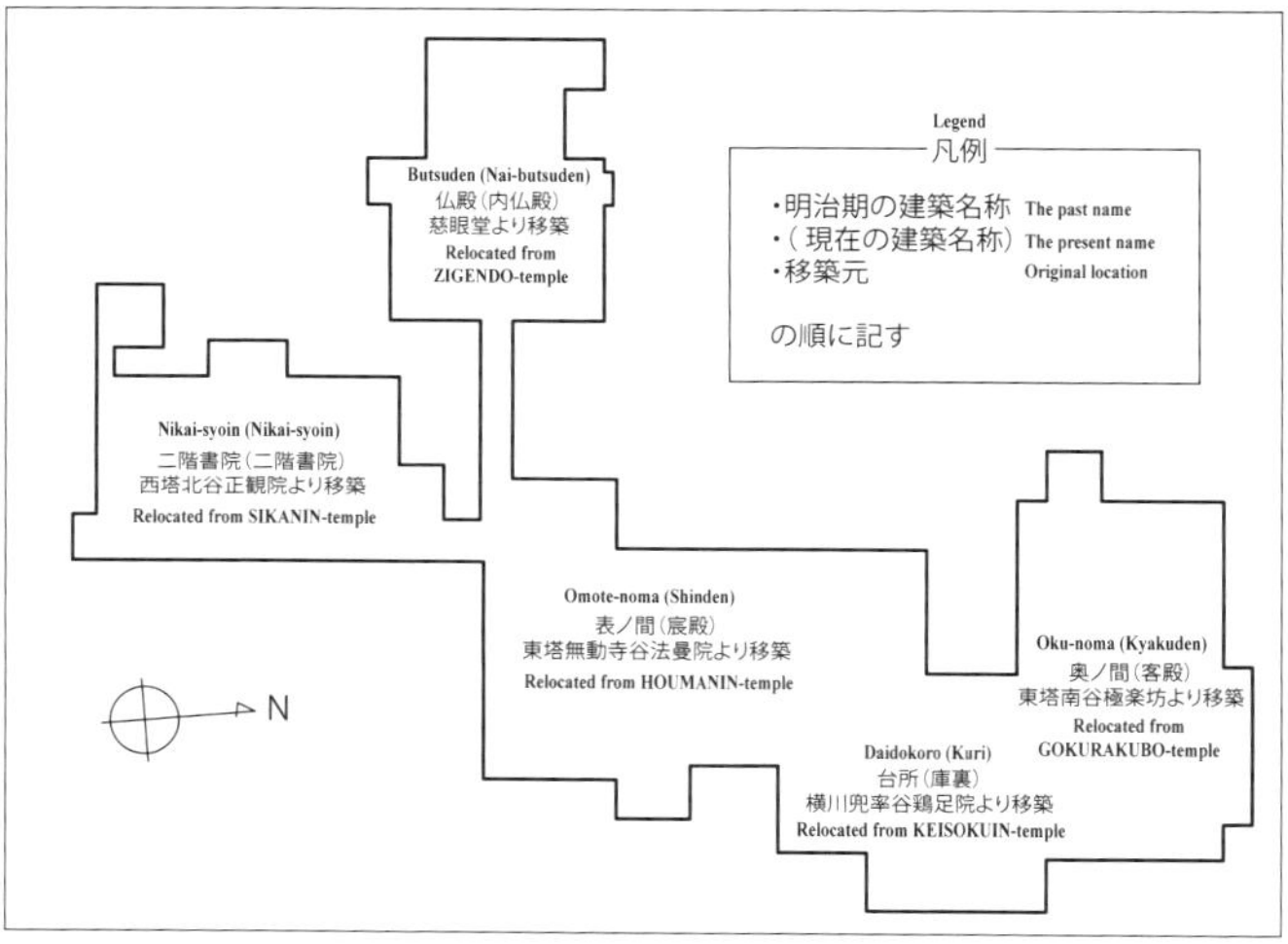

30-2：滋賀院門跡　筆者作成

建築史家の関野貞は、歴史的建造物の保存修理の指導監督に従事し、その造詣は《奈良県物産陳列所》（1902、重要文化財）に表現されているだろう。

彼らは単に歴史からインスピレーションを受けるにとどまらず、建築の「保存」と「活用」を踏まえた設計実務にすでに取り組んでいたといえる。近代明治期以降の日本は文化財建造物の表現において、形式ばらない「保存」と「活用」がせめぎ合う時代であったと思う。

▼さまざまな保存活用

その「保存」と「活用」において、重要なのが建築への「理解」である。この「理解」とは、設計手法や施工方法といった専門知識の有無を問うのではなく、建築への真摯な対峙をいう。現在、私たちのような歴史的建造物の調査研究を専門にしている者からすると、建築の見方、実測調査の技術、来歴調査における史料の読み取り方法、価値評価の方法、維持や活用の提案手法など、身に付けるべき最低技能がある。じつはこういった技能の一端を、近世以前から常識的に有している人々がいる。特に歴史上権力者側が建築の価値を重要視し、普請（建設）事業に能動的であった場合、一時代的に建築への見識が飛躍的に向上する事例が散見される。

例えば、徳川幕府の3代将軍である徳川家光公は、建築普請に積極的であったことが知られる。現存最古の木造塔である教王護国寺五重塔（京都府京都市）や、全国に点在する東照宮などの建設事業を行ったことで、一大建設ラッシュの時代があった。また、寺院住職など運営主体の交代で建築普請に積極的な者がトップに立つと、寺院運営資金の多くを使用して境内建築群の修理改修を活発に行うこともある。スクラップ・アンド・ビルドといわれる現代社会とは逆に、永続的に建築を使い続けることが目的であるのはもちろんのこと、その使用者たちには建築の維持メンテナンス手法の常識を持つ者が多かったようである。寺院が所有する古記録の文書を閲覧していると、建築の破損箇所があるため建築修理を寺院運営側が自ら希望する旨や、災害を受けた後に自分たち自身で破損箇所の詳細調査をする記録を目にすることがある。建築の専門家でないにしても、自分たちが日常的に使用している建築を一定レベル理解しているからこその行動といえる。こういった建築への真摯な対峙や日常的なメンテナンス行為は、歴史的建造物の恒久性へとつながり、建築の活用へと発展してきた。

また古材の活用提案という観点から、平等院六角堂（京都府宇治市）が挙げられる。平等院六角堂は、鳳凰堂の建つ庭園内の池泉のほとりに同じく並び建つ、開放的な東屋《あずまや》である。平等院鳳凰堂は明治期に近代的な修理が始まって以来、明治・昭和・平成の3期にわたって修理が行われており、六角堂は鳳凰堂の明治度修理の古材を一部使用して建てられた。そのため、部材転用時に使用しなかった大きな貫孔《ぬきあな》やわずかな彩色がそのまま柱に残るなど、近世以前の鳳凰堂の部材を直近で見ることのできる稀有な建築となった。

さらに、建築の価値を知り「移築」を伴って建築を使い続ける事例は、古代から一般的な活用手法として続いている。例えば春日大社本殿（奈良県奈良市）の春日移しでは、旧社殿を関係神社に下賜《かし》したことで、建築そのものの活用がなされてきた。そのほか滋賀院門跡（滋賀県大津市）［30-2］は、明治期の火災により建築群を焼失するも、早急な復興を求めて比叡山内（滋賀県大津市）の著名な寺院から計5棟もの歴史的建造物を境内に移築した。近世以前の寺院運営の状況に即した建築を適切に選定し転用活用することで、寺院活動の継続を成し遂げたのである。

こうした建築の保存活用の諸活動は、現代社会における情勢では必ずしも望み通りのかたちで実現しているとは限らない。江戸東京たてもの園、そして明治村や全国の民家園などでは、現地で保存できなくなった歴史的建造物を移築し、試行錯誤しながら維持メンテナンスを恒常的に行っている。一般公開でそれらを活用しているおかげで、今日でも多種多様の歴史的建造物を私たちが目にし、実物を見て学ぶことができる意義は非常に大きい。ただしこうした場所には限りがあり、なにより歴史的建造物を移築する時の留意事項も多い。例えば、当初の建設地で維持できなくなった場合の価値の担保はどのように考えるのか、部材を解体して移築する時に再建先でも同様に建てることが可能なのか、再建先の日射や気象条件など周辺環境による影響はどの程度あるのか、そして移築のための資金の問題などである。

▼求められる保存活用ＰＭｒ——活用学のはじまり

ストック型社会への転換といわれて久しい。その社会的風潮の影響から近年はリノベーション、コンバージョンが積極的に行われており、ストック建築の活用に興味のある人も多いだろう。建築を活用していく時に、消費ではなく価値の向上の「活用」となっているか、周縁部にある諸要素を広く知り客観的に見つめ直してほしい。そして手を加えない部分と、改変部分を適切にゾーニングすることで、将来にわたって建築の価値の「保存」と「活用」を両立させていくことができるのである。

建築業界におけるプロジェクトマネジメント（ＰＭ方式）やプロジェクトマネージャー（ＰＭｒ）は、現代設計や施工現場でよく耳にする単語である。ＰＭｒとは、プロジェクトが円滑に進むように、専門技術的知識を持って、事業全体のコントロールをする役割を担う者のことをいう。

文化財建造物の領域ではほとんど耳にすることはない職種だが、「保存しながら活用」を推進する時に、従来のような修理設計者のみがかかわる、あるいは建築設計者のみが名を残す設計では成り立たないことは明白である。双方を学術的に理解した、いわゆる「活用学のＰＭｒ」のような立場が今後は必要になってくるだろう。

近年は文化財建造物の動的保存や活用が積極的に求められ、２０２２年の旧富岡製糸場西置繭所保存整備事業が日本建築学会賞を受賞した。木骨煉瓦造の建築内部にハウス・イン・ハウスのかたちで、構造躯体を支える鉄骨柱、およびガラスパネルを挿入した設計である。こうした改修設計は、特に近代以降の歴史的建造物が文化財指定されて以降着実に事例が増えている。従来の木造建築のような部材単位での修理が難しい大規模近代建築は、ある程度大胆な改修手法が求められるためである。諸外国には、より斬新な転用案が豊富にある。２００１年にノーマン・フォスターが改修設計を担当した大英博物館グレート・コート（イギリス・ロンドン）のように、内部と外部の境界を反転させてしまうような「増床の手法」も今後日本の改修設計に積極的に導入されていくだろう。そういった時に、活用学のＰＭｒという全体を管理する技術者がいれば、「設計と修理の間の課題」全体を上手くコントロールすることが可能となる。

歴史的建造物は、適切な価値を担保したまま建設後50年が過ぎると、文化財登録を検討できる。この登録有形文化財建造物制度ができて久しいが、じつはその50年のタイミング前後にはさまざまな課題が生じることもある。従来から、経済的な利益を優先するあまり文化財登録目前の年限で貴重な建築の取り壊しや、文化財的価値を充分有する建築が専門調査の機会がなかったために、登録文化財の話が出たタイミングで取り壊しが決まった悔やまれる歴史的建造物がいくつもあった。東京駅丸ノ内本屋（現在の東京駅の文化財指定名称、１９１４、重要文化財）のように保存運動に上手く結びつき、それが結実した建築は幸いかもしれないが、そうでない建築が国内では山ほど積み重なってきたのが事実である。日本建築学会からも多くの保存要望書や建議書が提出されてきたが、貴重な歴史的建造物は間違いなく失われつつある。

　残る歴史的建造物の今後の保存活用において、文化財指定や文化財登録の前段階から活用学のＰＭｒが中心となり、所有者や諸関係者とともに歴史的建造物の未来をつくる活動を行っていく必要があるだろう。

「保存と活用」をより深く知るために

●文化庁歴史的建造物調査研究会『建物の見方・しらべ方——江戸時代の寺院と神社』（ぎょうせい、１９９４）
●文化庁「文化財保護法改正の概要について 資料３」（２０１８年）
●古山正雄監修、後藤治著『論より実践 建築修復学』（共立出版、２０１９）
●小柏典華「移築過程からみる明治期滋賀院の特徴について」（『日本建築学会計画系論文集』７７３、２０２０年７月、日本建築学会、１５４７〜１５５５頁）
●清水重敦『建築保存概念の生成史』（中央公論美術出版、２０２２）
●小柏典華「建築討論ＷＥＢ 特集：建築の再生活用学」70、２０２３年７〜９月号（日本建築学会）

「メタデザイン」

環境を創造するシステムのデザイン

連勇太朗
建築家

▼デザインのデザイン

建築（家）の役割や職能が拡張しているという近年の言説や現象を説明する概念として、「メタデザイン」ほど可能性に満ちたものはない。メタデザインとは、直接的にプロダクト・グラフィック・建築をデザインするのではなく、ユーザーやステークホルダーが自らの手で必要なものをつくりデザインできるようにするための環境・仕組み・ツールをデザインすることを意味する。ヒューマン・コンピュータ・インターフェースの研究者である中小路久美代は、〈デザイン解〉の構築ではなく、〈解を構築していくための空間〉を構築することがメタデザインであると定義している。このようにデザインの対象が一段上の水準に拡張していることから「メタ」という言葉が使われている。

後述するように、過去にもこのような考え方は建築の歴史のなかで繰り返し現れてきた。しかし近年、情報環境やテクノロジーの進化によって技術的に可能になったことが広がり、メタデザインに本質的に備わっている認識枠組みが建築を含め他の分野に対してより重要な意味を持ちつつある。動画、ウェブサイト、ポスター、音楽、イラストを目の前のラップトップひとつで創造可能な時代に「デザインという営みはなにか」「デザイナー・建築家はどういう存在なのか」「そもそも専門性とはなんなのか」といった問いは、誰もが一度は抱く疑問だろう（近年の生成系ＡＩの急激な発達はそうした問いをわれわれにより実感をもって突きつけている）。こうした問いの探求の先にメタデザインという想像力が立ち現れてくる。

▼ユーザー参加の歴史とメタデザイン

すでに述べた通り、建築においてメタデザイン的考え方はけっして珍しいものではない。結論を先取りしていえば、メタデザインは近代的なデザイナーとユーザーの静的な関係の再構築を迫る概念であることから、ユーザー参加型デザインの実践と親和性が高い。ユーザーの主体性をいかにデザインプロセスのなかに組み込むのかということは建築においても繰り返し議論されてきた馴染みのある主題だろう。建築における メタデザインの隠れた歴史的系譜はそうした視座から抽出することができる。

例えば1960年代のセドリック・プライスによる《ファンパレス》はユーザーのニーズにインタラクティブに対応しながら必要な環境をつくりだす建築を提案しているが、肝心の建築物そのものはニュートラルなフレームとして後景化している。そこには、古典的な建築の評価を支えてきたシンボル性や造形的オブジェクトの姿はない。磯崎新が『建築の解体——一九六八年の建築情況』(美術出版社、1975)のなかでセドリック・プライスを「システムのなかに建築を消去する」と評したように、建築物そのものではなく、その背後にある仕組みに関心が向いているという点において、建築におけるメタデザインを考えるうえでプライスの視点は示唆的である。1960年代後半にはこうした想像力がさまざまなかたちで花開いた。例えばヨナ・フリードマンの《モバイルアーキテクチャ》やコンスタントの《ニューバビロン》にも同様の問題意識を見出すことができる。

こうしたSF的・空想的提案とは別に、例えばニコラス・ジョン・ハブラーケンによる「サポート」は、建築におけるメタデザインを具体的に考えるうえで有用だ。のちにスケルトンインフィルにつながるハブラーケンの一連の方法論は、建築家がデザインし用意する基盤の部分と、ユーザー自身でつくる可変的な部分とを、そのハードウェアが内在的に持つ時間的特性に合わせ階層化して捉える点に最大の特徴がある。都市組成が建物のストラクチャーを規定し、ストラクチャーがインフィルを規定するなど、下部が上部に影響を与えるという関係によって、建築家の役割はユーザーが自らの居住環境を独自に創造することを手助けする仕組みやハードウェアをデザインすることであると定義できる。必然的に設計プロセスにおいては、構法の仕組みだけでなくユーザー参加も重要な要素となる。

これらの例以外にも建築におけるメタデザイン的思考を備えたプロジェクト、すなわち設計において建築家や都市計画家の特権性を強化するのではなく、多様な主体の参加を促す仕組みに焦点を当てたプロジェクトは枚挙にいとまがない。そのなかでもメタデザイン的発想を濃密に備え、実践的理論を組み立てたひとりの建築家について触れておこう。

▼メタデザインとしてのパタン・ランゲージ

建築家クリストファー・アレグザンダーの「パタン・ランゲージ」は、建築のメタデザインにおいて最も重要な発明といってよい。パタン・ランゲージとは、誰もが美しい建築や都市を創造することを支援するためにつくられた理論でありデザインのツールである。世界中の都市の分析を通してアーカイブされた空間の言葉(パタン)を組み合わせることで、プロジェクトに必要なプランニングの言語をつくることができる。パタン・ランゲージというツールそのものの開発も画期的であるが、設計プロセスにおけるパタン・ランゲージの利用から施工までユーザー参加も徹底され、その際に必要な原則や仕組みも提案された。

　アレグザンダー自身はメタデザインという言葉こそ直接は使っていないが、現在のメタデザインの考え方に通じる思考を有していたことは明らかである。1967年に発表された「Systems Generating Systems」という短いテキストのなかで、アレグザンダーは「アーキテクトはオブジェクトそのものではなく、システムをデザインするべきである」という主張を展開している。さらに興味深いのは、対象とするべきシステムを全体性を持った静的なものではなく、生成力のあるシステムとするべきであるとしている点である。工学的・機能的なシステムではなく、フィードバックを受けながら動的に展開していくシステムをパタン・ランゲージによって実現しようとしていたことがうかがえる。現在、日本ではけっして主流を形成しているわけではないが、筆者を含めアレグザンダーに対する再評価が高まっている印象がある。これはテクノロジー環境の発展・整備に伴い、アレグザンダーの持つメタデザイン的性質とその隠れた可能性が顕在化しているからではないかと筆者は考えている。アレグザンダーの真価が再び問われるべき時なのかもしれない。

▼インターネットとデジタル技術

メタデザインはデジタルテクノロジーの進化により、主にソフトウェアの領域で発展した議論だが、建築やプロダクトのように物理的水準を扱うハードウェアの分野では、デジタルファブリケーションやオープンデザインの実践と結びつき展開されてきた。

　その中心的存在であるファブラボ（Fab Lab）がMITのメディアラボを中心に世界的ネットワークとして設立されたのが2001年であり、国内では田中浩也や渡辺ゆうかが中心となりファブラボ鎌倉が2001年につくられた。誰もが、インターネットで必要なデータを検索・ダウンロードし、手元の3Dプリンタで出力し使うという、SF的ものづくりのあり方が現実的になり、マスプロダクションとは異なる制作が可能となった。アイデアを他者と積極的に共有し、手元の機材で実現していくという「オープンデザイン」はこうした文脈から生まれたデザインアプローチである。

　デジタルファブリケーションを背景に生まれた建築的事例として、例えばロンドンを拠点とするWikiHouse、バルセロナのIAACのFab Lab House、国内のVUILDの実践などが挙げられる。WikiHouseは2011年頃からいち早くモデルデータをインターネット上で公開し、CNC (Computer Numerical Control) ルーターでパーツを切り出しセルフビルドで組み立てるという建築のつくり方を実装している。これらの事例はどれも建築物そのものの設計に直接向かうのではなく、アイデアをシェアしたり、非専門家の参画を促すなど、ものづくりの関係者を増やす仕組みにデザインの主眼があり、具体的な設計物やアウトプットはそれらプラットフォームを通して具現化されるものとして扱われている点で共通している。

ＶＵＩＬＤを主宰する建築家・秋吉浩気はメタデザインと似た概念として「メタアーキテクト」という職能モデルを提示している。ＶＵＩＬＤは、設計事務所である「ＶＵＩＬＤ ＡＲＣＨＩＴＥＣＴＳ」で建築単体の設計もやりつつ、木製ものづくりのデザインと加工のためのオンラインプラットフォーム「ＥＭＡＲＦ」や、誰もが家づくりをできるテンプレート「ＮＥＳＴＩＮＧ」などのサービスを展開している。秋吉は、メタアーキテクトには、ビット（情報）を扱うメタデザイナー的側面と、アトム（物質）を扱うマスタービルダー的側面の二面性があるとしており、前者の設計対象は生産や流通の**プラットフォーム**であり、後者の設計対象は設計方法と構法であるとしている。秋吉が指摘するように、メタデザインを建築に応用する際に補完しなければいけない最も重要な課題は、情報レベルと物理レベルをいかにつなぐのかという問題だ。これは理論的課題にとどまらずきわめて現実的な課題でもある。小さなプロダクトであれば３Ｄプリンタからデータを出力して簡単にアイデアを具現化することができるが、さまざまな物的要素が複雑に関係し合い統合された建築物はそう簡単にはいかない。個々の部品や材料が生産や流通と結びついているということも無視できない。さらには社会的側面である法規や制度の壁もその先には存在する。メタアーキテクトという概念はこうした観点から、メタデザインそのものを相対化するうえで有効であるし、現代における建築家のあり方を考えるうえで重要な枠組みを提供している。

▼アルベルティ・パラダイム

これらの事象を通して見える、建築に起きているより深い水準の変化について考察してみよう。例えばコンピュータアルゴリズムのように、デジタル技術がデザインプロセスで使われるようになったことの最大のインパクトは、設計に影響を与えるデジタルツールそのものがデザインの対象として強く認識されたことにある。２０００年代にアルゴリズミック・アーキテクチャの理論化を試みた建築家コスタス・テルジディスは『アルゴリズミック・アーキテクチュア』（田中浩也監訳、荒岡紀子ほか訳、彰国社、２０１０／原著＝２００６）のなかでデザイナーのあり方を「ツール・メーカー」と「ツール・ユーザー」の２つに分類し、前者の制作するアルゴリズムなどのコンピュータプログラムが後者の創造性を規定する状況を指摘している。同様にイタリアの建築史家マリオ・カルポは『アルファベットそしてアルゴリズム』のなかで設計者が「アルゴリズムをつくる側」あるいは「それを使う側」の２つのタイプにデザイナーが分かれていくことを指摘している。これはルネサンスから続くアルベルティ・パラダイムが転換している（デジタル・ターン）という大きな歴史認識に基づいた指摘だ。アルベルティ・パラダイムとは、近代の建築システムを駆動してきた枠組みであり、建築家を建築の創造者として特権的に位置づける考え方である。これを可能にしたのが「図面」や「透視図」などの記譜法の発明であるというのがカルポの主張である。図面というメディアによって設計と施工は分離され、前者をオリジナルのデザインとして位置づけ、後者を図面のコピーとして扱うようになった。このことにより建築の原作者性は担保され、そこに作家や作品という概念が確立する。しかし、情報化が進展したことにより、建築の価値を支えてきた「図面」に代わり、アルゴリズム、ソフトウェア、プログラムなど建築を制作するためのメディアは多様化し、その重要性は相対的に希薄化してきている。しかも、デジタルツールは紙媒体に唯一無二のものとして固定化された建築デザインとは異なり、さまざまな条件に柔軟に対応しながらひとつのモデルで無数のバリエーションを生み出すこともできる。唯一性に支えられた建築の作品や作家といった概念が大きく揺らいでいるのだ。また、デジタルファブリケーションのインフラの普及によりデジタルデータから直接パーツを切り出すなど、設計と施工が分離したいままでの建築とは異なるものづくりのあり方も展開しつつある。このように、デジタルターンはアルベルティ・パラダイムの基本図式を根本から破壊するインパクトを持った歴史認識なのである。

　本テキストの関心に引き寄せれば、デジタルターンにおいて現在起きている建築の変化の本質は、建築を構成する情報の水準が多層化し、各層に対して創造性を発揮する主体が異なることだといえる。「デザイナーは、どの水準で仕事をしイニシアチブをとるのかにより、その役割が著しく変化する状況に置かれている。すなわちそれは、今までのデザイナー／ユーザーという単純な二項対立的な捉え方が無効化したことを意味する。いま現れているのは、デザイナーの役割が高度に多層化し、グラデーショナルにユーザー層へと連続している状況だ。メタデザインやメタアーキテクトの「メタ」という言葉の含意や本質はこの多層化にある。メタデザインの向かう先が、デザイナーという立場の無限後退だとするならば、その果てしなさと取り止めのなさに眩暈を起こしてしまいそうであるが、役割の高度な多層化としてメタデザインを捉えれば、それはデザイナーあるいは建築家としてどの層にコミットするのかということを考えるうえでの有用な戦略に転化しうる。

▼協働と参加の枠組み

　メタデザインの本質的目的は、近代的建築家やデザイナーのモデルの解体といった専門性にかかわる議論にとどまるものではない。メタデザインの理論家であるゲルハルト・フィッシャーは、メタデザインを、あらゆるステークホルダーが協働し課題解決をすることを支援する社会技術的環境（ソシオ・テクニカル・エンバイロメント）であるとしている。社会が高度に複雑化し単体の主体による課題解決が困難な問題が山積するなか、メタデザインはその問題に直面している人々が自らの力でアクションを起こし、状況を改善していけるような社会を、協働と参加の基盤を持続的な学習環境として構築することで実現しようとする考え方である。単にプロダクトやハードウェアを誰もがつくることができるようになるための仕組みをデザインすることを目的とした理論ではない。フィッシャーは、デザインプロセスだけでなくそのあとのシステムやアウトプットの利用プロセスにおいても、人々がCo-designerとしてシステムを能動的に更新していくことができる考え方であるともしている。このように、社会における協働の枠組みそれ自体をデザインしていくことにメタデザインの真の目的がある。現実的な空間・環境・建築に転換していく力をもった建築的知性や建築的思考方法は、こうしたビジョンに対してどのように応えることができるのか、いま新たな実践形態のデザインが求められている。

「メタデザイン」をより深く知るために

- ●クリストファー・アレグザンダー『パタン・ランゲージ——環境設計の手引』（平田翰那訳、鹿島出版会、1984／原著＝1977）
- ●マリオ・カルポ『アルファベットそしてアルゴリズム：表記法による建築——ルネサンスからデジタル革命へ』（美濃部幸郎訳、鹿島出版会、2014／原著＝2011）
- ●Bas Van Abel et al., *Open Design Now: Why Design Cannot Remain Exclusive*, Bis Pub., 2011.
- ●水野大二郎「学際的領域としての実践的デザインリサーチ：デザインの、デザインによる、デザインを通した研究とは」（『KEIO SFC JOURNAL』慶應SFC学会、2014）
- ●秋吉浩気『メタアーキテクト——次世代のための建築』（スペルプラーツ、2022）

「(ポスト)メディア」

ソーシャルメディアの時代に建築はどう変わるか

市川紘司
建築史家

▼日本の建築メディアの特殊性

かつて日本の建築界には世界的に見ても稀有なメディア環境があった。いくつもの建築専門誌が民間で出版され、建築作品を図面や写真で紹介するだけでなく、建築内外の論者のテキストを掲載しながら、活発な相互批評が展開された。単行本も専門書ながら比較的安価に売られ、なかでも海外の建築書籍が多く訳出されてきたことは特筆すべきだろう。欧米を中心に書かれてきた古今の「建築必読書」をこれほど容易に母国語で読める環境は、そう普遍的なものではない。

このような充実した建築メディアが日本における建築的思考のベースを支え、さらには底上げしてきたことは間違いないだろう。1987年の丹下健三から2024年の山本理顕まで、日本はプリツカー賞の受賞建築家を世界でもっとも多く輩出しているが、建築メディアの豊かさも一定の貢献をしてきたはずだ。

しかし残念ながら、1990~2000年代あたりからそうした豊穣な環境を失われつつある。現在も日本建築学会の会誌『建築雑誌』や、作品紹介を軸とする『新建築』や『GA』シリーズなどが堅調ではあるが、多くの建築専門誌が出版業界全体の不況のなかで休刊、廃刊した。2000年代に限っても、00年に『SD』、04年に『建築文化』、そして08年に『10+1』が姿を消した(『SD』は年刊誌として継続)。いずれも個性的な特集や、専門的な論文や批評を掲載する、言説や思想面でのプラットフォームだった。また、20年には「10+1 website」の更新終了と、その版元であり、建築メディアの一翼を担ってきたLIXIL出版(旧INAX出版)が40年の活動を終了しており、「メディアの衰微」という時代の大きな流れは続いている。

▼紙からデジタルへ、集約型から分散型へ

とはいえ、メディア環境の変化はネガティブな側面ばかりでもない。出版業界全体がそうであるように、建築領域においても、紙媒体が減る一方でウェブメディアが存在感を増している。2003年にスタートした「architecturephoto」は、その名称のとおり「写真」を中心コンテンツとする建築

系ウェブメディアの代表格だ。建築学会の「建築討論」は、「10＋1 website」なきあとの特集主義・言説中心のウェブメディアとして注目されよう。「新建築データ」は、『新建築』や『新建築 住宅特集』『a＋u』の数十年にわたる膨大な作品データを簡単に検索・閲覧できる強力なサブスクリプションサービスである。

従来の建築専門誌では文章と画像（図面や建築写真）がメインコンテンツであったのに対し、インターネットの利点は音声や動画なども使える点にある。建築評論家の五十嵐太郎は、2008年からは音声メディアとして「建築系ラジオ」、2021年からは動画メディアとして「建築系勝手メディアver. 3.0」を運営し、ネット時代における新しい建築メディアのかたちを模索している。後者には筆者も共同主宰者として参画している。多様な素材を扱うことのできるメディアという点では、展覧会も重要だろう。建築や建築家をテーマとする建築展は、「衰微」が通奏低音となっているこの20年間の状況に反してむしろ増えている印象さえあるのが興味深いところだ。

建築関係者が活用するX（旧ツイッター）やインスタグラム、フェイスブックといったソーシャルメディア（SNS）のアカウントも、21世紀の新しい建築メディアと位置づけてもよいだろう。有名な建築家には万単位のフォロワーがおり、その個々の「読者数」と影響力は専門誌をすでに超えている。たとえば建築家の藤本壮介のXアカウントのフォロワーは5・8万人である（2024年7月時点）。

他方で、既存の大手メディアの外側で個人規模で運営される出版社やメディアも近年増えている。例えば、『新建築』出身の富井雄太郎が主宰する「millegraph（ミルグラフ）」は、ハイクオリティな建築やアートの書籍を企画・編集・発行する出版社・編集プロダクションだ。

また、福島加津也＋冨永祥子や浅子佳英など、プロの編集者や出版社に頼り切ることなく、自前でリサーチブックや作品集を制作してしまう建築家も増えていることは興味深い。歴史を振り返れば、ル・コルビュジエも雑誌『レスプリ・ヌーヴォー』を編集・発行しており、時代の変わり目に自らメディア活動をつうじて価値観を提示する建築家が現れることは、むしろ自然といってよいかもしれない。

紙からデジタルへ、集約型から分散型へ。この20〜30年における建築メディアの変容はそのように概括できる。これは日本に限らず基本的には世界共通の変化だろう。ここでは、この間のメディア環境の変化を「衰微」と安易にネガティブに捉えるのではなく、新しい生態系への「転換」として、ひとまずはフラットに考えてみたい。建築メディアはいま転換期ないし過渡期というべき時代を迎えているのだ。

フランスの思想家フェリックス・ガタリの言葉を借りれば、それは建築メディアの「ポストメディア」化である。すなわち、情報技術の発展にともない、近代的な「マス」なメディアが終わり、分散的でオルタナティブで、そしてインタラクティブなメディアへと取って代わりつつある、ということだ。あるいは建築ライターの平塚桂は、個々人が既存メディアに依存することなく自由自在に実践するメディア活動を「勝手メディア」と呼ぶ。そしてそうした活動が増える転換点を「インターネット時代」の幕開けである１９９５年に位置づけている。

▼ピンタレスト・インスタグラマビリティ・網紅
――イメージとしての建築

さて、建築史家、建築理論家のビアトリス・コロミーナが『マスメディアとしての近代建築』で論じたように、建築家の思想や表現はその時々のメディア環境と深い関係をもつ。近代になって大量に流通しはじめた雑誌や広告や写真をコルビュジエがじつに巧みに援用していたことは、コロミーナが指摘しているとおりだ。また、さかのぼれば、ルネサンスの時代に「設計図面中心主義」というべき「アルベルティ・パラダイム」が始まった大きな要因には、グーテンベルクによる印刷技術の革命的進歩が挙げられる。

建築は巨大で重い。人が直感的に把握したり、持ち運ぶことには不向きである。それゆえ建築は本質的に、それをいかに記録し、共有し、伝達するのかというメディア論的問題系と密接にならざるをえないのだ。

それでは現在、建築のメディア論はどのように考えるべきだろうか。マーシャル・マクルーハンにならってメディアを「身体を拡張するテクノロジー」として広義に理解すれば、20世紀末から急速に進歩するデジタル技術は、私たちの建築の考え方やつくり方を大きく「拡張」させてきた。コンピュータの設計支援ツールであるＣＡＤにはじまり、建築にかかわる多種多様な情報を総合的に構築・管理するＢＩＭ、データをそのまま3次元加工するデジタル工作機械、指示文によってイメージやデザインを瞬時に自動生成するＡＩなど、建築の設計と生産はこの四半世紀のあいだに様変わりしている。こうしたデジタル技術による大転換のプロセスは、今後もしばらく続くだろう。

より狭義に、「情報をやり取りする媒体」としてメディアを捉えてみるとどうか。上述したように、建築メディアはいまウェブ化や分散化のほうに向かっていると概括できる。一般的にインターネットでは長い文章が読まれないといわれるが、建築メディアでも同様だろう。肌感覚でも、長文よりは短文、さらには写真や映像といった視覚的な情報をつうじて建築は理解されるようになっている。とくに若い世代にはそうした傾向がより強いだろう。

また、ウェブでは建築作品や記事などが随時単発で公開されるため、プリントされた雑誌のように異質な情報を「束」

として受容しづらくなった。知ろうとする情報へのアクセスは飛躍的に簡便になったが、そもそも知らない建築家や建築への偶然的な遭遇や、前提となるコンテクストの共有のチャンスは減っている。こうした現在におけるメディア環境の変化は、必然的に建築界でディシプリン(共通認識)として共有されていた知識の雲散霧消を引き起こすだろう。新建築社が提供している「新建築データ」が検索ワードによって作品単位で検索でき、建築家や評論家によるテキスト記事は現状サービスの埒外に置いていることは象徴的である。

2010年に公開された「ピンタレスト」は画像を検索して保存、共有するソーシャルメディアのサービスだが、開発者のひとり(エヴァン・シャープ)が建築出身ということもあり、建築設計のさまざまな局面——例えばアイデアを膨らませたり、施主とデザインイメージをすり合わせる局面に適合し、いまでは普遍的に使われるツールとなっている。もちろん、設計作業において過去のなにかを参照することはなんら珍しいことではない。が、ピンタレストによって参照行為におけるイメージの比重は飛躍的に高められることになった。カリフォルニア大学ロサンゼルス校(UCLA)で長らく教鞭をとる阿部仁史は、そのように断片化されたイメージを(背景や文脈への理解抜きで)大胆に切り貼りする設計を「ネオポストモダン的なアプローチ」と位置づけ、そうした建築家はアメリカでは(皮肉を込めて)「インスタ世代」と呼ばれていると指摘する。あるいは設計時に膨大なイメージ・リサーチを行う田根剛は［32-1］、(田根自身は「考古学的」と表現するが)こうしたインスタ的・ピンタレスト的ともいえる感性をもつ新しい時代の建築家として興味深い。

32-1：田根剛「未来の記憶」展（東京オペラシティアートギャラリー）　筆者撮影

建築におけるイメージの重要性の高まり。それは設計する側のみならず、建築を受容・消費する側にも表れている傾向といってよい。日常や旅行先で撮った写真をSNSに投稿することが当たり前になった現在、建築やインテリアは「映え」る被写体やセルフィの背景画となること——すなわち高い「インスタグラマビリティ」(Instagramability)を求められるようになっている。

筆者の専門とする中国でも建築のイメージ消費はすさまじい。ツーリズムの勃興とともに、建築家による個性的なデザインが客を引き寄せる「キャッチ」となることが社会的に認知され、都市からカントリーサイドまで数多くの

「インスタグラマブル」な建築が現れている。一例を挙げれば、若手建築家の董功(vectorarchitect)による《海辺の図書館》(2015)や《海辺のチャペル》(2019)[32-2]は、河北省北戴河におけるリゾート開発《阿那亜《アナヤ》》の付帯文化施設として砂浜に建てられた美しい建築なのだが、その強烈なインスタグラマビリティにより、セルフィする若い観光客で日々ごった返している。中国ではインターネットで「バズ」った建築(家)のことを「網紅建築(家)」、そして現地で写真を撮ってSNSにアップロードするまでの行為をまとめて「打卡《ダアカア》」という。「打卡」はもともと出退勤のタイムカード(卡)を打つ、という意味だ。どこか「機械作業」的なニュアンスを含むのが皮肉である。

イメージ重視のインスタグラマブルな建築デザインは、おそらく歴史的に見れば「アイコン建築」をその源流にもつ。20世紀末における資本主義グローバリズムの進展とともに、世界各地の都市が観光資源や地域のシンボルを求めた結果生まれたのが、明快で奇抜な形態をとるアイコン建築だった。寂れた工業都市を再生させたフランク・ゲーリーの《ビルバオ・グッゲンハイム美術館》(1997)などが代表例だ。

32-2：vectorarchitect
《海辺のチャペル》　筆者撮影

そのうえで現在より強く求められているのは、スマホの小さなディスプレイで縁取られたり、セルフィする撮影者自身によって部分的に隠されてもデザイン的特徴が損なわれないことなどか。畢竟、明快なパターンをもつデザインが有効となろう。この意味で、階段がひたすら立体交錯する公園や数多の樹木を植えたショッピングモールなど、どのように切り取られてもそのユニークネスを失わないトーマス・ヘザウィックのデザイン[32-3]は、SNS時代の建築表現を象徴するものといえるかもしれない。

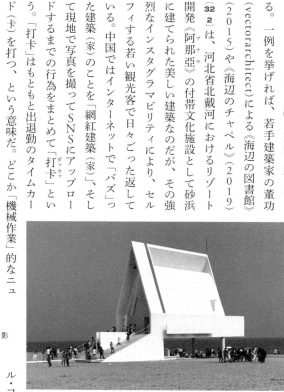

▼イメージの断片化に抗する?

コロミーナの『マスメディアとしての近代建築』では、新時代のメディア環境と積極的に交わろうとしたル・コルビュジエとは対照的な「メディア嫌い」の建築家として、アドルフ・ロースが取り上げられている。事実、ロースは写真という近代的な記録メディアに否定的だった。内部空間の三次元的な展開を重視する「ラウムプラン」を提唱するロースにとって、その設計した空間が写真を通じて断片的なイメージとして消費されることは許しがたかったのだ。ロースはこのように書いている。「私がつくった室内がまったく写真うつりが悪いというのは、私がもっとも誇りとするところである」(「建築について」[『装飾と犯罪——建築・文化論集』伊藤哲夫訳、ちくま学芸文庫、2021」）。

ひるがえって現在、インターネットとソーシャルメディアが普及するにつれ、建築はモダニズムの時代よりもますます断片的なイメージとして受容されるようになっている。建築家やクライアントはピンタレストで建築の画像を共有し、観光客はインスタグラマブルな建築を「打卡」する。筆者はこうした新しい建築の存在の仕方について好悪の判断は下さない。ひとまずは、そのようなイメージオリエンテッドな価値観のもとで建築がどのように変容していくのか、ひきつづき関心を向けていきたい。他方で、当然ながら、（近代のロースのように？）そうしたイメージの断片化に抗する建築もあってよいはずだ。あるいは「**アクターネットワーク理論**」で紹介したような建築家たちの実践をそのように意味づけてもよいだろう。人・モノ・コトが織りなす広汎な事物連鎖のなかに建築を位置づけようとする彼らの実践は、イメージで切り取ったところでその真価はわからない。近代以降の建築メディアの中心コンテンツであった「竣工写真」も、もはや有効ではあるまい。

32-3：ヘザウィック・スタジオ《1000 Trees》(2021)　筆者撮影

いま建築家の思考と実践はネットワーク状にどんどん広がっている。そうした広がりを的確に掴まえること、そしてその価値を読者に向けて魅力的に伝達しうる形式を発明することは、現今の建築メディアにとっての重要な課題といえる。画像のみならず、文字から音声から映像まで、さまざまな情報をフラットに混ぜ合わせるデジタルメディアの自由度の高さは、むしろこのためにこそ有効活用できないか。メディアとしての建築展の存在感が増していることは先述のとおりだが、それも、多様な情報のかたちを実空間のなかで組み合わせられる点で、現在の建築家の想像力にフィットしているがゆえだろう。

「（ポスト）メディア」をより深く知るために

- ビアトリス・コロミーナ『マスメディアとしての近代建築――アドルフ・ロースとル・コルビュジエ』（松畑強訳、鹿島出版会、1996／原著＝1994）
- マリオ・カルポ『アルファベットそしてアルゴリズム：表記法による建築――ルネサンスからデジタル革命へ』（美濃部幸郎訳、鹿島出版会、2014／原著＝2011）
- フェリックス・ガタリ「ポストメディア時代に向けて」（門林岳史訳、『表象〈08〉』表象文化論学会、2014／原著＝2012）
- 赤松佳珠子＋阿部仁史＋古谷誠章「建築教育における模倣・参照――日本・アメリカの現場から」（『建築雑誌』2021年4月号、日本建築学会）

それは必要か？ どのようにともにあれるか？

小田原のどか
彫刻家・評論家

▼モニュメントとはどのようなものか

熊本県葦北郡津奈木町の町立美術館「つなぎ美術館」に招聘され、2023年度から2年をかけて、住民参画型アートプロジェクトを展開している［33-1］。水俣病からの地域再生と文化的空間の創造を目的に、1984年から始まった「緑と彫刻のある町づくり」の理念を継承し、2001年につなぎ美術館は開館した。わたしが注目しているのは、緑と彫刻のある町づくり事業による16体の公共彫刻や、美術館周辺の田畑に1823年に建立され、毎年新嘗祭にあわせて祭祀が行われる「田の神」をかたどった石像、そして津奈木町と隣接する水俣市に1996年に完成した《水俣メモリアル》など、同地の多種多様な記念的建造物《モニュメント》である。人の歴史とは、彫像を建立せんとする願望の歴史ではないかといいたくなるほど、かの地には背景が異なるモニュメントが存在する。しかし、そもそも、モニュメントはいかに定義されるのだろうか。

オーストリアの美術史家アロイス・リーグルは、1903年に刊行した『現代の記念物崇拝』において、モニュメントを次のように定義した。モニュメントとはその根源的な意味において、個々の人間の行為や運命、ないしはその種の複数の行為の複合体を後世の人々の意識のなかにつねに現在的に生き生きと保っておくようにと、何らかの目的のために設置された人間の手でつくられたもののことである、と。

なるほど、このようにいわれると、人間の生命が有限であるからこそ、モニュメントなるものが必要とされてきたことがわかる。記憶の外部装置として、はたまた後世の人々への警鐘として、モニュメントはじつに長い間、「何らかの目的」のために活用されてきた。他方でモニュメントをめぐっては、建立当初に設定された目的が変わってしまうこと、その目的が否定されたために削除されることも少なくない。

▼可変性の証しとしてのモニュメント

ブラック・ライヴズ・マター（BML）運動に関連して、破壊あるいは撤去が行われた、米国の無数の彫像記念碑。それらは、人種主義を肯定し、黒人の奴隷化を是認していた南部連合を称揚するものであったため、削除の「憂き目」に遭った。米国だけではない。２０２０年６月には英国南西部ブリストルで、およそ1万人が参加したＢＭＬの抗議行動の参加者たちによって、17世紀の奴隷貿易商エドワード・コルストンの立像が引き倒された。

　カナダのマニトバ州ウィニペグでは、２０２１年の建国記念日に、英国植民地時代に先住民の子らを強制的に隔離収容していた寄宿学校の跡地で、墓標のない遺骨が大量に発見されたことに対する抗議集会の参加者らの手によって、ヴィクトリア女王とエリザベス２世の彫像が台座から引きずり下ろされるという「受難」を経験した。

　憂き目、あるいは受難——。わたしがここで問いたいのは、はたしてモニュメントにとってそれらの経験は憂き目や受難であるのかということである。どういうことだろうか。

　クリストファー・コロンブスの彫像を例に挙げよう。コロンブスがスペインから新大陸のアメリカのバハマ諸島へ到着した１４９２年10月12日を記念するコロンブス・デーに際しては、前世紀の終わり頃から、虐殺の契機を祝うのはやめるべきだといわれるようになった。新大陸発見の英雄は先住民族虐殺の先鋒へと転じ、コロンブス像をペンキで汚し、斧で頭を割るなどの抗議が行われた。

33-1：つなぎ美術館で実施した《彫刻選挙》（2023）
撮影＝金川晋吾

　いうまでもないことだが、コロンブスその人が変わったわけではない。変わったのは、コロンブス像を見る〈われわれ〉である。新大陸の発見と開拓。ここでの「発見」も「開拓」も、一方的な植民者の視点だ。抑圧され、不可視化されてきた者たちの存在が改めて俎上に載り、歴史記述が多声化していく。ひるがえって、そうして抗議の声が可視化されるのは、モニュメントがあるからだということもできよう。

　引き倒しやスプレーによる上書きは、ともすれば、愚かな蛮行に見えるかもしれないが、そうではないのだ。時代が移ればあらゆることが変わる。見られ方が変わり、判断の基準が変わる。かようにモニュメントは時代の変化を映している。

▼「戦後民主主義」のレーニン像

　だとすれば、この国においてモニュメントはいかなる変化を映してきたか。

　かつての軍国日本を美麗に飾った帝都のモニュメントとは、

第一次上海事変にて敵陣で自爆した3人の「英雄」肉弾三勇士であり、旅順港閉塞作戦において自爆覚悟で退路を開いた本邦初の「軍神」広瀬武夫中将と杉野孫七兵曹長などであった。大日本帝国の国民を熱狂させたそれらの「美談」は、彫像として街頭に据え置かれ、国民的記念碑として機能した。そうしたモニュメントは国内に、1000体以上あふれていた。

　それらは第二次世界大戦末期の物資不足による金属回収で「出征」し、敗戦後にはすみやかに軍国主義を一掃するというGHQの指導のもと、撤去が相次いだ。国民的記念碑が失われた空白に、新たなモニュメントが据えられていく。裸体像である。駅前や公共施設に設置された、平和などの名を与えられた裸の彫像。それらは、戦前にはひとつも存在しなかった。

　画家・福沢一郎は、敗戦後の東京を、「軍神や将軍の尊大な銅像が姿を消して、台座ばかりが廃墟を背景に残照を浴びているのが戦後東京の風景だった」と書いた(「毎日新聞」1950年12月13日)。台座ばかりの廃墟・東京で、象徴的な交代劇が起こる。かつて陸軍参謀本部が置かれ、軍国日本の本拠と呼ばれた東京・三宅坂に、《平和の群像》という名の裸体像が除幕されたのは1951年のことだ。電通の広告人顕彰碑の名目で設置され、いまも現存するこの3人の女性裸体像は、ギリシャ神話の三美神を参照して制作された[33-2]。

33-2：菊池一雄《平和の群像》(1951) 撮影＝西澤諭志

　じつのところ《平和の群像》が置かれた台座は、戦争中、韓国併合の中心人物、寺内正毅の騎馬像を掲げていた。寺内の彫像は金属供出で失われ、台座は空となる。空の台座は再利用され、寺内正毅元帥像は平和の女性裸体像へと転換した。そしてこの切り替わりは、「軍国主義からの文化日本への脱皮を象徴する」(「毎日新聞」1950年6月14日)と報道される。国内だけはない、英雑紙『タイム』でも取り上げられた。

　そのような報道は、設置者の意に添うものであった。電通の記念誌は《平和の群像》を、「今後の広告宣伝とタイアップの彫刻の街頭進出に対して好個のタイプを示すもの」と書いている(『電通創立五十周年記念誌』)。また、《平和の群像》除幕式においては、軍閥の彫像跡地への平和の女性裸体像の建立は、「新しい日本を示すもの」だと強調された(『電通66年』)。

　はたして、そうか。

　戦後日本における平和を女性の裸体で表すことに、どのような自明性があるのか。そしてまたこのどこに、「新しい日本」が示されているのか。西洋には裸体彫刻の伝統があり、ヌードは西洋美術の礎だ。しかしそれらは、寓意の体系に紐付き、図像解釈学の見地から、裸であることには意味を付されている。しかし、西洋美術教育が始まった明治期以降、現在に至るまで、日本においては裸体を描く／つくるという形式のみが定着し、根幹にある解釈学は重視されることはなかった。

　裸体彫刻を無造作に街頭に設置することは、この国以外では見られない現象である。西洋美術に照らしても、若く健康に見える女の裸に平和を重ねることに自明性などありはしない。むしろ、若く健康な女の裸を借用したことにより、皮肉にも、戦後日本の様相がきわめて明確に**ジェンダー**化されたかたちで視覚化されたといえる。公共空間の女性裸体像とは、戦後民主主義のレーニン像である。物言わぬ彼女たちは、「新しい日本」のモニュメントとして、この国を飾っている。

▼忘却と不可視化を後押しするモニュメント

　モニュメントの目的のひとつに、警鐘の機能がある。地震が絶えないこの国には、地震への警鐘を目的とするモニュメントがある。２０１１年の東日本大震災後、各地に新たなモニュメントがつくられた。《塩竈市東日本大震災モニュメント》《多賀城市東日本大震災モニュメント》などである。それらは追悼とともに、未曾有の出来事への警鐘としての機能をもつ。

　こうしたモニュメントとともに、**福島**、宮城、岩手、青森の４県には３００を超える「震災伝承施設」がつくられ、〝東日本大震災の教訓に学ぶ〟という「３・11伝承ロード」をかたちづくっている。しかしながらここでの「伝承」とは、ほぼすべてが津波被害とその被災者を焦点化するものであり、原発事故とその実相、原発事故被災者の経験を取り上げる施設はほとんど皆無だ。

　津波被害の伝承と追悼が重視される一方で、同じく東日本大震災による原発事故の被害と被災者の個別の経験や苦しみが不可視化されてはいないか、モニュメントが不可視化と忘却を後押ししていないかを、吟味することが必要だ。

　そのようなモニュメントの機能を考えるうえで、いまもっとも注目されるべきは、セトラー・コロニアリズム（入植植民地主義、人口置き換え型植民地主義）の舞台として、日本最初の植民地となった北海道の「開拓」のシンボル、《北海道百年記念塔》と、その解体跡地につくられる新たなモニュメントである。

　１９７０（昭和45）年に「北海道百年記念事業」の一環として建てられた《北海道百年記念塔》は、１００年にちなんで高さ１００ｍのそびえ立つ塔であった。老朽化などを理由に２０２３年から解体が進められるとともに、新たなモニュメント・コンペが実施された。北海道庁による新たなモニュメントのコンセプトは、「今日の北海道を築きあげてきた先人たちへの感謝と畏敬の念を表すとともに、互いの多様性を認めながら支え合う共生を基礎に、未来へとつながる北海道を象徴する」というものだ。

　しかし一体、ここでの「互いの多様性を認めながら支え合う共生」とはどのようなものだろうか。「互い」とは誰と誰のことを、「多様性」とはなにを、「共生」とは誰にとってのものか。ここには、アイヌ民族という言葉も和人という言葉もない。

　北海道百年記念塔とは、北海道／百年／記念という、ここで区切られる100年より以前に先住していたアイヌ民族の存在や、日本国がアイヌの人々に強制した「同化」を透明化する開拓の象徴と見なされうる。しかしそうであるからといって、適切な審議を経ずに解体されてよいはずはない。北海道百年記念塔の解体が妥当であったかと同様に、「共生」の当事者の存在を隠したコンセプトによる新たなモニュメントが必要かについても、議論が尽くされていないのが現状だ。

　2024年1月に公表された北海道百年記念塔跡地の新たなモニュメントは、《みんなの地層とみんなの自然》（新潟県を拠点とする建築士・本田耕ら3氏の共同考案）であった。セトラー・コロニアリズムの特徴は、セトラー（入植者）たちの自己正当化のため、先住民族の排除を不可視化し、ついには忘却することである。セトラー・コロニアリズムのモニュメントである北海道百年記念塔と新たなコンペは、3・11の復興プロジェクトである伊東豊雄らの《みんなの家》における主体の曖昧さを引き継ぐかたちで、改めて不可視化と忘却をあらわにしたといえないか。《北海道百年記念塔》の反省を踏まえれば、いま必要とされる議論とは、「互いの多様性を認めながら支え合う共生」における「互い」の境界を〈みんな／われわれ〉として包摂し、曖昧にすることではけっしてない。

33-3：《水俣メモリアル》筆者撮影

▼モニュメント？オブジェクト？メモリアル？

　かようにモニュメントの「なんらかの目的」は、時に不可視化や忘却にも設定されうる。これに注意深くあるためには、先行事例を参照することが不可欠だ。前述の《水俣メモリアル》に注目したい。近代の病、公害の原点といわれる水俣病の死者を追悼するため、国際コンペが行われ、磯崎新が審査員を務めた。

　当初、《水俣メモリアル》は「水俣モニュメント」

という呼称であったが、「水俣オブジェクト」に変わり、《水俣メモリアル》となった。戦勝や国威発揚など祝福を含意しないメモリアルという名称に改めることを、磯崎が審査を引き受けるにあたっての条件のひとつとしたためである。のちに磯崎は浅田彰との対談において、この審査によって「建築とはモニュメントを作るために組み立てられた形式ではないか」と思い至ったとし、「建築とはモニュメントそのもの」と述べている（浅田彰＋磯崎新「反モニュメントとしての建築」『批評空間』第Ⅱ期第19号、太田出版、1998）。

《水俣メモリアル》において磯崎は、マヤ・リン《ベトナム戦争戦没者慰霊碑》（1982）やピーター・アイゼンマン《虐殺されたヨーロッパのユダヤ人のための記念碑》（2005）などに顕著な、中心性や軸線を用いない方法論を重視した。そうして、一度も水俣を訪れたことがなかったイタリアの建築家ジュゼッペ・バローネによる、ステンレス球とガラス壁を用いた案が実現した［33-3］。

完成から30年を目前に、すでに《水俣メモリアル》は廃墟のような状態にある。軸線や中心性を持たず、ふるまいを規定しない〝反モニュメントとしての建築〟のそのわかりづらさが引き金となり、水俣メモリアルで行われていた慰霊祭の開催は、数百メートルの場所に建立しなおされた――じつにわかりやすい造形の――モニュメント前で実施されている。しかし、このような失敗や躓きこそが、手掛かりとなる。本稿で多数の事例を紹介したように、モニュメントの失敗や破壊は、憂き目でも受難でもない。

モニュメントは時に忘却や不可視化に加担する一方で、抑圧され、不可視化され、忘却されてきた者たちの存在は、モニュメントを通じて可視化されてもきた。移り変わるモニュメントは、そのうつろいやすい性質ゆえに、〈われわれ〉をめぐる可変性の証しでもある。モニュメントとは永遠不変の存在ではない。だからこそ、吟味と検証の目をつねに絶やさないことが必要とされている。

「モニュメント」をより深く知るために

- アロイス・リーグル『現代の記念物崇拝――その特質と起源』（尾関幸訳、中央公論美術出版、2007／原著＝1903）
- 米沢薫『記念碑論争――ナチスの過去をめぐる共同想起の闘い』（社会評論社、2009）
- 東栄一郎『帝国のフロンティアをもとめて――日本人の環太平洋移動と入植者植民地主義』（飯島真里子ほか訳、名古屋大学出版会、2022）
- 小田原のどか『モニュメント原論――思想的課題としての彫刻』（青土社、2023）

建築の不純さ
——「新国立競技場問題」から考える

市川紘司
建築史家

▼「グニャグニャの形態をした、ハディドらしいデザイン」

2012年に行われた《新国立競技場》の国際デザインコンクールで最優秀賞に選ばれたのはザハ・ハディド・アーキテクトだった。ハディド案は2本の巨大なアーチ(キールアーチ)が特徴的で、審査では「スポーツの躍動感を思わせるような、流線型の斬新なデザイン」などと評された。しかし周知のとおり、その後、ハディドはデザイナーの立場から引きずり降ろされることになる。工費の見積もりが予算を大幅超過したことや、神宮外苑の歴史的景観を無視していることが問題視されたためだ。批判の先鞭をつけたのはモダニズム建築の巨匠、槇文彦である(「新国立競技場案を神宮外苑の歴史的文脈の中で考える」[『JIA MAGAZINE』2013年8月号、日本建築家協会])。ハディド批判に端を発する「新国立競技場問題」は建築界のみならず一般メディアを騒がせた。

建築評論家の飯島洋一『「らしい」建築批判』(2014)は、以上の新国立競技場問題を端緒とする建築批評の本である。この本で飯島は、資本主義グローバリズムが進むなか、場所性や地域性から遊離してブランド商品や現代アートのようになった建築と、それを生み出す建築家を厳しく批判している。俎上に載せられたのは、フランク・ゲーリーやレム・コールハース、そして《新国立競技場》のハディドといったグローバルに活躍する「スター建築家」の建築作品だ。飯島はそれらの建築を指して「らしい建築」と呼んだ。

「らしい建築」とは一体どのような建築だろうか。私たちは芸術作品を評する時、制作者の作風(作家性)がよく表現されているという意味で「○○らしい作品だ」ということがある。「ゴッホらしい絵だ」「村上春樹らしい小説だ」云々。「らしい建築」とは、このように建築家(制作者)と建築(作品)が緊密に、悪くいえば自閉的に「癒着」した建築である。建築の実体的な価値(飯島は「使用価値」という)ではなく、「スター建築家が設計した」という署名それ自体が価値をもつのが「らしい建築」であり、だからこそブランド商品のように世界中を流通する。『「らしい」建築批判』は、そうした建築が覇権を握っている世界建築の状況に疑問を投げかけたわけである。

なお、飯島による「らしい建築」批判は、ハディドの《競技場》を「ある批評家」（名前は明かされない）が「グニャグニャの形態をした、ハディドらしいデザイン」とコメントしたことが発想の発端だと記されている。つまり、飯島の批判の矛先は、建築をデザインする側だけでなく、メディアや評論家などの受け手の側にも向けられているのだ。

補足すれば、『「らしい」建築批判』には首肯しがたいところも少なくない。飯島はスター建築家の「らしい建築」を批判する一方で、量産住宅のプロトタイプによって「社会変革」をめざしたル・コルビュジエや近代建築家を賛美するのだが、モダニズムの「表現」的な側面を無視しており、議論を単純化しすぎだろう。近代建築は機能や工業技術に「ふさわしい」（＝らしい）表現を追求したのであり、この点では男性の神々をまつる神殿にはドリス式オーダーがふさわしいなどと考えた古代以来の建築表現論の延長線上にある。こうした「内容」と「表現」の一致をめぐる議論は「デコル理論」と呼ばれ、ウィトルウィウス以来、建築史のなかで連綿と続いてきたものだ（土居義岳『言葉と建築』）。あるいは、ゲーリーの《ビルバオ・グッゲンハイム美術館》（1997）［34-1］が「らしい建築」の代表例として批判されているが、これもどうか。たしかに《ビルバオ》は、衰退する工業都市を観光都市へと

34-1：フランク・ゲーリー《ビルバオ・グッゲンハイム美術館》筆者撮影

転換させた独創的なデザインで知られる建築であり（「ビルバオ効果」）、その後のゲーリー建築はまさにブランドとして世界中で愛好されるようになった。しかし実際に行けばわかるように、《ビルバオ》自体は周辺環境との絶妙なバランスをとった建築であり、単なる「ゲーリーらしい建築」にとどまるものではない。

こうした問題点はあるにせよ、それでも『「らしい」建築批判』は問題提起の建築批評として重要だろう。建築家やデザインが一種の商品となって一般社会から乖離していることへの違和感は、現在、多少の社会意識をもつ建築関係者であれば共有されているものだろうからだ。2010年末のMoMAでの展示以来、世界的に注目されるようになった**ソーシャルエンゲージメント**の建築は、まさにこうした違和感から生まれたムーブメントである。その対極に位置するのが「らしい建築」にほかならない。

▼空転した「日本らしさ」

建築界や日本社会から批判された《新国立競技場》の「ハディドらしい」デザイン案は、2015年夏、安倍晋三首相（当時）によって「ゼロベース」で見直されると、再コンペの実施が決まった。ここからは、「日本らしさ」という、別の「ら

しさ」が《競技場》の建築デザインの議論を取り巻くことになる。首相官邸の主導で新たにつくられた整備計画方針では、「特に配慮すべき事項」として「景観との調和」や「維持管理コストの縮減」といったハディド案の問題点が挙げられるとともに、「わが国の優れた伝統や文化を世界中に発信し、内外の人々に長く愛される場」とすべく「日本らしさに配慮した施設整備」とすることが明記された。そしてそのために「木材の活用を図る」ことが求められた。２０１０年代に入ってから、日本の公共施設では国土保全や地球温暖化への対策として木材活用が推奨されており、《競技場》コンペもこうした取り組みに合流したかたちといえる。

厳しい条件のために再コンペに集まった応募案はわずか2案（A・B案）だったが、いずれもコンペの要求に応じ、「木材の活用」による「日本らしさ」の表現を全面に打ち出すものとなった。しかし表現の方向性は対照的だ。A案は小断面の木材（小径木）を利用した軽やかな表現である。対してB案は、スタジアム外周を太い木柱で囲って力強さを表現した。建築ジャーナリストの磯達雄も指摘するように、両案の対照性は「弥生vs.縄文」という戦後の「伝統論争」のリフレインと見なせよう（「日本らしさをめぐる葛藤――新国立競技場における木造と木材」［『建築討論』２０１８年1月号、日本建築学会］）。またはさらにさかのぼって、帝国議会議事堂の建設に際して日本建築学会が行った「国民的様式」をめぐる様式論争のリフレインと見てもよい（「我国将来の建築様式を如何にすべきや」［『建築雑誌』１９１０年6月号、日本建築学会］）。

34-2：大成・梓・隈事務所（JV）《新国立競技場》（2019）筆者撮影

とはいえ、今回の《競技場》コンペを契機として「日本らしさ」をめぐる伝統論争や様式論争が建築界に起こることはなかった。「日本らしさ」は官邸主導で出された単なるお題目にすぎなかったし、「国家」や「国民」といった壮大な**フィクション**を建築で象徴する、という問題設定そのものが前時代的で、現在の建築家の関心からは遠く離れている。またいうまでもなく、「木材の活用」がすなわち建築の「日本らしさ」を意味するわけではない。再コンペで実施案に選ばれたのはA案［34-2］だが、それも「日本らしさ」の表現が優れていたからではなかった。細かく分けられた審査項目において、「工期短縮」というじつにプラクティカルな項目でポイントを稼いだことによる。「日本らしさに配慮した計画」という評価項目には有意な差は生まれていない。

▼「ロゴドン」としてのルーバー

さて、《新国立競技場》再コンペの実施案を設計したのは大成建設・梓設計・隈研吾建築都市設計事務所共同企業体（JV）である。ここに参画した隈研吾は、その以前からすでに国内外で活躍する建築家ではあったが、さらに圧倒的なポピュラリティで世間一般に認知されるようになる。マスメディアでは、その「日本的」な木の建築表現から、「和の大家」という不思議なキャッチコピーまでついた。

《競技場》以降の隈建築の人気ぶりはすさまじい。象徴的な例をいくつか紹介しよう。

茨城県境町は地域創生プロジェクトの一環として2010年代末に立て続けに隈建築を建設しており、そのことをパンフレットで「ここ堺町には同氏の建造物が6施設あり、全国の市町村で最多となります」と誇らしげにアピールする。隈建築が同じく密集している高知県梼原町は、自称「隈建築ミュージアム」だ。なお、堺町は「和の大家」となった以後の隈建築を「爆買い」よろしく集中的に建てただけだが、梼原町と隈の付き合いは25年以上にわたるものであり、建築の規模や質は大きく異なっている。他方で、東日本大震災で壊滅的な被害を受けた宮城県南三陸町では、隈は復興商店街やメモリアル施設を手がけているのだが、完成後の現地には「隈研吾先生、すてきな建物ありがとう」という感動的なノボリまで出ていた。新しいプロジェクトだけではない。《M2》（1991）などの過去作でも、

34-3：隈研吾建築都市設計事務所《那珂川町馬頭広重美術館》（2000）　筆者撮影

近年では、その建築が「新国立競技場のデザイナー・隈研吾の作品」であると述べるパネルが飾られているのがなかば定番である。

事程左様に、《競技場》のデザイナーとしての隈は、いまや日本各地で絶大に支持される「建築ブランド」となっている。だが、こうした受容のされ方は、この建築家が過去に展開してきた建築論を鑑みると皮肉だろう。『反オブジェクト――建築を溶かし、砕く』（筑摩書房、2000）や『負ける建築』（岩波書店、2004）、『自然な建築』（岩波新書、2008）で隈が主張していたのは、まさに建築のそうした「ブランド化」への徹底的な批判だったからだ（この点で隈と飯島洋一のスタンスはじつは共通する）。そしてブランド化を批判する隈自身が追究したのは、建築を自然環境や社会環境へと溶け込ませる方法論である。それこそが「アンチオブジェクト」としての建築であり、「負ける」建築であり、「自然な」建築だった。いまでは隈建築のシグネチャー表現となったルーバーも、建築の内部空間と外部環境の境界をあいまいにするために使われはじめたものである。また隈は、そうした表層的な「表現」のレベルにとどまらず、より深く「生産」（生業）のレベルから地域性を建築に反映させるべきことも主張していた。このあたり

の隈の議論はいまでもクリティカルだ。ともあれ、こうして「地場産材を用いたルーバー」という隈建築の黄金パターンは確立されることになる［34-3］。そして隈はこれを武器に、バブル以降「地域活性化」という旗印のもとで「地域らしさ」の表現を求める地域各地の建築を次々と手がけていった。

現在に話を戻せば、事態は奇妙にも反転しているといえよう。いまや隈建築はブランドとして崇敬の念をもって人々に歓迎され、環境に溶け込む「反オブジェクト」とはほど遠い存在である。「負ける」ためのルーバーも、むしろそれこそが「隈建築らしさ」を表す記号として扱われるケースも目立つ。堺町に集中的につくられた隈建築は象徴的だろう［34-4］。ルーバーは県産材によるものだが、外壁や軒下にペタペタと貼られているだけで、内外空間の境界面を調整する建築的装置としての本来の機能をもはや果たしていない。その機能といえば、「隈建築であること」を示すという、純粋なインデックス性につきる。

『「らしい」建築批判』に倣えば、もちろんこれはデザイナー側だけの問題ではなく、建築をブランド商品のように受容する受け手側の問題でもある。言い換えれば、これらのプロジェクトでは、建築を実体的な価値抜きで生み出す一種の共犯関係が需要者と供給者のあいだで成立してしまっている。つまり、ここでの問題はデザインの表層化などではない。そうした建築を生み出す社会関係こそが考えるべき問題なのだ。

34-4：隈研吾建築都市設計事務所《境町 S-Gallery》（2020）　筆者撮影

こうしたお世辞にもクオリティの高くない堺町の隈建築群について、建築評論家の五十嵐太郎は、それでも「建築家の存在を社会に知らしめることに貢献している」と肯定的に論じたことがある（「五十嵐太郎のレビュー／プレビュー」［『artscape』2021年8月9日、DNP］）。都市のシンボルになるような公共建築の設計者さえ一般に名前が知られていない日本において、隈が建築家としてこれほど人口に膾炙しているという現象それ自体は、たしかに評価すべきかもしれない。しかし、そのように「知らしめ」られた建築家のイメージとは、そもそも私たちが社会のなかで共有したいと願うそれだろうか。「ロゴドン」のブランドTシャツのように建築家とそのデザインが消費される状況を、果たしてただ追認するだけでよいのだろうか？

▼「建築とは全能と不能の危険な化合物である」

当然ながら、建築家の職能はインデックスとしてデザインを貼り付ける作業にあるのではない。少なくとも、もうちょっと複雑なはずだ。批評家の柄谷行人がヘーゲルの芸術論を引きながら指摘したように、建築はもっとも「不純」な芸術表現である。多くの人々や出来事が関係し、大量の資材と金と時間が投入されることで、建築はようやくかたちづくられる。あるいはコールハースによる建築の定義――「建築とは全能と不能の危険な化合物である」を引いてもよいだろう。私たちが社会と共有すべきは、そうした建築のぬぐいがたい複雑さ、不純さのほうであるはずだ。

　つまるところ、これは建築界という専門世界と社会とのあいだのコミュニケーションの問題だろう。私たちは建築という事物や建築家という職能を専門の外側にいる人々にどのように伝えるべきか。建築家のピュアな表現として――すなわち「らしい建築」として建築を伝えるのは、もっとも簡便だろう。これは「ハディドらしい」建築である、あれは「日本らしい」建築である、云々。しかし建築の本質はその不純さにこそある。建築家はファインアートの世界のように想像力を作品のなかで全能的には発揮しないし、できない。私たちはこのことを伝えるために言葉を尽くさなければならない。あまりに普通の結論ではあるが、まずはそこから始めるほかないだろう。おそらくそれができていないから、「他人の金で好き放題やっている」というような紋切り型の建築家批判がことあるごとに生まれるのだ。「新国立競技場問題」も、東京五輪に続く国家イベントである大阪万博の《大屋根リング》をめぐる問題も、その根っこはきっと同じところにある。

　メディア研究者の佐藤卓己は、「世論」と「輿論」という、混同されることの多い2つの言葉の違いを歴史的に論じている。その違いは英語も交じえるとわかりやすい。世論とは「ポピュラー・センチメント」すなわち大衆的に広がる「気分」であり、輿論とは「パブリック・オピニオン」すなわち理性的な「意見」の集合である。ソーシャルメディア全盛の現在、どちらがより力を持っているのかはいうまでもない。

　建築を「らしさ」でショートカットして語ることは、そうした現在のコミュニケーションのモードにおいておそらく好適ではあるだろう。しかしだからといって、専門家の側が建築の輿論を組み立てる努力を放棄してもよいことにはならないはずだ。

「らしさ」をより深く知るために

- 土居義岳『言葉と建築――建築批評の史的地平と諸概念』（建築技術、1997）
- 柄谷行人『定本 柄谷行人集2 隠喩としての建築』（岩波書店、2004）
- 佐藤卓己『輿論と世論――日本的民意の系譜学』（新潮社、2008）
- 飯島洋一『「らしい」建築批判』（青土社、2014）

客観的把握から動的世界の獲得、そして社会変革

連勇太朗
建築家

「リサーチまでは面白いけど、設計がね……」というのは、誰もが一度は卒業設計や講評会で聞いたことのある建築系常套句のひとつだろう。建築は突然のひらめきによって生まれるわけではなく、敷地、地域空間、制度、歴史などの諸条件に対する解釈・理解・探求の積み重ねを経て段階的にかたちづくられる。そのため建築において「リサーチ」は伝統的に重視されてきた。そう、建築家は日常的にリサーチを行う生き物なのだ。こういった素朴なデザインとリサーチの関係以外にも、例えばロバート・ヴェンチューリとデニス・スコット・ブラウンがラスベガスを、レム・コールハースがマンハッタンを、原広司が世界中の集落を膨大な時間と労力をかけて調査したように、リサーチは時に単体の建築物の設計のために行われる調査とは別に、それ自体が独立したひとつのプロジェクトとして、「設計」という営みを相対化し再創造するための方法として捉え扱われてきた。

しかし、現在の建築・都市領域において「研究」と「設計」が創造的な関係性を結んでいるかといえば、必ずしもそうではない。「設計」と「論文」を対立的に捉えた認識や、それに基づいた教育、批評、言説が蔓延している。菊竹清訓が「建築は設計によって、社会と接触し、社会的矛盾を発見し、そのなかから建築はいかにあるべきかを学びとり、建築学の進むべき道を明らかにしていくべきものなのである」（『代謝建築論——か・かた・かたち』彰国社、2008）と主張したように、建築学は「設計」あるいは「実践」を中心に学問の体系が展開されるべきであり、実践と研究が乖離する状況があってはならない。

▼デザイン独自の知への貢献

1990年代にデザインとリサーチの関係を積極的に再定義する議論や言説が勃興し、1960年代より綿々と続く設計方法論研究に新たな視点が加えられた。さまざまな呼び名があるが、ここではリサーチスルーデザイン（以下、RtD）という呼称でこれらの動きをひとまとめに論じてみたい。RtDは一言でいえば「実践を通した研究」であり、自然科

学や人文科学と異なる研究方法・発表形式・評価基準を持ち、デザイン（学）が独自に果たすことができる知の構築方法として近年注目されている。その方法論的核となっているのは、アーティファクト（＝人工物）の創造である。デザイナーの特質が、ゼロからなにかを造形することにあるということに議論の余地はないだろう。そのためデザイナーは、既存の状況や事物を他者として外部から事後的あるいは客観的に観察・分析することで得られる知見だけでなく、実際のアーティファクトの制作と運用を通して顕在化・現象化する知見も獲得することができる。国内でＲｔＤの議論を積極的に紹介してきたデザイン研究者の水野大二郎はその特徴を、現実世界の分析、解釈、記述に基づく従来型の「仮説検証型研究」ではなく、可能世界を生成する「視点提示型研究」であるとしている。このように、現時点でこの世に存在しない世界の容態をアーティファクトの創造を通して生成し、そのことによって新たな知見、経験、視点を獲得することにＲｔＤの最大の特徴と目的があるといえる。

　ＲｔＤは、１９９３年に英国のロイヤル・カレッジ・オブ・アート（ＲＣＡ）の学長であったクリストファー・フレイリングによる「アート／デザイン」と「リサーチ」の関係をinto/for/throughという３つの型に分類した論文が源流となっている。Research into art and designは、従来型の理論研究、歴史研究、作家研究などを指し、デザイン（学）

そのものを対象としたリサーチを意味する。ここでは研究者とデザイナーは別々の主体に分かれており、デザインと研究は別の営みとして捉えられている。２つ目のResearch for art and designは、デザインをするために行われるリサーチのことを指し、最終的にアーティファクトをアウトプットするためにリサーチが実施され、リサーチがデザインに対して従属的な位置づけにある。冒頭で触れた設計のために事前に行われるリサーチは、forの型に分類できる。建築家やデザイナーにとっては最も馴染みのある型といえる。最後のResearch through art and designがＲｔＤに該当する型であり、デザイナーが研究者として、研究者がデザイナーとして立ちふるまうリサーチのあり方であり、必ずしも論文だけでなく、アーティファクトによって知が具現化されたものも学術的貢献に値するとフレイリングは主張した。

　こうした実践と研究の関係や形式に関する議論と並行して、デザイン独自の知の貢献のあり方についても理論的検討が行われてきた。デザイン研究者であるナイジェル・クロスはＲｔＤの議論を受け、デザインが「科学化」することを批判し、デザインが持つ直感を含めた非線形的思考や創造的飛躍の重要性について唱えた。また、ヒューマン・コンピュータ・インタラクションの研究者であるウィリアム・ゲイバーはクロスの議論を参照しながら、デザインの学術的貢献のあり方は科学的な分析に基づく「一般化―標準化―理論化」へと向からのではなく、「特殊化—多様化—独創的な概念に基づく人工物の生成」へ向かうものであると主張した。こうした研究態度は、教育学や医学などの臨床の現場で発展してきた「アクションリサーチ」と類似する部分もあるが、アーティファクトの制作を主軸としている点で決定的に異なる。日本の建築学科が主に工学部に属してきたという歴史によって、長らく建築学における研究はエンジニアリング的発想に基づいたものが下敷きとなってきたが、こうしたRtDの議論を踏まえ、建築（学）における知の構築・体系化・評価に関しては再考や転換が必要である。

▼3つの型——ラボ、フィールド、ショールーム

では実際にRtDにはどういった方法が存在するのだろうか。結論からいえば、RtDの研究形式は未だ発展途上の段階にあり、必ずしも評価が定まったものがパッケージとしてあるわけではない。そのため、いま求められているのは、開かれた議論の場と新たな研究形式の模索と実験を歓迎する機運と文化的土壌である。従来型の論文形式に固執するあまりアカデミック・コミュニティが保守化し、デザインが本来持つダイナミズムや可能性が奪われることがあってはならない。

こうした前提を踏まえつつRtDにおいて最も広く認知されている形式である「ラボ」「フィールド」「ショールーム」について紹介したい。デザイン研究者であるイルポ・コスキネンは、フレイリングがRtDを実践するための具体的方法論を示していないことを批判し、生態学的心理学に根ざした試作制作や評価実験を行うラボ型（Lab）、文化人類学的な社会調査や参加型デザインによって探求を進めるフィールド型(Field)、議論を誘発するデザインの実践であるショールーム型（Showroom）という3つの研究アプローチを型として提示している［35-1］。これら3つの型を建築の実践に当てはめながら説明してみよう。

35-1：Ilpo Koskinen et al., *Design Research Through Practice*.

ラボ型は、大学や研究所など社会的分脈から切り離された場で行われる研究であり、プロトタイプの制作やその評価実験に特徴がある。建築においてはパビリオンの制作が代表的なものとして挙げられる。東京大学T-ADSで小渕祐介が研究教育の一環として行っているパビリオン制作は、廃棄されてしまう一般的な素材に着目し、その物理的特性や社会における産出プロセスの探求を通して、最終的にデジタルファブリケーションやコンピュテーション技術を用いて新たな構法の開発や仮設パビリオンの施工を行っている。ほかに

も、小渕研究室も協力した２０２１年の第17回ヴェネチア・ビエンナーレ国際建築展で金獅子賞を受賞したワイル・アル・アワルと寺本健一によるアラブ首長国連邦（ＵＡＥ）館の作品《Wetland》［35-2］もラボ型のＲｔＤとして位置づけることが可能だ。《Wetland》は、海水を淡水化する際に発生する高濃度塩分水を再利用してつくったセメントのパーツによるドーム型のパビリオンである。これらのプロジェクトは、必ずしも直接的に技術が産業化されること（役に立つこと）を前提としているわけではなく、テクノロジーの新たな使い方や、一般的に廃棄され価値がないものとして扱われている材料の（再）発見や評価、パビリオンの制作を通じて得られた知見や経験をもとにした都市モデルや社会システムの提案など、工学的研究の枠に収まらない可能世界を生成する側面が強く認められる。

フィールド型はその名の通り、実際の社会的文脈のなかで実施されるＲｔＤである。それは単にプロジェクトの現場を実社会に置くということを意味するのではなく、その観察や分析の方法自体をデザインの対象として扱うことを意味する。例えば、先述したゲイバーを中心に開発された調査手法であるカルチュラル・プローブは、従来の参与観察によるエスノグラフィ的調査方法を独創的に発展させたものであり、独自に開発した調査キットによって調査対象者自身をデザインリサーチャーとして扱う点に特徴がある。調査キットは無色透明な探査ツールではなく、それ自体が調査対象者とインタラクションを起こしながら新たな文脈を生成し、生成される文脈を記述・表現するメディアになっていることが特徴だ。このように実社会が持つ多様かつ複雑な文脈を扱うために、従来型の客観性を求める科学的調査手法に固執せず、アートやデザインの特徴である文脈生成の力を調査方法として積極的に採用する視点が求められる。建築においても、地域拠点の創造、

35-2：《Wetland》 Image courtesy National Pavilion UAE La Biennale di Venezia.

場の運営、ストリートでの実証実験、大学によるまちづくりや空き家再生など、フィールド型と親和性が高いプロジェクトが数多く存在するが、RtD的枠組みで語るためには建築的・空間的介入が行われることによって得られる知見や経験をより積極的に評価する土壌が必要だろう。設計・創造される建築物や空間に特権的な評価を与えてきた建築の世界において、よりそのプロセスや完成したあとに起きる出来事に光を当てた知的文化の醸成が求められる。

最後のショールーム型は未来志向型の研究を指す。課題解決ではなく、問題提起を主眼とするスペキュラティブ・デザインが最も代表的な例といえる。この系譜は建築においても長い歴史がある。近年の例でいえば、口蹄疫の予防のために豚の飼育方法を有機法に切り替えた際に、オランダの国土の8割近くを養豚に供さなくてはならないことから養豚のための高層建築を提案したMVRDVの《ピッグシティ》(2000)や、現代都市において「死」をいかに扱うのかということを建築的に探求・提案するコロンビア大学建築学科内に設立された「デスラボ(死の研究所)」(2013)など、空想的な提案によって新たな議論の場を創造することを意図したリサーチプロジェクトは建築の世界においてさまざまなバリエーションが存在する。どれも実現を前提としているわけではなく、現実的な社会課題を解決する方法を可能世界として提示することで議論の場を生成することに主眼がある。「アンビルド」と一般的に呼称されるこれら一連のプロジェクトも改めてRtDやスペキュラティブ・デザインの観点から評価することで、足りなかった要素や建築らしい物事の探求方法に対して自覚的になることができるかもしれない。

以上が、コスキネンの提示した3つのRtDの基本型であるが、この枠組みも年々多様化しており、科学的アプローチと異なるデザイン独自の研究のあり方を模索するために、その評価や運用に関して継続して議論されているということは留意されたい。

▼認識の転換、社会変革に向けて

繰り返し述べてきたように、RtDの最大の特徴はアーティファクトの創造を通して浮き彫りになる「リアリティ」を獲得することにある。デザインは、新たな現実や可能な未来を生成する力を有しているのだ。こうしたことを可能にするのは、対象を外側から客観的に観察するような静的な世界の認識ではなく、よりダイナミックに世界と自分との関係を取り結ぶ認識の枠組みである。こうしたことを語るためにオートポイエーシス、**アクターネットワーク**、中動態などの哲学的議論を参照してもよい。

さて、こうした認識の転換は、「研究」そのものはもちろん、「批評」や「理論」の現代における有効性や可能性を問うことをも意味する。批評や理論の不在や限界は建築に限らずさまざまな分野で指摘されているが、現代において研究・批評・理論の展開可能性があるとすれば、それは日々の実践に根ざしながら言葉を紡いでいくことにある。デザイナーや建築家は専門家として外部から一方的に課題解決の手段を提供する存在ではもはやなく、われわれにできることはひとつのアクターとして世界や社会の一部として動き存在することであり、その絶え間ない運動とフィードバックの連続によって、自らの属する状況と文脈に何らかの変化を起こしていくことである。紙幅の関係ゆえ別の機会に譲るが、近年の社会変革（ソーシャルイノベーション）に向けた種々のデザイン理論の展開（トランジションデザイン、デザインX、DESIS［Design for Social Innovation towards Sustainability］など）が、RtDの議論のなかから連続的に展開されてきた所以もここにあり、建築・都市領域においてRtDの議論が導入されることのインパクトもこの点にある。資本主義の枠組みのなかでクライアントや状況に対して従属的存在になりがちな状況において、建築的思考の持つ知の蓄積、公共性の意識、職能倫理を発揮するためにRtDは必要な考え方であり、社会変革に寄与する建築的実践という新たな領域を切り開いていくために有用な枠組みなのである。こうした知性は、文字通り机上から立ち上がるものではなく、現場のなかから、日常のなかから、実践と理論を往還するプロセスのなかで紡ぎ出されていく。

「RtD（リサーチスルーデザイン）」をより深く知るために

●Christopher Frayling, "Research in Art and Design," in *Royal College of Art Research Papers*, Vol.1, No.1, 1993.

●Ilpo Koskinen et al., *Design Research Through Practice: From the Lab, Field and Showroom*, Morgan Kaufmann, 2011.

●アンソニー・ダン＆フィオナ・レイビー『スペキュラティヴ・デザイン　問題解決から、問題提起へ。――未来を思索するためにデザインができること』（久保田晃弘監修、千葉敏生訳、ビー・エヌ・エヌ新社、2015／原著＝2013）

●水野大二郎「学際的領域としての実践的デザインリサーチ：デザインの、デザインによる、デザインを通した研究とは」（『KEIO SFC JOURNAL』慶應SFC学会、2014）

●三好賢聖『動きそのもののデザイン──リサーチ・スルー・デザインによる運動共感の探究』（ビー・エヌ・エヌ、2022）

近現代建築史の歴史教科書問題

江本弘
建築史家・建築家

▼あなたのそばの／わたしがえらんだ「教科書」

もしあなたが建築を学ぶ学生ならば、そばには近代建築史（もしくは第二次世界大戦後も含めて「近現代建築史」?）の授業で指定された、たいてい一冊の、きっと通史的に書かれた教科書があるだろう。もしかするとそれは講義では使われないまま、開かれないまま本棚に眠っているのかもしれない。

日本は近現代建築史の通史編纂や、翻訳事業の数で他国の追随を許さない。1920年代から現在まで、じつにさまざまな通史書が、異なる著者によって絶え間なく出版されてきた[36-1]。現行の書籍だけでも枚挙にいとまがないのに、そのなかからなぜかその本が「教科書」に選ばれあなたの手に渡った。

その漠然とした「なぜか」には少なくとも、教員とあなたとの出会いの偶然と、教員とその教科書との出会いの偶然が含まれている。しかしわたしがここで話したいのは、2つの明確な「なぜ」、つまり教員がその教科書を選んだおよそ論理的な必然と、その教科書がそうして存在することの、なかば必然ともいえる歴史的文脈についてである。

わたしがはじめての近現代建築史の講義で教科書に指定したのは『テキスト 建築の20世紀』（#44）である。歴史を書くことの楽しみと苦しみを、この教科書は同時に教えてくれる。この教科書自身の言葉を借りれば、著者たちは、歴史を「単なる事実の集積としての「死んだ空間」」として提示することをはじめから拒んでいる。「20世紀の建築と都市という「生きた空間」」を7人の著者それぞれが追体験していく現場を「疾走する生々しい感覚」とともに読者に届ける。書内では「ドライブ感」とも呼ばれるその感覚を著者同士で共有しながら、この浩瀚な教科書にまとめきる労力は並大抵のものではない。

歴史は単なる暗記科目ではない。また、与えられたストーリーを受動的に理解するだけでもいけない。いまを生きる主体の感性をもとに、過去を能動的に再解釈し、事実（作品名）の羅列を超えそれらに血を通わせ生命を与えるものだ。しかしそれは、歴史とは自分が正しいと思うストーリーに従って再解釈してよいものだという自分勝手とは根本的に違う。この

#	出版年	型	タイトル	原著者・編者	訳者	原書・版	出版社	備考
1	1919	(※)	**建築史**(以下「フレッチャー建築史」)	B. フレッチャー父子	古宇田実・斎藤茂三郎	1905(5)	岩波書店	**A Hist. of Arch. on the Comp. Meth.**; 英米
2	1923	+	**欧州近代建築の主潮**	大内秀一郎	—	—	世界思潮研究会	世界パンフレット通信21
3	1924	※	**近代建築思潮**	濱岡（蔵田）周忠編、伊東忠太・佐藤功一監修			洪洋社	—
4	1926	+	**近代の欧州建築**	大内秀一郎	—	—	洪洋社	—
5	1929	◇	**近代建築様式概観**	田邊泰	—	—	建築学会	建築学会パンフレット. 日本は「洋風建築」
6	1930	※	**最近建築様式論**	石本喜久治	—	—	アルス	アルス建築大講座. 日本は「ライトの影響」
7	1931	+	**新興建築史**(アイシーオール)	A. ベーネ	川喜田煉七郎	1929	洪洋社	**Der moderne Zweckbau**
8	1932	+	**近代建築史**(アイシーオール)	G. A. プラッツ	川喜田煉七郎	1930(2)	洪洋社	**Die Baukunst der neuesten Zeit**
9	1952	※	**近代建築とは何か**	J. M. リチャーズ	桐敷真次郎	1948(4)	彰国社	増補第4版 **1962**: 原書1953(6)
10	1953	+	**建築史**	井上充夫	—	—	理工図書	建築教程新書
11	1954	※	**近代建築史図集**	日本建築学会編	—	—	日本建築学会	改訂新版 **1966**; 新訂版 **1976**: ともに ☞ ※
12	1955	※	**空間 時間 建築 上下**	S. ギーディオン	太田實	1954 (3)	丸善	**S., T. & A.**; 新版 **1969**: 原書1967(5) ☞ ○
13	1957	※	**モダン・デザインの展開**	N. ペヴスナー	白石博三	1949 (2)	みすず書房	**Pioneers of Modern Design**
14	1957	◇	**新制建築様式**	堀口捨己・神代雄一郎・川上貢・村田治郎・相川浩			オーム社	演習問題あり. 改版『建築史』**1970**
15	1958	※	**近代建築史**	山本学治・神代雄一郎・阿部公正・浜口隆一			彰国社	建築学大系 6. 戦後は含南米 (同'68 版) ☞ ◇
16	1958	○	**世界建築史**	近代: 神代雄一郎	—	—	美術出版社	『美術手帖』臨時増刊
17	1960	○	**現代建築**	M. ラゴン	高階秀爾	1958	紀伊國屋書店	**Le livre de l'architecture moderne**
18	1968	◇	**解説・近代建築史年表**	山口広	—		建築ジャーナリズム研究所	年譜の記述. 本文は ☞ ◇
19	1968	※	**近代建築史**	山本学治・神代雄一郎・阿部公正・浜口隆一			彰国社	新訂建築学大系6; 改訂増補版 **1976** ☞ ※
20	1970	+	**近代建築再考**	藤井正一郎	—	—	鹿島出版会	L. サリヴァン(1899)のみ米言及
21	1973	※	**現代建築の源流と動向**	L. ヒルベルザイマー	渡辺明次	1964	鹿島出版会	**Contemp. Arch.: Its Roots and Trends**
22	1976	※	**第一機械時代の理論とデザイン**	R. バンハム	石原達二・増成隆士	1960	鹿島出版会	**Th. & Des. in the 1st Machine Age**
23	1976	※	**現代建築講義**	C. ジェンクス	黒川紀章	1973	彰国社	**Mod. Mov. in Arch.** 日本章書下ろし ☞ ※
24	1978	※	**近代建築の歴史 上下**	L. ベネヴォロ	武藤章	1973(4)	鹿島出版会	Storia dell'arch. Moderna; 復刊 **2004**
25	1978	◇	**近代建築史概説**	村松貞次郎・山口廣・山本学治編、ほか5名著			彰国社	—
26	1978	※	**インターナショナル・スタイル**	H.=R. ヒッチコックら	武澤秀一	1932	鹿島出版会	**International Style**; 山田守(1929)図版
27	1981	※	**現代建築の黎明／～開花 ('83)**	K. フランプトン	香山壽夫／三宅理一ら	—	A.D.A. EDITA	**M. A.**; 改題 **2019**; 坂倉準三(1937)解説有
28	1985	※	**現代建築の潮流**	V. ラムプニャーニ	川向正人	1980	鹿島出版会	**Architektur u. Städtebau des 20. Jh.**
29	1986	※	**近代建築**	V. スカーリー	長尾重武	1967	鹿島出版会	**Modern Architecture**
30	1988	※	**現代建築の根**	C. N.=シュルツ	加藤邦男	—	A.D.A. EDITA	**Roots of Mod. Arch.** 非編年、日本現代終盤
31	1990	◇	**近代建築の系譜 上下**	W. J. R. カーティス	五島朋子・澤村明ら	1982	鹿島出版会	**Modern Architecture Since 1900**
32	1990	○	**建築全史**	S. コストフ	鈴木博之監訳	1985	住まいの図書	**A History of Architecture**
33	1991	○	**建築20世紀 Part 1, 2**	鈴木博之・中川武・藤森照信・隈研吾監修			新建築社	『新建築』臨時増刊. 2巻巻末年譜は ☞ ○
34	1993	※	**近代・現代建築史**	鈴木博之・山口廣	—	—	彰国社	新建築学大系 5. 1960以降の欧米編 ☞ ※
35	1996	○	**世界建築の歴史**	J. モスグローヴ編	飯田喜四郎ら監訳	1987(19)	西村書店	**フレッチャー建築史**. 36章近代, 45章現代
36	1997	※	**図説 近代建築の系譜**	大川三雄・川向正人・初田亨・吉田鋼市		—	彰国社	—
37	1998	◇	**近代建築史**	石田潤一郎・中川理編		—	昭和堂	明治-大正初頭のみ「西洋建築の受容」が独立
38	2001	◇	**近代建築史**	桐敷真次郎	—	—	共立出版	—
39	2002	※	**近代建築 1, 2**	M. タフーリ・F. d. コ	片木篤	1987	本の友社	図説世界建築史. **Mod. Arch.** 19, 20章 ☞ ○
40	2002	◇	**二十世紀の建築**	G. モニエ	森嶋勇	2000(2)	白水社	**L'arch. du XXe s.** 前川=丹下=メタボリスト
41	2003	◇	**現代建築史**	K. フランプトン	中村敏男	1992(3)	青土社	**Mod. Arch.: A Critical History.** 戦後 ☞ ○
42	2005	※	**人類と建築の歴史**	藤森照信	—	—	筑摩書房	建築ジャポニスム, 日本人バウハウス受容
43	2008	※	**近代建築史**	鈴木博之編著、横手義洋・五十嵐太郎著		—	市ヶ谷出版社	但し, 第3編「現代建築」は ☞ ※
44	2009	※	**テキスト 建築の20世紀**	本田昌昭・末包伸吾編著、ほか5名著		—	学芸出版社	黒川紀章(1970)・磯崎新(1962)～
45	2011	※	**近代建築史**	谷口汎邦監修・藤岡洋保著		—	森北出版	演習問題あり
46	2012	○	**図説世界建築の歴史大事典**	D. クリュックシャンク	片木篤	1996(20)	西村書店	**フレッチャー建築史**.「日本と韓国」ほぼ日
47	2013	※	**デザイン／近代建築史**	柏木博・松葉一葉	—	—	鹿島出版会	—
48	2013	※	**カラー版 建築と都市の歴史**	三井渉・太記祐一	—	—	井上書院	但し, 欧米と日本の節順は編年的に並行
49	2013	※	**おかしな建築の歴史**	五十嵐太郎	—	—	エクスナレッジ	逆編年, 含・露, 1960年代以降は ☞ ○
50	2013	※	**図説 建築の歴史**	西田雅嗣・谷ヶ崎善太郎編		—	学芸出版社	戦後については部分的に ☞ ○
51	2016	◇	**近代建築理論全史 1673-1968**	H. F. マルグレイヴ	加藤耕一監訳	2005	丸善	**Modern Architectural Theory**
52	2016	◇	**現代建築入門**	K. フランプトン	中村敏男	2006	青土社	**The Evolution of 20th C. Architecture**
53	2017	※	**実況 近代建築史講義**	中谷礼仁	—	—	LIXIL出版	近現代建築史の講義そのものの形式をとる
54	2022	※	**世界の建築史入門**	田所辰之助・川嶋勝監修		—	世界文化社	近代含キューバ. 現代は日本強調で ☞ ○
55	2022	※	**近代建築における理想の変遷**	P. コリンズ	吉田鋼市	1965	鹿島出版会	**Changing Ideals of Mod. Architecture**

36-1：日本語で書かれた近現代建築史通史　筆者作成

【凡例】

1) 近代／現代は第二次世界大戦終戦で分け、両者を統合して「近現代」とする。

2) 書名に示される「近代」「現代」の定義はこの限りではない。戦後を含む「近代建築史」、戦前・戦中を含む「現代建築史」もある。

3) 日本語書名については副題を省略。翻訳書の原題は備考欄にて、適宜副題を省略し、略表記を用いて指示(Architecture → Arch. / A. 等)。

4) 学生用教科書・便覧が明言された書籍は出版年を白黒反転。「建築学大系」はその旨の明記されていない概説書であり、背景灰色とする。

5)「型」は近現代建築史のみの言及範囲による区別。＋は欧州(西欧・北欧)、※は欧米(欧州・北米)、◇は欧米以外を含む(日本除く)。
　○印は世界史を志向したもの。日本国内建築に言及があるとき、部・章・節を別立てとし強調する場合は白黒反転、それ以外は背景灰色。

6) 上記の「型」において、ロシア構成主義、チェコ・キュビズムに関する記述も便宜上、5) で定義される「欧州」に含めた。

教科書は傍注が豊富であり、定言的になりがちな「教科書」に似合わず書誌情報の補足もていねいである。歴史にはその再解釈のタイミングにこそていねいに物証をたどり提示していく注意深さが必要だということを、この教科書は知っている。

注の充実と史料の明示は疑問を抱いた読者への透明性の確保のためでもあり、著者自身に対してのものでもある。自分の感性、主観的なストーリーを過信しないための「手綱」の役割を果たす。その手綱こそが「ドライブ」のためには必要なのであり、時には反証すらも自発的に捜し求める。暴走を制する手綱があってこそ、手前のことに気をとられず歴史の壮観を楽しむ構えも生まれる。こうしたことを力説させる力が、まずこの『テキスト 建築の20世紀』にはある。

▼歴史の語り部にも歴史がある

一方でいくら注意深くあろうとも、歴史の語り部もまた自らの過去を完全に客観視することはできない。わたしがこの教科書を選定したのは、そこに深々と刻み込まれた著者たち自身の過去の生々しい露出のゆえでもある。

著者紹介に見られるとおり、この教科書の執筆者のほとんどは1980年代半ばから末にかけて大学で建築を学んだ。磯崎新、原広司、伊東豊雄——彼らの代表作が相次いで竣工していた頃。これらの建築家はいずれも多作の文章家でもあり、この点でも時の建築学生のヒーローだった。

しかしいいたいのは「学生時代の憧れがこれらを収録させた」という短絡的なことではまったくない。むしろこの教科書に「書かれなかったこと」のほうにその著者たちに沁み込んだ時代の空気を嗅ぎとるのである。それは「近代建築の三大巨匠」のひとりミース・ファン・デル・ローエのこと、というより、彼が提唱したとされる「ユニバーサル・スペース」のこと。そしてそれを原広司が意図的に「均質空間」と「誤訳」したのだという、注でのさりげない指示のこと。

こんなことに目がいくのは、その著者たちよりひと世代下のわたしが原広司《京都駅》(1998)や伊東豊雄《せんだいメディアテーク》(2000)の竣工から間もない時期に大学生時代を過ごしたせいかもしれない。特に後者は伊東本人が書いたアンチ・ミース、アンチ均質空間論とともに日本の建築界に一大旋風を巻き起こした。そしてその時の伊東のマニフェストは、遡れば彼の先輩の原が見せた強いミース敵視、戦略的憎悪をその発端としている。日本独自の文脈だ。

この教科書はしかし、「均質空間」の解釈をその歴史語りのひとつの軸としながら、彼らに対する言及をほとんど行っていない。自分たちの着想のおおもとを忘れている、あるいは意識的であれ無意識であれ、それが隠れている。この不自然に対する主観的な気づきが、大学教員として近現代建築史を担当する、わたしなりの講義を着想するための重要なヒントとなった。

▼逆向きの歴史から当然を疑う自分をつくる

さて、それでわたしはどのような講義をつくったか。「アンチ均質空間」のコンセプトに、ついにミースその人の名を建築家が登場させなくなった《KAIT広場》(石上純也、2022)がスタート地点だ。ここからはじめて、ミースを超えることをマニフェストにした《せんだいメディアテーク》に1コマ、そもそもミースを最大の仮想敵に定めた建築家による《京都駅》に1コマと時代を遡っていく。現在から過去に向かう、しかも日本でなければ通じない、逆向きの近現代建築史講義である。

教科書には書かれていないことを教科書とは違う時間の流れで講義する。その「書かれていないこと」はしかし、その『テキスト 建築の20世紀』だからこそ、本当は書かれなければいけなかったことでもある。それに気づけたのはわたし自身の過去のおかげだ。わたしはそれに束縛されながら、小さな世代間の大きなバトルをでっちあげた。この「教科書」をあなたの手に渡らせたことには、その証拠を消してしまわないという意図がある。

しかし強調しておきたいのは、このバトルは仕組まれたものであり、裏ではタッグを組んでいるのだということ。そこで本当にバトルを仕掛けられている相手はあなたなのだ。未知で遠い過去から始まる教科書は敬遠するかもしれないが、既知の現在から語り始めるのであれば心理的負担も少ないはず。

だが講義が進むにつれ、既知の現在がどれだけ未知の過去の影響を受けているか、既知の現在がどれだけ未知かを思い知り、戦慄したりしなかったりするだろう。しかしできうるならば、著者や教員が「ドライブ」に駆られてしまう心理の層に引きずり込みたい。

かくして、場合によっては本棚に眠りっぱなしのその教科書のことが気にかかりひもといた時に、わたしたちの時間のデザインは完成し、そしてはじまる。さらに一生引かないような知的戦慄を感じさせることができるのならば本望だ。

とはいえ教科書の粗捜しという、ある意味での悪意をわたしが講義の創作の糧としたことは事実である。意地の悪い、おそらく義務教育では許されていない読み方だろう。しかし研究者や大学教員でなくとも、ある意味でこの所業は、誰しもが身に付けておきたい学びのポイントに触れている。権威とされ、正しいとされる「教科書」にさえ時に疑いの目を向け、自分なりの見方で世界を理解しようとすること。それは、信じろといわれたものを信じていればよかった自分との決別も意味するだろう。

あたりまえに存在するようでいてあたりまえではない。不変のようでいて可変、すべてを承知しているようでいて薄皮一枚をめくればすぐに不思議の深淵が口を開けている。建築も、歴史も、それらを教える教科書も、わたしもあなたもそうである。建築の不思議、歴史の不思議を垣間見ることが、自らの不思議にアプローチするためのヒントになるかもしれない。

▼翻訳文化——日本語の近現代建築史の発端

もちろんわたしが選んだもののほかにも、日本には近現代建築史のさまざまな教科書（＝通史）がある。それらの成立背景をひもとくことは、日本という閉鎖空間における近現代建築史観の変遷を知ることにも等しい。

日本語で書かれた近代建築の通史では、1924年に出版された、建築家の濱岡（蔵田）周忠による『近代建築思潮』（#3）が早い。ここで蔵田が主に参考にしたのはアメリカの建築家フィスク・キンボールが建築史家と組んで書いた『建築史』（1918）である。この英語の歴史書はいまのわたしたちが読むようないわゆる「近代建築史」のはしりで、日本初期の建築史家である田邊泰の『近代建築様式概観』（#5）でも参考にされている。近代建築史の初期の名著として知られる、イギリスのニコラウス・ペヴスナーが書いた『モダン・ムーブメントのパイオニア』（1936。#13『モダン・デザイン展開』原書の初版）の出版をはるかに遡る時期のことだ。

いわずもがな、この頃の近代建築史は同時代史としての側面をもっていた。いまや世界遺産となった近代建築史上の記念碑、ヴァルター・グロピウス《デッサウのバウハウス校舎》（1926）も竣工したか、していないかの時期のことなのである。日本の場合、当時は同時代の状況もそれを位置づける歴史観も、基本的に欧米から「輸入する」ものだった。なおこの時期には、日本を扱った近代建築史もまだ書かれてはいなかった。

こうした初期の近代建築史受容を経て、日本語の近現代建築史本がにわかにその数を増すのは戦後の1950年代のことである。この復興期に、現在まで連綿とつづく通史書の和訳文化がはじまった。1952年に邦訳されたイギリスの名著『近代建築とは何か』（#9）は欧米近現代建築のコンパクトな通史である。対してスイスの建築史家ジークフリート・ギーディオンがハーバード大学講義をもとに作った『空間 時間 建築』（#12）は上下巻からなる大ボリューム。日本語になっていても読み切るには覚悟がいるが、「近代建築史通史の古典」でいま有名なのはこちらだろう。新しい通史記述のための仮想敵として長らく立ちはだかっている。ちなみに日本の戦後建築を世界史に組み込んだ歴史書としても早い。

▼建築士試験——「資料」が「史料」になる時

1950年代に同じく目立つのは、日本人の著者による、暗記もののいわゆる「教科書」の乱立である。その重要な背景のひとつに、建築士法の制定と、それにともない1951年から施行された建築士試験がある。建築史の設問は第1回から出題のあった、いわば日本の資格試験に特異な伝統である。建築士試験におけるこの「歴史の重視」は間接的に、日本における建築史の創始者・伊東忠太の影響である。建築生産には歴史や風土に対する教養が欠かせない。この理念は建築士試験に受け継がれた。

しかし例えば、第1回試験は日本古典、西洋古典、西洋近代の設問であり日本近現代には触れていない。日本の資格試験であるにもかかわらず、その後も近現代の実作の出題は西洋中心である。日本の近現代建築史は、公にないがしろにされる状況がほかにも続いた。日本建築学会が1954年に出版した『近代建築史図集』(#11)のなかにも日本は登場しない。1966年にようやく「日本」編を含む改訂新版が出版されるまでが、「日本にも近現代建築史がある」という当たり前の認識が定着していく過渡期だとみなせよう。

井上充夫の『建築史』(#10)は戦後出版の最初期の教科書だが、ここには「日本近代」が含まれている。それが「西洋近代」と分かれているのがその後の教科書フォーマットの先駆である。1950年代当時の教科書で国外の超高層ビルがよく取り上げられているのは、それが戦後復興期の日本の道しるべだったからだろう。建築士試験の出題傾向もこのことを示している。1952年にマンハッタンに竣工したウォレス・ハリソンらによる《国連本部ビル》は、まさしくその年の一級建築士試験に出題され、当時の教科書もかならずそれを収録した。

ところが、山下設計《霞が関ビルディング》(1968)の完成により国内超高層ビル建設の夢がようやく叶った時には、試験も教科書もかつての夢は見なくなった。せっかく林立していく日本の超高層ビルは、せっかくそれらを設計できる一級建築士の試験であってもつい最近までまるで出題されなかったのである。

この超高層ビル開発に対する価値づけの差にも表れているように、「作問者」という匿名のかたまりは、いわば実作の出題を通じて時代時代の建築観をアーカイブし続けているのだといってもいい。建築士試験の初施行から三四半世紀が経とうとしているいま、近現代建築実例の総出題数は300に迫り、都市計画や著作を含めるならばそれを超える。ここから「単なる事実の集積としての「死んだ空間」」ではない歴史が取り出せれば、それも日本の戦後建築思想史に新たな見方を提供するものとなるだろう。

ここでは、少し歴史学研究の方法の一端に触れることができたかもしれない。例えば「試験問題」という直接的には狭い目的のためのものでも、視点を変えればまったく違う情報に見えてくる。70余年分の過去問を解くなどというハタから見ればまったくの無駄のような勉強も、ある観点から歴史を見通す、わたし個人の研究のためには切実な意味をもってくる。見よう扱いようによってはどんな「資料」も歴史研究のための「史料」になる。

▼近現代建築史にとって「世界」とはなにか

なお、この国家試験と同じような作品収録の「重さ」があらゆる建築史の通史編纂事業にはついてまわる。通史一つひとつの成立には「歴史を書く＝語る」という行為に不可欠な、事実の取捨選択とそのためのクライテリア（判断基準）がかならず介在する。ほかの歴史諸分野はともかく、特に建築史では、多くの建築作品の名前を入れることが暗黙の前提だといえる。

となると、作品事例の選択および配置配列、そのためのストラテジー（戦略）の開発こそが、著者や編者の歴史観を表明する表現の主戦場であるともとれる。それらの作業は完全な独創というわけにはいかず、その著者が置かれた状況下で、参照しうる情報源を最大限駆使することに多くが依存する。

……そうであるならば、それぞれの通史書が収録した作品のリストだけでも、参照源の情報を秘めた重要なアーカイブだと考えられないか？　それらの参照関係が解明できれば、それぞれの通史が設定した「世界」像と、後世に対するその影響も焙りだすことができるのではないか？　それはいわば、「近現代建築史にとって『世界』とはなにか」を歴史学的に問う、「近現代建築史通史の発達史」の研究なのではないか？

ここまでのところでは、日本における近現代建築史通史の２つの発端（戦前／戦後）と、わたしたちのいる末端について語ってきた。しかしここでさらに問題にしなければならないのは、それらの「あいだ」についてだろう。この発達史研究は、その複雑をきわめる「あいだ」がしっかり塞がってこそ、説得力をもった歴史として結晶する。

しかし、日本国内ひとつの近現代建築史観の変遷史をとっても、それに影響を与えた情報交換という観点からすれば、すんなり国境を越えてしまっている。そして興味は国外の情報源の、そのまた情報源へと遡及していき果てがない。この難問は本質的に、巨大なグローバル・ヒストリーでしかありえない。グローバル・ヒストリーつまり、①国境のしばりを強くみる一国中心史観を脱した、②モノや思想の移動に着目した歴史研究を、③研究者自身を含むさまざまな主体の解釈を等価に扱って行う、ということだ。この観点から「近現代建築の世界史の世界史」の全体像を解明すること。この徹底的な先行研究批判なくして、真に新しい近現代建築史は書き始められすらしないだろう。

途方もない作業の先に、ようやく書くべきものが見えてくる……かもしれない。その無謀に挑戦すること。それが、少年時代から情報技術の爆発的進歩と普及を目の当たりにし、最近ではついに生成系ＡＩの技術を手にしてしまった、１９８０年代中盤生まれの建築史研究者の世迷言である。

書かれた歴史があり、それを読み、解釈する読者がいる。権威的な、不変の歴史解釈を暗記することが本来の歴史なのではない。この両者の視点の往復運動そのもの、そこに生まれるコミュニケーションが歴史という営みを成立させ、人類の知の継続そして蓄積の土台となっているのである。

わたしたちはいま、なぜその教科書（＝通史）から、そのような歴史を学ばされているのか。それらの教科書を教科書たらしめている根拠こそが気になり、根本的に問うてしまうようになったのがまさしく現在なのではないだろうか。それは歴史学の刷新の時期にあって、わたしたち自身の知識と知の根拠を問い直すことにも等しい。

教科書をことごとく疑い、その責任をとること。すべての教科書がはらむ歴史に敬意を払い、すべての教科書に対しそれゆえ戦略的に批判眼を向けること。そうして書かれた新しい教科書が、あなたたちよりもさらに下の世代の疑いの対象となり、さらに未来の教科書のための、さらに鋭い批判眼の矛先となることを願う。

「歴史」をより深く知るために

●E・H・カー『歴史とは何か 新版』（近藤和彦訳、岩波書店、2022／原著＝1961）
●アンドリュー・リーチ『建築史とは何か？』（横手義洋訳、中央公論美術出版、2016／原著＝2010）
●羽田正編『グローバル・ヒストリーの可能性』（山川出版社、2017）
●江本弘「疑問2——『時代を画す』って、未来の人にしか分からないのでは？」（「建築討論WEB特集：建築作品評価をめぐる素朴疑問——厳選5問に対する平易で偏った回答集」50、2020年12月号、日本建築学会）
●江本弘「邦国建築士試験問題の歴史学的試論［国内近現代建築］」（『京都美術工芸大学紀要』第3号、2023、6～31頁）

「レジリエンス」

複雑性のデザイン

井本佐保里
建築計画学者

▼「レジリエンス」の受容

「レジリエンス（Resilience）」という言葉は、ラテン語の「fusilier（跳ね返る）」から派生した言葉とされ、日本語では「回復力」「復元力」「弾性力」「適応力」「しなやかさ」などと訳される。もともとは外力に対して吸収して変形し、元の形に戻ろうとする性質を指す物理学用語で、19世紀から使用されていた。１９５０年代から心理学で、１９７０年代から生態学等の分野でも使われるようになり、その後他分野へと拡がっていった。『レジリエンス人類史』のなかで、総合地球環境学研究所の阿部健一と大阪大学のモハーチ・ゲルゲイは、レジリエンスという概念が多様な分野に展開していくなかで起こった大きな動きのひとつに「生態システムから社会生態システム（Social Ecological System）への発展」が挙げられ、自然生態系と人間社会の相互連関、人文系と自然系という学問上の大きな溝を超えることになったと指摘している。

建築ではどうだろうか。建築分野のメディアでレジリエンスという用語を検索すると、２０００年代終盤の論文がわずかにヒットするものの、大半は２０１１年以降、つまり東日本大震災を契機に増加している。なぜ東日本大震災がトリガーとなったのだろうか。これは、建築学において、災害復興に対する認識の大きな転換（パラダイムシフト）が求められたことにある。東日本大震災では津波、福島第一原子力発電所事故によって、建築単体の被害を遥かに超えて、いくつもの都市や集落、さらには地域社会そのものが大きな被害を受けた。災害を防ぐことを前提とし、都市や建築を「頑強（Robust）」、つまり外力に対して変化を阻止する能力を高めるかたちでつくる手法だけでは立ち行かないことが露呈したのだ。「レジリエンス」という概念を取り入れることで、被災を受け入れることを前提とした災害との向き合い方、さらには物理的な環境だけでなく、社会システムを含めた回復のあり方を模索する必要に迫られたといえるだろう。

「頑強」であることは、明治以降の近代化の過程で全国一律の基準に基づくインフラや都市整備が展開されていくなかで重視されるようになった。防災の観点からもロバストネスにより災害から人間世界を守る技術が大きく革新していった一方で、じつは想定を超えた災害が起こった際には逆に大災害を引き起こす事態となっている。これは、生態系においては均衡状態に収束した「安定性（Stability）」は、じつは外力に対して脆弱であるという生態学者のC・S・ホリング（1973）の指摘とリンクする。さらに建築は、土木事業に複雑な自然との対峙を委ね、それらに向き合うことなく、意匠的な新規性や固有性を追求する領域へと進んでいったともいえるだろう。

▼「災害復興」への批判

「レジリエンス」という言葉が浸透していく一方で、われわれは本当にその意味を理解し、受容しているのだろうか。日本政府は2013年以降「ナショナル・レジリエンス」を掲げているが、日本語訳は「国土強靭化」となっている。この翻訳からはやはり「強さ」や「ハード」、つまりロバストネスへの依存が根底にあることが見え隠れする。冒頭に記述したようなパラダイムシフトは未だ起こっていないと考えるのが妥当だろう。

　日本の災害復興を問い直す議論として、都市計画学の中島直人らによる、『建築雑誌』2013年3月号での特集「『近代復興』再考：これからの復興のために」が挙げられる。「近代復興」とは、中島らによる造語で、「1961年の災害対策基本法の制定によって枠組みが整えられ、阪神・淡路大震

災までに完成した体制」であり、被災地には現状凍結（モラトリアム）を要請し、基盤（インフラ）整備を優先する、などの特徴が挙げられている。そしてこれを「中央集権国家が成立し、本格的な資本主義経済が確立する以前の時代の災害後の回復的対応とは明らかに異なるものである」として、批判的に検証する必要性を説いている。

　また、都市計画学の饗庭伸は、関東大震災後の内務大臣・後藤新平による「帝都の創造的復興」から引き継がれ、阪神・淡路大震災以後普及した「創造的復興」という概念について論じている。「復旧」に対抗する便利な言葉として使われ、時には過剰な基盤整備が「復興災害」を発生させるリスクを指摘し、冷静にジャッジすることの必要性を問いている。そしてスラムから湧き上がる小さな目的も「創造的復興」として位置づける必要性を指摘している。京都大学の藤井聡は、「創造的復興」の思想に基づく復興のあり方を「社会機械論」（社会や自然をあくまで機械のように物質的に扱うもの）に例え、震災復興においてプランナーがすべてを負うというような発想であるとして批判している。レジリエンスの観点からは「社会有機体説」を理解することが重要であり、これに基づけば、復興は「治療」と定義できると述べている。治療には、手術的な手法だけでなく、レジリエンス＝治癒力の最大化が重要であり、住民自身によるバラック建設もそのひとつであると指摘している。筆者はこの点が非常に重要だと考える。

▼「治癒力」としての「バラック」

これまでの災害復興の状況を振り返ってみても、ロバストネスを指向する復興計画や事業の外側で、必ずバラックの存在を確認することができる。関東大震災後、公園や皇居前広場に大量のバラックが建設され、急速に家や商店が立ち並んでいき、国もまたそれを容認していた。というより、大量の人々が住居を失い、国や自治体が住居の確保に責任を負うことは前提とされておらず、バラックは必要不可欠なものであったといえる。一方で、こうしたバラックは、国が主導する帝都復興区画整理事業の遂行においては足かせとなり、その後、こうした仮設建築物の建設を規制するような流れが生まれる。しかし第二次世界大戦終戦により再度大量の住宅が失われた結果、仮設建築物への制限は再び緩やかになり、また大量のバラックが建設された。

その後、近代化や技術の高度化が急速に進んでいくなかで、被災時に個々の能力と責任の下で自らの住まいを確保するというスキームは衰退し、国・自治体がその多くを担うようになっていく。それがある局面を迎えたのが、1995年の阪神・淡路大震災であり当時の兵庫県知事により希望する被災者全員に仮設住宅を供給するという発言であった。これにより被災後の住宅再建は自治体の仕事であるという認識が生まれ、根づいていった。その一方で、神戸市内の公園に被災者自らが建設したテントが集積するテント村が発生した。この背景には公設の仮設住宅が地元から離れた沿岸部などに立地しており、元いた地域から離れたくないなどの欲求に基づくものであった。テントは徐々に手が入れられ仮設住宅的なものへと改変され、立ち退き要請をする行政との攻防、そして居住権の議論へと発展した。

ここには、イギリス人建築家のジョン・ターナーによる議論「Supportive Shack（支えになる小屋）」と「Oppressive House（抑圧する住宅）」の構図が見えてくる。中央集権的に供給された住宅は、住宅としての物理的なスペックが高くても、支出が増大し、また社会や友人、経済活動とのアクセス性が低下することで住民の生活を抑圧することになると指摘している。その一方で、住民自らが建設した小屋は、それとは逆の性質を持つことで、生

37-1：漁業や農業を行うために住民が建てたソーコと休憩小屋（岩手県釜石市両石地区） 筆者撮影

活を支えることが可能となっていると述べている。ターナーは貧困層への住宅供給を念頭に論じているが、これは経済的な階層の問題だけでない。阪神・淡路大震災後のテント村の存在は、住宅の物理的質よりも、元の地域や知人とのアクセスを重視するという、災害復興における住宅供給のなかで指標に入っていない点を重視した層の存在を可視化している。大きく単一的な仕組みや手法の網をかけるだけでは、多様な層の居住ニーズに対応することは不可能である。一方で、バラックだけで都市をつくったり、災害復興を成し遂げることも当然できない。おそらく、レジリエンスの観点からは両者のハイブリッド、さらにより複雑な状況をつくる計画技術が必要となるだろう。

　そうした可能性が見出せる例として東日本大震災後の釜石市両石地区を取り上げたい。同地区は漁村集落であったが、東日本大震災によって地区の大半が津波により浸水し、約290戸のうち259戸が被災（全壊・半壊）した。また死者・行方不明者は45名にのぼり、甚大な被害を受けた。災害後、低地部は災害危険区域に指定され、12mの防潮堤整備（かさ上げ）と20mまでの宅地のかさ上げ、それに伴う国道45号のかさ上げなど、地区のほぼ全域で大規模な造成工事が進められ、その後防災集団移転事業により住宅の再整備が行われ、事業完了まで約7年がかかった。地区内には自治体が供給する仮設住宅は整備されなかったため、ほとんどの住民は近接する地区の仮設住宅団地に入居しており、地区は約7年の間、無居住の状態であった。しかし一方で、この7年の間にも、住民らは現地に「ソーコ」と呼ばれる漁業用の小屋を自ら建設していた［37-1］。災害直後は津波で流出し更地となった自らの敷地に、その後は復興事業の工事に伴って、事業に干渉しない場所へと移転を繰り返しながら維持されていた。さらにこうした「ソーコ」のなかには、津波で流された瓦礫のなかから見つかった元の住宅の建具などが継がれて使用されているものもあった。こうしたつくられ方からは、単に簡単な技術で素早く廉価に建設可能という以上の価値を持っていることが感じられる。7年の時間をかけて安定的な都市環境を構築しようとした復興事業を補完するように、バラックを住民自身が立ち上げることで、住民と生業、住民と土地、そして住民間をつなぐことができている。その結果、7年のモラトリアムを経てもなお、住民が地元に戻ってこれているのである。同様の営みは

37-2：避難先から家屋や畑の管理をするために住民が建てた納屋（福島県富岡町）撮影＝土川喬太

原発事故後、10年以上が経過した福島の被災地域でも見られる。［37-2］

▼「バラック」は建築になりえるのか

いわゆる「建築家」でない人々によるこうした創作は、建築分野の表舞台において批評されたり体系化されたりしてこなかった。今和次郎は、関東大震災後、バラックを「生物」のようだとしてその魅力に惹かれ、のちに「考現学」へと発展させた。さらには「バラック装飾社」を立ち上げ、バラックにペンキで絵を描いたり、ありあわせの建材で装飾する活動をしていたが、分離派から「建築美」がないと批判され、バラック論争が起こった。建築家の鈴木了二はバラックを図面化することで「建築領域へのバラックの奪還」を試みている（鈴木了二『非建築的考察』筑摩書房、１９８８）。また建築評論家の五十嵐太郎は、「なぜ建築家はバラックを憎むのか？　近代的な構成を学んだ審美眼からすれば、秩序のない仮設構築物は醜い。だが、廃材を集めたバラックほど、経済的かつ機能的な建物は少ない。近代の建築家は、それが美しくないにもかかわらず、真に機能的であると直感したからこそ、バラックを畏れたのではないか」と指摘している（「サバイバルとしての東京リサイクル」）。

一方で、近年は環境配慮、住民参加、地産地消などのキーワードとともに「バラック的」な建築作品が出てきている。伊藤維《岐阜のいちご作業所・直売所・遊び場》（２０２２）は、廃棄予定のビニルハウスなど、地域の余剰材を使って自力建設を中心に建設されている。身の回りにある素材を使っていかに建築に見せるかという挑戦をしているのではないかと思う。またdot architects《馬木キャンプ》（２０１３）はあえて構法の精度を下げることで、仮に倒壊しても建設の素人である地域住民が手を加えられるような想定のもとに設計を行っている。さらに、都市計画道路の予定地に建つｔｙｆａ《逗子の家》（２０２３）は、将来の建築の引越しに備え、施主自身が建築を解体・移築しやすいように、ホームセンターで入手した建材を加工せずに組み立てられる構法を提示している。

これらは高度に専門化し分業化した建築生産の仕組みとそれに基づく主体のあり方を捉え直す試みでもある。また、いずれも「壊れる」ことを前提とした計画でもある。「素人が建築をつくる」ことや「壊れる」ことを前提とした計画は、一見不安定であり、建築の「退化」のようにも見える。しかしその感覚は、バラック的な存在を単なる素朴な営み、または建築未満のものとしてしか捉えてこなかったり、頑強なものをめざすといった、近代以降の建築観によって培われたものである。こうした深く染みついた価値観を乗り越えることが、

「建築を新しくする」ためには必要である。多様な主体があらゆるレベルの建築をつくることで構築社会が複雑性を獲得していく。これがおそらくレジリエンスな状況をつくり出す根幹になるのではないかと考える。

「レジリエンス」をより深く知るために

- ● 阿部健一+モハーチ・ゲルゲイ「生態学的レジリエンス」(『レジリエンス人類史』京都大学学術出版会、2022)
- ● C. S. Holling, "Resilience and Stability of Ecological System," in *Annual Review of Ecology and Systematics*, Vol.4, 1973, pp.1-23.
- ● 中島直人「「近代復興」とは何か」(『建築雑誌』2013年3月号、日本建築学会)
- ● 饗庭伸「創造的復興のジャッジ」(「10+1 website」2018年3月号、LIXIL出版)
- ● 藤井聡ほか「レジリエントソサイエティ」(『建築雑誌』2012年3月号、日本建築学会)
- ● 五十嵐太郎「サバイバルとしての東京リサイクル」(「10+1 website」2000年9月号、LIXIL出版)

建築設計はけっして特別な労働ではない

鮫島卓臣
建築デザイナー

▼労働者としての設計士

設計事務所や企業に勤務し、建築の設計に携わる人のなかで、自身を設計士であると同時に労働者として強く認識している人は、じつはあまりいないのではないだろうか。歴史的に見ても、設計士という職業はれっきとした労働形態でありながら、具体的なイメージとしての「労働」とは結びついてこなかった。それを裏づけるように、建築における労働というテーマは、既往研究の少ない学問的フロンティアでもある。

なぜだろうか。それは、建築という分野が実際の建物をつくる「物質的労働」で成り立っていると同時に、建物のシステムやコンセプトの立案、各関係者との複雑な調整、さらには意匠などの芸術的側面までをも考える創造的かつ知的な「非物質的労働」によって支えられているからだ。そして、設計・施工の分離といった仕組みからも明らかなように、後者の非物質的労働は基本的には設計士の業務である。『資本論』を書いたマルクスが、蜂と建築家の違いを「建築師が蜜房を蠟で築く前に、すでに頭の中にそれを築いている」と表現したのは有名な話である。

非物質的な労働は、文字通りその実態が見えにくく、労働として認識されにくい。建築と労働の関係について研究するアメリカの建築家ペギー・ディーマーは、「建築家の労働に対する無関心は、労働が一般的に面倒で非創造的なものであり、設計のようなクリエイティブな業務は労働ではないという誤った共通認識に基づいている」と喝破する（Peggy Deamer ed., *The Architect as Worker.*）。万人が同じように考えているかはさておき、少なくとも筆者の経験上これは限りなく真理に近いといわざるをえない。その根拠が大学での設計演習科目である。筆者が通っていた日本の大学では、ほかの授業が平日の一般的な日程に沿って開講されていたのに対し、設計演習科目だけ土曜日の、それも午後のすべてを使った時間割が組まれていた。それに加え、建築家である講師とのエスキスと呼ばれる毎週の指導に備えて、ほかの授業の合間を見ては毎日のようにスタジオに通い、デザインのスタディをすることが当たり前であり、また講師からもそのように推奨されていた。このペースについていけない人はそもそも建築に向いていない、といった言葉もよく耳にした。

すなわち、設計科目はほかの授業と比べて特別で、より多くの時間と労力を割くに値する学問であり、建築設計というクリエイティブな労働は一般的な労働よりも高尚ななにかしらであるという偏った価値観が、学生のうちから刷り込まれるのである。もちろん、設計という行為そのものに時間がかかることは当然であり、学生のうちの比較的自由な時間を使って建築のあり方について考え、追求することはとても大事なことではあるが、同時にこのような価値観を逆手にとった長時間労働や無給インターンなどが建築界一般の大きな課題として蔓延しているのもまた事実なのである。これらの問題に業界全体として取り組むためには、建築に携わるすべての人々が労働者としての自覚、あるいは設計事務所等を主宰する雇用者であれば、労働者を雇っているという認識を持つことがきわめて重要なのである。

▼仕事と労働、界とハビトゥス

私たちの分野におけるこのような価値観とその仕組みをより明確にするのが、社会学者・松村淳が援用する、ピエール・ブルデューの「界」と「ハビトゥス」という概念である。松村によると、「界」とは社会のなかに存在する相対的に自立した動的で不定形な個人の集合体(例えば、建築界やゼネコン界)であり、界の内部には固有の秩序や規範が存在しているとする。一方「ハビトゥス」は、界の内部の個人が自動的に行っている共通の価値判断やモノの見方を指し、界とつねにセットとなって発揮される(松村淳『建築家の解体』)。前述の設計演習科目に対する価値観は建築界におけるハビトゥスの典型的な例であり、そもそも大学の建築学科における教育は、学生が建築界にふさわしいハビトゥスを身につけるための場所といっても過言ではない。

さて、ここで界とハビトゥスと緩やかに重なる概念があると筆者は考える。それは「仕事」と「労働」である。ギリシャ語を起源とするこの2つは、前者が人間による外的な行為そのものを指すのに対し、後者はその行為の背後にある労力を指す。哲学者ハンナ・アーレントは『人間の条件』において、仕事を人工的な世界をつくり出す人間による非自然的な活動力としたのに対し、労働を必要性に駆られた反復的で生物学的な活動力とした(Hannah Arendt, *The Human Condition*)。建築における知的生産と社会技術を専門に研究するパオロ・トンベシは、アーレントを引用しながら「仕事は建築における知的な目標対象を指すのに対し、労働はそれらを生産するのに必要な賃金による労力を想起させる」と述べる(Phillip Bernstein and Peggy Deamer eds., *Building (in) Future*)。ここで界とハビトゥスに戻ると、界はつねに社会の影響を相対的に受けつつも、動的に変化しながら自立する集合体であった。言い換えれば、界とは社会の需要に応えるさまざまな知的な目標対象を共有した個人の集合体、すなわち「仕事」のあり方そのものなのである。
とすれば、その知的な目標を共有し、適切な賃金による労力を可能にする価値判断やモノの見方、すなわちハビトゥスは「労働」のあり方そのものなのである。そして現在、アメリカを中心とした欧米諸国では、建築の界＝仕事そのもののあり方が揺らぎつつあり、それに伴ってハビトゥス＝労働の見直しが喫緊の課題となっている。

▼BIM化によって揺らぐ仕事と界

欧米、特に筆者が現在設計士として活動しているアメリカでは、建築関係者を取り巻く仕事の定義と労働の見直しが、この10年間盛んに議論されてきた。

その大きな理由のひとつは業界全体でのBIMの導入である。BIMとはBuilding Information Modellingの略であり、3Dモデルとそれに付随した品質や部材数、コストといった情報を、施工者やエンジニアなどの第三者と同時共有しながら設計することを可能にするサービスである。そして、このように設計段階からリアルタイムで施工者やエンジニアと協働するプロジェクトの進め方をIPD(Integrated Project Delivery)などと呼んだりする。これらのメリットは設計そのものを効率化するだけでなく、従来であれば実施設計で検討するものを基本設計に前倒しして吟味することで、工事における設計変更などのリスクを軽減できる点にもある。素晴らしいサービスのように聞こえるBIMであるが、設計士の労働という観点から見るとそうともいえないのである。それは、従来であれば設計の後半で検討される技術的な部分が前倒しされ、さらにそれらを適切に管理することが今まで以上に重要になり、設計士に求められる知識や能力がより高度化・複雑化しているからだ。すなわち、設計士の仕事が知的な労力を増やす方向へと揺らぎつつあるのだ。このような状況に加え、さらに大きな問題としてあるのが設計士やデザイナーの低賃金である。

建築設計は、弁護士や医者と同じように長期にわたる訓練と国家資格に基づいたきわめて高度な専門職であるにもかかわらず、基本的に儲からない職業である。特にアメリカでは多くの学生がローンによる借金を抱えて卒業するため、現状の賃金基準ではとても持続可能な職業とはいえないのである。BIMの開発を主導し、イェール大学で教鞭をとるフィリップ・バーンスタインはその理由を次のように述べる。「建物は建築家による専門的なサービスを必要とするにもかかわらず、その対価は成果物である建物をあたかも市場に流通する商品と同じように評価すること、すなわち最も低い金額によって支払われる（中略）建築家の報酬は、彼／彼女らが提供する労力のユニークな価値をまったく反映していないのである」(Phillip Bernstein and Peggy Deamer eds., *Building (in) Future.*)。ここで重要なのは、弁護士や医者の仕事は、人による労働の人への直接的な結果（裁判に勝つ、病気が治る）として認識しやすいのに対し、設計士の労働はあくまでも市場に流通する「モノ」への変換として認識される、という点である。モノは一度市場に流通すると、生産に費やされた労力とは無関係に運動を開始し、人による実際の労働は経済活動のなかでブラックボックス化されてしまう。この仕組みを前述のマルクスは物神崇拝（フェティシズム）と呼んだ（Karl Marx, *Capital 3 Volumes*）。設計士の仕事はクライアントへのサービスでありながら、その労働は「施工費のＸ％」のようにタテモノを基準とした評価の背後に埋もれ、実際の労力やスキルとは無関係に価値が与えられてしまうのである。

　設計士のスキルや労働の価値そのものは上がっているのに、賃金はいっこうに上がらない矛盾。この状況を改善するために、アメリカ国内では一般的な設計業務に加えて、さらなる価値提供を模索する企業が増えている。Eskew Dumez Ripple社は引渡し後の建物のパフォーマンスをモニタリングするサービスを提供する。Kieran Timberlake社は独自開発の環境評価ツールを、ＢＩＭを通して他社に提供する。前者は建物とその利用者への事後的な影響を紐づけながら可視化し、後者は設計プロセスの一部をあえて同業者にサービスとして提供する。注目すべきはどちらも利用者・同業者といった「人」への直接的な影響をより定量化し、評価可能な価値として提供している点だろう。

　このように、向上する設計士のスキルを「モノ」の創出を超えた「人」へのポジティブな価値へと積極的に変換・見える化することで、仕事の領域、すなわち界を拡張していくことが、建築設計という労働の価値を高めていく有力な手段のひとつといえるのではないだろうか。

▼労働者としての権利を主張し、守る

　さて、このような設計事務所や企業によるトップダウンな取り組みに対して、労働者である設計士からのボトムアップな取り組みもここ数年は活発である。そのひとつが労働組合化の動きである。労働組合とは「労働者が主体となって自主的に労働条件の維持・改善や経済的地位の向上を目的として組織する団体」であり、組合として認可されれば、雇用者に対して積極的に賃金や労働条件に関する交渉を行い、それらを保障する契約を結ぶことができる。業界に蔓延する長時間・低賃金労働や無給インターン、ビザ条件を逆手にとった外国人労働者への不平等などを改善するひとつの手段として、アメリカ、特にニューヨークを中心に注目を集めている。建築分野における労働組合化の可能性を長らく研究してきたのが前述のペギー・ディーマーで、彼女が２０１３年に創設したThe Architecture Lobbyは、主にアカデミアを通して建築にかかわる労働者の職場環境の改善や権利啓発に取り組んできた。その10年に及ぶ取り組みの甲斐あって、２０２１

年には設計士による労働組合化を支援する、ニューヨークの建築関係者らによる有志団体Architectural Workers United（AWU）が発足した。もともとはある建築設計事務所での労働組合化を目指した数人によるグループであったが、現在では多数のメンバーを抱える組織となり、建築労働にまつわるリソースや労働組合化の方法などをSNSで発信している。実際に2022年にはAWUと連携したニューヨークの小規模設計事務所が、アメリカの建築分野の民間企業としては史上初の労働組合化に成功し、注目を集めた。

設計士や事務所勤務の建築関係者だけでなく、現場で建設作業に従事する労働者の権利を守る取り組みも活発である。Who Builds Your Architecture?（WBYA）は、世界各国の建設現場における過酷な労働状況や外国人労働者の不当な扱いに対して、建築関係者間での認識を高め、それぞれができることを考える組織である。2014年に、FIFAワールドカップカタールのスタジアム建設現場における労働者に対する人権侵害について問われた設計者であるザハ・ハディドが、「私は労働者とはなんの関係もない」と発言したことが物議を醸し、組織の発足に至った。グローバル化が進み、建築プロジェクトにかかわる人的リソースが複雑化しどんどん見えなくなるなかで、その末端で実際に労働を行使する人々の現実を考えることはきわめて重要である。適切な団体や企業と協働し、不当な労働のあり方に加担しない組織運営が、今後より一層求められるだろう。

これらの事例を通して見えてくるのが、設計士を含めた建築関係者の労働に対する意識の高さである。設計という仕事、建築界そのものに大きな揺らぎが生じている状況下で、そのなかで働く労働者たちによるこのような草の根的な活動は、建築界一般における労働＝ハビトゥスをアップデートし、より持続可能な業界のあり方を方向づけるうえできわめて重要な取り組みといえる。

▼文化としての徒弟制、作家的な建築家像の終焉

一般的に、建築を生業とするにはきわめて専門的かつテクニカルな知識とスキルの習得が必要とされている。建築士になるためには一定の学歴か経験に加えて、国家試験に受かる必要があるのはそのためである。その一方で、「建築家」として成功を収めるには、ほかの建築士たちと差別化できるようなスタイルや意匠性、建築を通して実現したい思想といった「作家性」の獲得が重要とされてきた。これまで議論してきたハビトゥスは、個人による作家性の獲得を世代を超えて再現するために、建築界が培ってきた文化の総体ともいえるだろう。

これを象徴するのが、新米の建築士や学生が特定の建築家に師事するかたちで経験を積んだり学んだりする徒弟制である。建築家のスタイルや師弟関係の変遷をダイアグラムとして記述した［38-1］や［38-2］は、世界の建築界一般における徒

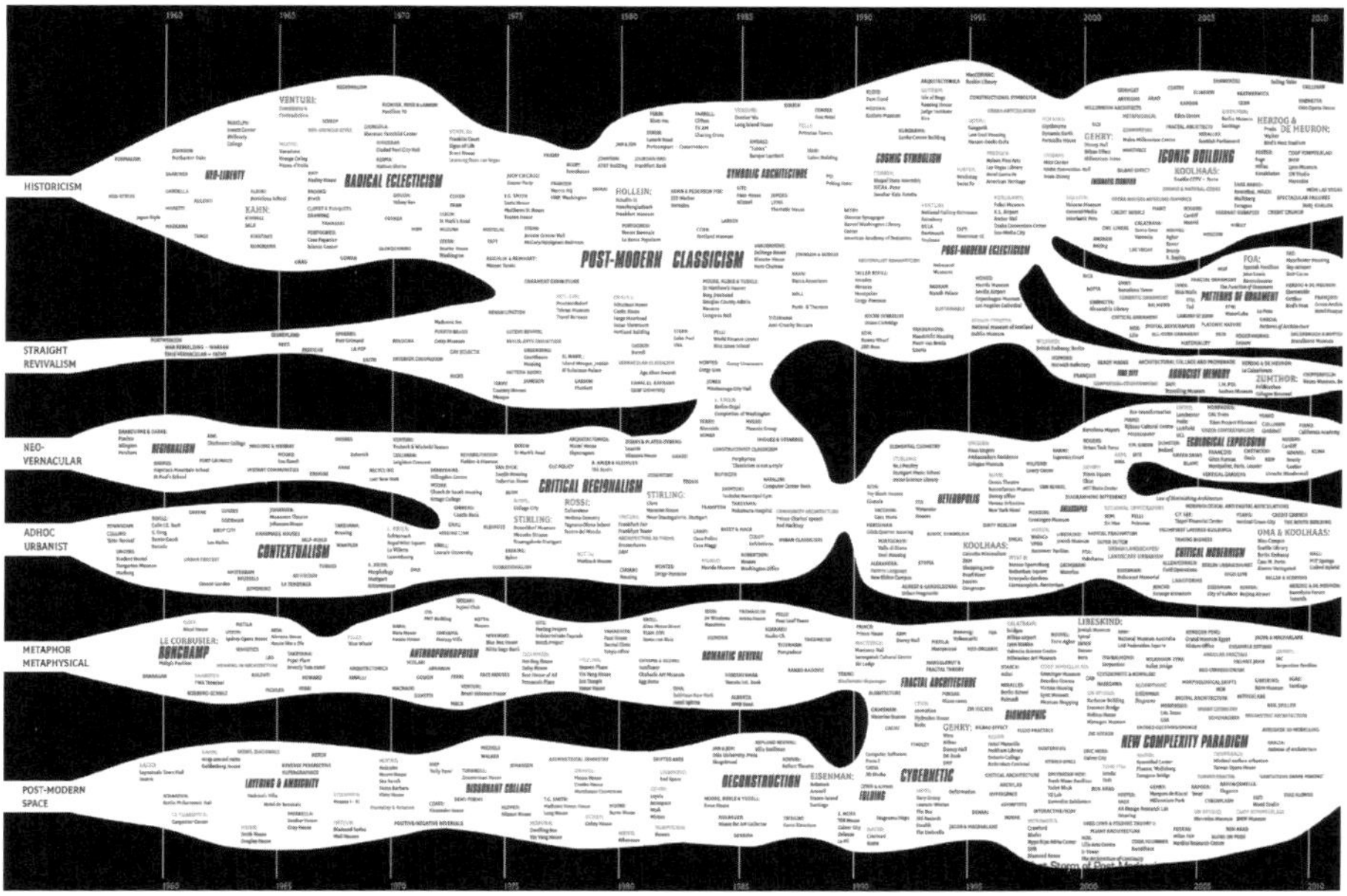

38-1：チャールズ・ジェンクスによる建築家の系譜とそのスタイルの変遷を表した「進化のツリー」ダイアグラム　出典＝Charles Jencks, "In what Style Shall We Build," in *The Architectural Review*, March 12th, Metropolis International, 2015.

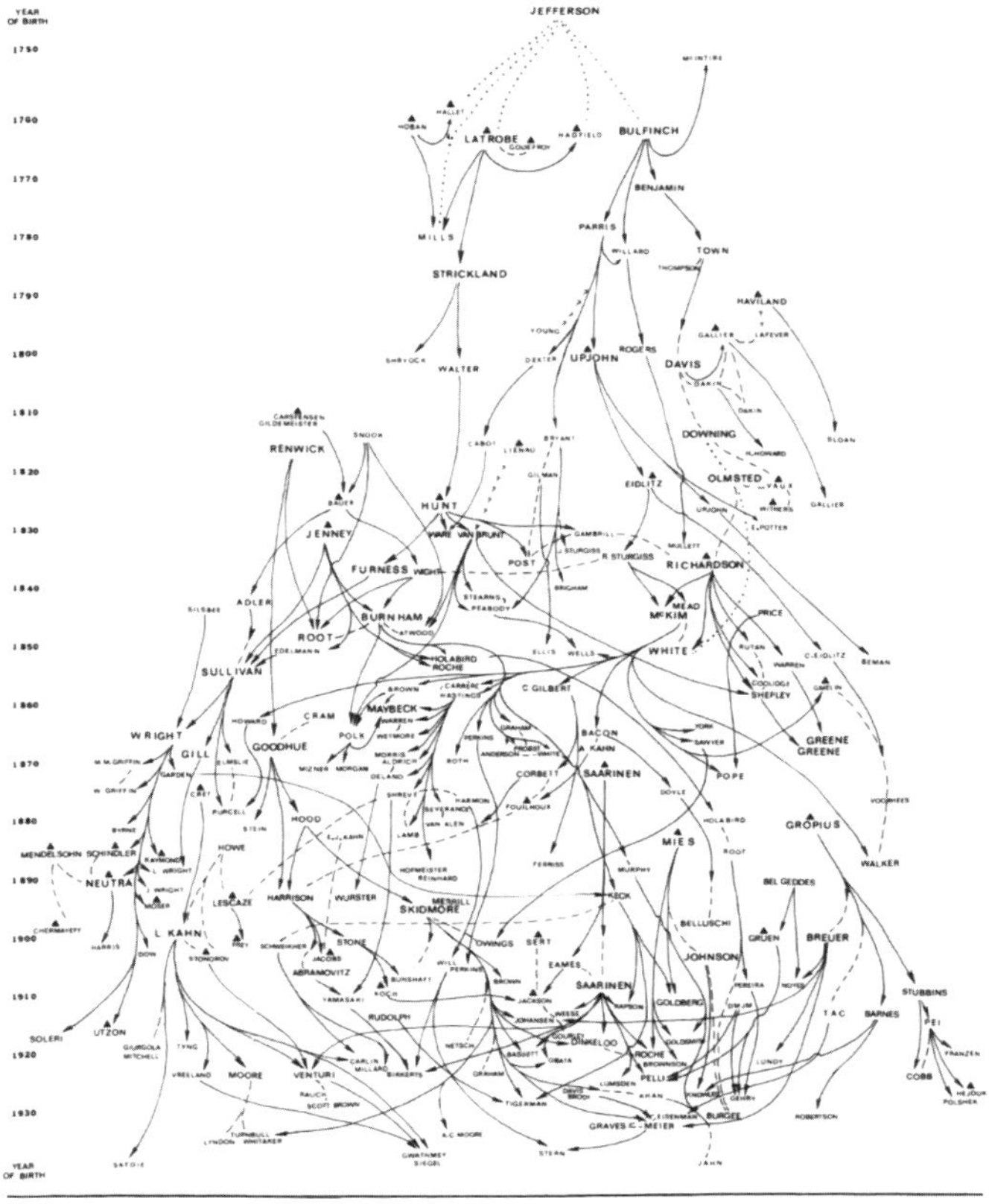

38-2：ロクサーヌ・ウィリアムソンによる建築家の師弟関係を詳細に記述したダイアグラム　出典＝Roxanne Kuter Williamson, "Career Connections of Major American Architects," in *American Architects and the Mechanics of Fame*, University of Texas Press, 1991.

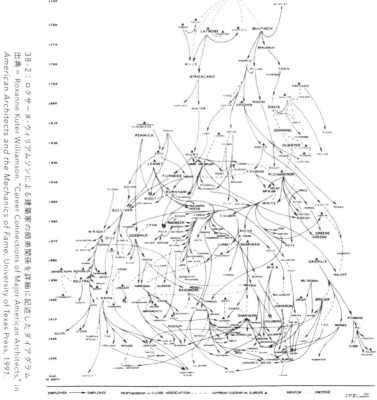

弟制度的な側面を描き出す。

徒弟制は、明確に言語化できない作家性を建築家に師事することを通して継承する仕組みとして機能するが、一方でその対価として労働が搾取されやすいシステムでもある。特にこれが顕著なのが、日本の各大学の建築学科における研究室という仕組みだろう。建築家として活動する個人が掛け持ちで大学の研究室を主宰するのはよくあることだが、そこでその建築家が実務として携わっている設計案件を、「研究室プロジェクト」として学生を無賃で巻き込むことが当たり前になっている現状は、労働の観点からきわめて批判的に見る必要がある。もちろん、アカデミアと実務のシームレスな連携を通して得られる知識やスキルは当然あるだろうが、それは有給インターンやアルバイトとして明確な線引きをする必要があるし、学費を払って学びに来ている以上、その学生を労働者と混同したプラクティスは倫理的に健康であるとは言い難いだろう。

そもそもこのような徒弟制の根幹にある作家的な建築家像そのものが失われつつあるということも、これらの仕組みを見直すべき理由のひとつとして挙げられる。情報化時代がピークに達し、あらゆる知識やスキルへのアクセシビリティと分野間の横断可能性が格段に向上した現在、旧来の意匠性やスタイルのみに依拠した作家性ではなく、建築家という職能の枠組みそのものを問い直すような作家性のあり方が台頭しつつある。海外ではデジタルファブリケーションを駆使して設計と施工を横断する実践が増え、日本国内では既存の建築がストックとして余る時代に突入し、「箱の産業から場の産業へ」（松村秀一『建築の明日へ』）と形容されるような、コミュニティデザインや**場の運営**に積極的にかかわる町医者的な建築家像などが模索されている。ほかにも国内外問わず、建築家の実践のバリエーションはどんどん多様化しており、今後は徒弟制によって受け継がれる伝統知よりも、分野を横断する革新性と広範な知識が作家性の根拠となっていくことも予想できるのではないだろうか。そのような知見がさまざまな媒体を通して取得可能ないま、建築に必要なスキルや知識を必要以上に神格化し、その習得の対価として無償の労働を美化する価値観は時代遅れといわざるをえないだろう。

▼日本は新たな労働の価値観を世界に示せるか？

本論考では、アメリカを中心とした欧米での建築労働にまつわる取り組みを紹介してきた。そのなかで、ＢＩＭの普及や設計士によるボトムアップな労働組合化といった海外で特に顕著な事例もあったが、一方で徒弟制や作家性の観点から、万国共通の労働にまつわる価値観とその変化も概観することができた。ここから見えてくるのは、建築界には多様な文化や実践がありながらも、その根底には「労働」が共通概念として根深く存在している事実である。むしろ、労働をどう考え、労働に対してどうアプローチしていくかということが、これからの建築の実践を方向づける本質的な主題であるともいえるだろう。

冒頭でも述べたように、建築における労働は学問的なフロンティアであり、本稿で取り上げた例にとどまらない多様な視点からの分析が可能なテーマである。海外における事例などを精査し、建築にまつわる労働の価値観を相対化しながら、日本に固有な文脈と照らし合わせて積極的に議論していくことは、特に労働にまつわる倫理的問題がしばしば指摘される日本の建築界において、今後きわめて重要となるだろう。

筆者がニューヨークで就職活動をしていた頃、ある設計事務所の面接でこのようなことを言われた。「君は日本人だから時間外労働には慣れているよね？」。とても悲しい事実だが、これが日本の建築界とその労働環境に対する海外の認識である（もちろん、この事務所のオファーは後日、丁重にお断りした）。実際に、海外の建築メディアでは日本の建築設計事務所における半ば法外な労働体系がしばしばスキャンダラスに取り上げられてもいる。

この現状を真剣に受け止め、日本に固有な建築的状況をチャンスと捉え、既存の建築界のハビトゥスをより持続可能な方向へとアップデートしながら、世界にも誇れる日本独自の労働の価値観を示していくことが、これからの建築界を担う人々のシゴトではないだろうか。

「労働」をより深く知るために

- カール・マルクス『資本論』（向坂逸郎訳、岩波文庫、1969〜70／原著＝1867〜94）
- ハンナ・アーレント『人間の条件』（志水速雄訳、ちくま学芸文庫、1994／原著＝1958）
- Phillip Bernstein and Peggy Deamer eds., *Building (in) the Future: Recasting Labor in Architecture*, Princeton Architectural Press, 2010.
- Peggy Deamer ed., *The Architect as Worker: Immaterial Labor, the Creative Class, and the Politics of Design*, Bloomsbury Academic, 2015.
- 松村秀一『建築の明日へ——生活者の希望を耕す』（平凡社新書、2021）
- 松村淳『建築家の解体』（ちくま新書、2022）

「惑星都市」

都市を「惑星」的視座から再考する

杉田真理子
都市デザイナー

▼地球規模で起こる都市化

直訳すると「惑星的都市化」となるプラネタリー・アーバニゼーション（Planetary Urbanisation）という言葉は、シカゴ大学の都市研究者ニール・ブレナーとETHチューリヒ大学の地理学者クリスチャン・シュミットによって2010年代頃より提起された。両者による現在進行中の研究プログラムとしても推進されており、グローバル時代の都市研究を再考し、その地平を押し広げる分野として注目を集めている。日本においても、平田周＋仙波希望編『惑星都市理論』（以文社）が2021年に出版されたことで、よく知られるようになった。

惑星的都市化とはなにか。まずはブレナーにならい、都市論研究者が自明のものとしている事実を引用しよう。2007年の時点で、世界人口全体のうちの都市居住者の割合が50%を超えた。この現象を受けて、現在進行形で変化する都市化のプロセスについて、都市研究はさまざまなアプローチ・政治的視点で――1920年代のシカゴ学派、1970年代に新マルクス主義の影響を受けて発展した、デヴィッド・ハーヴェイやマニュエル・カステル、エドワード・ソジャらに代表される「新しい都市社会学」や「過激な地理学」、1980年代と1990年代の世界都市とグローバル都市に関する論争など――議論を展開してきた。しかしブレナーらが指摘するのは、こうした進歩にもかかわらず、この研究分野はいまだに、19世紀後半から20世紀初頭にかけての最初に確立された「都市」とその地理条件を、ほとんど疑問視せずに前提としてきた、という事実である。

20世紀初頭は、大規模な工業都市地域の形成が、かつて「田舎」であった地域の人口動態や社会経済の大きな変化と密接に関連しながら急速に統合された時代であった。そのため20世紀の都市研究の分野では、都市、郊外、および農村地域を区別する境界線は歴史的に変動することは認識されて

39-1：Neil Brenner ed., *Implosions / Explosions: Towards a Study of Planetary Urbanization*, Jovis, 2013.

いたものの、それらの空間自体は独立して、明確で、普遍的であるとされてきた。「都市」の外に「構成的な外部」としての「非都市」領域の存在が前提とされ、その明示的な地理的対比のなかで議論が行われていたのだ。

だが、過去30年間で都市化の形態は根本的に再構築された。中国南部の珠江デルタ、西アフリカのラゴス中心の沿岸都市圏、およびラテンアメリカと南アジアのいくつかの新興都市地域など、広範な都市化の相互依存関係が確立され、単一の都市圏を超えて広がり、しばしば複数の国境を横断する銀河系のようなメガシティ地域が形成されている。空間的および人口的な拡大に加えて、社会的空間も必然的に変化してきた。

このような状況下で、ブレナーとシュミットは、研究対象としての都市化を2つに区別すべきと提案している。まず、人口や資本などが集積する「高密度の都市化」。これは都市研究者が従来扱ってきたものだ。次に「広範囲の都市化」。これまで都市の「外部」とみなされてきたヒンターランド（後背地）、つまり20世紀の都市研究では必ずしも主題として扱われてこなかった非都市空間をその研究対象に含むものであり、これこそが2人が新たに分析対象とする領域にほかならない。この視点からは、例えば、食糧やエネルギーなど諸資源の供給、廃棄物処理、物流などのインフラストラクチャーとしての機能を担った郊外や農村部なども都市研究の一部として重視されることになる。

▼都市／田舎という対立が溶けていく
——ルフェーヴルそしてコールハース

プラネタリー・アーバニゼーションを語るうえで欠かせないのは、フランスの思想家アンリ・ルフェーヴルによる一連の都市研究だ。『都市への権利』（森本和夫訳、ちくま学芸文庫、２０１１／原著＝１９６８）、『都市革命』（今井成美訳、晶文社、１９７４／原著＝１９７０）などのルフェーヴルの都市研究は、ポストモダニティ論と地図学的論理体系を紐づけて論じたポストモダン地理学のハーヴェイやソジャらによっても再解釈が行われたが、ブレナーらの都市理論はそれにつづく「第３」のルフェーヴル解釈の波といえる。

プラネタリー・アーバニゼーションにおいてルフェーヴルの理論が読み直されているのは、彼が以前から「社会の完全な都市化」、つまり「惑星性」へのつながりを指摘しているからだ。例えば、晩年のルフェーヴルが書いた「溶解する都市、地球の変貌」は、都市の領域が広がり、かつての農村をものみ込むディストピア的未来を描写する。ここでは、新自由主義経済が世界を支配する。「空間」は均質化し、多様性は消失する。そのような状況においては、なにが都市的でなにが田舎的なのかを差異化することには、なんの理論的・政治的な意義もないだろう。

レム・コールハースは、「都市なるもの」と「田舎なるもの」の境界を曖昧なものとして捉え、横断的な概念化と研究をいち早く行った建築家といえる。アジアやアフリカなどを対象に、20世紀末における都市の「変貌」をリサーチした『MUTATIONS』(Actar、2001)などが有名だが、2010年代半ばからはすでに田舎の研究も展開している。コロナ禍のなかで行われたグッゲンハイム美術館の展覧会「Countryside, The Future」(2020)は、そうした田舎研究の成果だ。例えば中国の田舎では、Eコマースサイトの物流拠点となった農村にフォーカスすることで、かつて都市が特権的に担っていたはずの資本主義的な交換の空間が非都市＝田舎で生まれていることを描き出す。そのほかにも、機械化された超巨大スケールの農場やハイテク工場の誕生など、いまや都市以上のダイナミックな「変貌」が田舎の現実に起きていることが、コールハースのリサーチから了解することができるだろう。

　都市と田舎を領域や機能の点から対立的に把握することに対する批判は、社会思想史の村澤真保呂も行っている。村澤の『都市を終わらせる――「人新世」時代の精神、社会、自然』は、「都市／農村」というペアからの脱出、つまり消費と搾取の構造を基盤とした都市と農村をのみ込む現在の「都市化」のプロセスから脱出しなければ、地球規模の**持続可能性**危機に対応できないと主張する。

▼アジアとアフリカの都市化をめぐる諸研究

　惑星全域での都市化の末に待ち構えているのは、「非場所」的な均質な空間――コールハースがいうところの「ジェネリック・シティ」が埋めつくす世界だ。多国籍企業の進出や国際的な都市ネットワークの形成によって、人々の日常生活が見えない、固有の歴史的アイデンティティを持たない空間。コールハースは、メガロポリスが新たに生まれるアジアやアフリカで積極的にリサーチを行ってきたが、貧富の格差の拡大や環境破壊などを前に、そうしたジェネリックな空間の蔓延が引き起こす課題の見直しは急務である。行き過ぎた都市化の先に待ち構えているのは、貧困やスラム化、気候温暖化、大気汚染、感染症、過重労働、健康被害、精神疾患、依存症、犯罪、群衆、暴動などの諸問題だ。

筆者自身、コールハースと同様に、都市化とそれに付随する諸問題が深刻化しつつあるアジア・アフリカに注目している。急激な都市化と人口増加が現在進行形で生まれているアジアやアフリカはこれまで、近代社会の「周縁」として扱われてきた。しかし、総人口の70%が35歳以下といわれるアフリカ大陸では、よく知られるとおり、急速な都市化と経済成長が進行している。過去15年で、エチオピアの都市人口は3倍、ナイジェリアは2倍となった。現在ほとんどのメガシティはアジアに集中するが、2100年には大都市の多くはアフリカに位置するという予測もある。しかし、アフリカの建築・都市の歴史や現状に関する議論や研究は、先進国に比べれば明らかに少ない。

筆者は近年、ポストコロニアル都市理論に影響を受けながら、アフリカ諸都市のリサーチを進めている。例えば、トーゴ共和国の首都ロメでは、近代都市に土着の知恵や風土に根づいたアプローチを導入する建築家・文化人類学者のセナメ・コフィが提唱する「ネオ・ヴァナキュラー・シティ」構想について、彼が実証実験を行うネイバーフッドに参画するかたちで、住民へのヒアリングやビジョンの可視化をサポートしている[39-2]。また、カメルーンの首都ヤウンデで活動するGIS(空間情報システム)技術を扱うスタートアップ企業Geo.smとともに、アフリカ大陸における空間情報データの圧倒的な不足という課題に向き合いながら、市民によるデータ収集のための手法を整理している。ケニアの首都ナイロビでは、ナイロビの現在の音風景を切り取り、五感を基軸としたセンサリー・データの収集を現地のアート**コレクティブ**とともに行った[39-3]。いずれも、デザイン活動に紐づいた在野のリサーチだ。基盤となる都市構造や社会の仕組みが圧倒的に異なるフィールドで、私が日本、そしてヨーロッパで使用してきた理論の汎用は通用せず、つねに新しい概念や手法を探る必要性があった。都市研究というものが体系的に確立していない地域だからこそ、ローカルの、特に若手を中心とした実践者によるアプローチや勢い、緊張感のある課題意識には、新鮮さを覚える。

各都市で個々のリサーチやデザイン活動をしながらも、今後はアフリカから始まる新しい都市のパラダイムの可能性、そしてそれを読み解くための理論的枠組みを、包括的に整理したいと思っている。ポストコロニアル都市理論の提唱者のひとりでもあるアナーニャ・ロイは、先進国由来の都市研究の分野に疑問を投げかけた。西洋由来の20世紀的な既存の都市理論を超えて、「都市」「農村」の区分を乗り越えるだけでなく、国家や地域をも越えて、かつての「周縁」であったアジアやアフリカなども含めて議論することは、惑星的に広がる都市の未来を考えるうえで欠かせない。

39-2:トーゴの建築家であるセナメ・コフィは「ネオ・ヴァナキュラー・シティ」をコンセプトに、ローカルの若者たちの教育や起業を支援しながら、アフリカならではの都市や建築のあり方を模索する　筆者撮影

▼プラネタリーな想像力

「第三世界」と呼ばれてきたそのほかの都市を含めたオルタナティブな都市研究のアプローチは、ロンドン大学の人文地理学者ジェニファー・ロビンソンらを中心に徐々に注目を集めはじめている。それは、プラネタリーな都市の均質化に抗い、差異を差異のまま取り扱い、多元的な都市の位相を思考するための都市研究的視点だ。私たちが普段慣れ親しんでいる西洋由来の建築理論や都市研究にあてはめるかたちですべての都市の事象を読み解こうとするのではなく、アジアやアフリカ、南米などの地域からも新しい都市研究的視点は生まれうる。実際、先述のロイが自らの出身地であり研究のフィールドであるインド・コルカタで試みているのは、〝コルカタのような場所〟から新しい都市論を編み出し、都市の、そして都市研究の均質化に抗うことだ。

　ルフェーヴルが批判した均質的なプラネタリー・アーバニゼーションに対抗するものとして私が希望を感じるのは、まさにこの均質化・普遍化とは別方向に発展する可能性のある都市であり、それを分析する視座だ。ブレナーはそれを、「オルター・アーバニゼーション」という言葉で表現している。「オルター」、すなわち「別様の」という視点から、より社会・経済的に平等で、生態系や自然環境とも両立するアーバニゼーションも可能なはずだ、という主張だ。プラネタリー・アーバニゼーションを議論する肝はここにある。ブレナーがルフェーヴルの「都市への権利」などを引用しながら議論しているのは、つまるところ、オルタナティブな未来を、プラネタリーなスケールの想像力で描く必要がある、ということに尽きるのではないだろうか。そこでは、平田らも主張するように、現実に挑む手法として、新たな「都市への権利」や市民権のあり方を練り直す必要があるかもしれないし、人間以外の存在も含めた、異なる種や存在が相互に影響し合いながら共存する、新しい都市の生態系を構想することもできるかもしれない。プラネタリーなアーバニゼーションを問題化しながら私たちが考える必要があるの

39-3：植民地時代の歴史、貧困、急激な人口増加など多様なファクターが重層的に織りなすケニア・ナイロビの街並み。現在進行形で拡大するこの街は、西アフリカ最大のスラムも内包する
撮影＝Julian Manjahi

は、都市化を必要悪と考えるのではなく、より別様の都市のあり方を、今まで世界の〝周縁〟とされてきた地域も含めて、プラネタリーに想像することであるはずだ。

「惑星都市」をより深く知るために

- Kanishka Goonewardena, Stefan Kipfer, Richard Milgrom and Christian Schmid eds., *Space, Difference, Everyday Life: Reading Henri Lefebvre*, Routledge, 2008.
- アンディ・メリフィールド「都市への権利とその彼方──ルフェーブルの再概念化に関するノート」（小谷真千代＋原口剛訳、『空間・社会・地理思想』21号、地域・研究アシスト事務所、２０１８／原著＝２０１１）
- ニール・ブレナー『新しい都市空間──都市理論とスケール問題』（林真人監修、玉野和志ほか訳、法政大学出版局、２０２４／原著＝２０１９）
- 平田周＋仙波希望編、ニール・ブレナーほか著『惑星都市理論』（以文社、２０２１）
- 村澤真保呂『都市を終わらせる──「人新世」時代の精神、社会、自然』（ナカニシヤ出版、２０２１）

あとがき

本書の制作のきっかけとなったのは、編者の市川紘司が、日本建築学会のウェブメディア『建築討論』2019年7月号で企画した特集「これからの建築と社会の関係性を考えるためのキーワード11」である。大雑把には、東日本大震災以降、日本の建築界は「社会性」なるものの重視という流れにあるが、そのような流れのなかでも、たんに「社会」なる領域の側に取り込まれるのではなく、専門的な職能を維持しながらそこにコミットするにはどうすればよいか、という問題意識から組んだ特集だった。これを読んだTOTO出版の栗村卓生さん（当時）が、より包括的な「キーワード本」をつくりませんかとお声がけくださった。建築・都市領域では少なくないキーワード本があるが、この10〜15年の激しい時代の変化を踏まえたものはないようで、重要な仕事と思えた。栗村さんは『現代思想』（青土社）で定期的に組まれるキーワード特集号などをレファレンスとして挙げられていた。

こうして始まった本書の企画だが、市川からは、建築の設計実践者と一緒につくるべきことを提案した。市川は中華圏や日本の近現代を専門とする建築史研究者である。建築家の視点も交えなければ、現在の変化めまぐるしい建築と「言葉」の諸相をつかまえることはできないと考えたからだった。そうして、学生時代から交流があり、「社会変革としての建築」をかかげる世代きっての理論派建築家である連勇太朗に声をかけ、共編とするかたちで本格的な制作はスタートした。なお、編者2人の協働としては、建築の「言葉」の偉大な先達である八束はじめ氏との座談会「平成＝ポスト冷戦の建築・都市論とその枠組みのゆらぎ」（八束はじめ＋市川紘司＋連勇太朗、「10＋1 website」2019年4月号、LIXIL出版）がある。この座談会で共有された問題意識が本書のコンテクストでもある。

作業メモを振り返ってみると、編集会議の最初は2022年3月である。「教養」ではなく「運動」であるという基本コンセプトの構築から、キーワードや執筆者のセレクションまで、議論は尽きなかった。目次構成についても多くの議論があった。複数のワードをカテゴライズして章節にまとめたり、キーワード同士をネットワーク的に連関させるブックデザインなども検討したが、いずれも編者による分類が「言葉」のイメージを固定化してしまうデメリットのほうが気になった。結局、目次は五十音順という電話帳のようなドライな構成となっている。「道具《ツール》」として読者に自由に使ってもらう、という趣旨の本書にとっては、これが最良の目次構成だっただろうと思う。

ともあれ、編者2人が問題意識を共有しつつ、しかし互いに異なる専門性ゆえに時に相反する考えをぶつけた結果が、本書掲載の39の「言葉」である。これらの言葉のラインナップが「建築をあたらしくする言葉」として妥当であるかどうかは、読者に判断を委ねるほかない。感想や批評をいただけたら幸いである。

「言葉」を解説いただいた執筆者の方々には、あらためて御礼申し上げる。まず初稿を執筆いただいたのち、編者2人が加筆修正いただきたい点などのコメントを返し、それを踏まえた二稿が仕上げられ、これをもとにレイアウトが組まれていわゆる著者校正のチェックバックが行われるという、通常の書籍よりもワンステップ多い段取りにお付き合いいただいた。「キーワード解説」ではあるけれど独立した論考としても読めるものであってほしい、レファレンスを抜かりなく入れてほしいけれど自分の実践こそ重視してほしい、しかし同時に我田引水にはならないように注意してほしい……云々と、編者2人が出した面倒なオーダーにも芯から応答いただいた。本当に、どうもありがとうございました。

多くの著者がかかわる書籍であるため、編集の実務作業も通常の書籍にはないコストがかかった。編集を担当くださったのはTOTO出版の栗村さんと箭野琢二さん、スペルプラーツの飯尾次郎さんである。とくに書籍制作の後半、原稿がレイアウトされてからの編集作業は箭野さん、飯尾さんの2人が主導された。デザイナーの泉美菜子さん(PINHOLE)には、初期の編集会議から伴走をお願いし、コンセプトを踏まえたブックデザインに仕立てていただいた。どうもありがとうございました。

市川紘司+連勇太朗

編者略歴

市川紘司／いちかわ・こうじ

1985年生まれ。建築史家。博士（工学）。東北大学大学院工学研究科都市・建築学専攻助教、桑沢デザイン研究所非常勤講師。著書＝『天安門広場――中国国民広場の空間史』（筑摩書房、2020、2022年日本建築学会著作賞）。共訳書＝王澍『家をつくる』（みすず書房、2021）など。

連勇太朗／むらじ・ゆうたろう

1987年生まれ。建築家。博士（学術）。明治大学理工学部建築学科専任講師。特定非営利活動法人CHAr代表理事。株式会社@カマタ取締役。2012年NPO法人モクチン企画を設立、代表理事に就任。2018年@カマタ法人化、2021年CHArへ改称、同年明治大学専任講師に着任。プロジェクト＝「モクチンレシピ」（2012〜）など。作品＝《2020／はねとくも》（2020）。著書＝『モクチンメソッド――都市を変える木賃アパート改修戦略』（学芸出版社、2017）など。「社会変革としての建築」をテーマに実践と研究を往還しながら活動している。

著者略歴

青田麻未／あおた・まみ

１９８９年生まれ。群馬県立女子大学文学部専任講師。東京大学大学院人文社会系研究科博士課程単位取得退学、博士（文学）。専門は環境美学・日常美学。著書＝『環境を批評する――英米系環境美学の展開』（春風社、２０２０）、『「ふつうの暮らし」を美学する――「家」から考える日常美学入門』（光文社新書、２０２４）など。論文＝「生活のリズム――現代の日常美学とジョン・デューイ」（『美学』２６４、美学会、２０２４）、「都市のモビリティによる「セレンディピティ」の美的経験――ネットワークベースの都市的発見」（『Contemporary and Applied Philosophy』vol.15、応用哲学会、２０２４）など。

雨宮知彦／あめみや・ともひこ

１９８０年生まれ。建築家。東京大学大学院修了後、シーラカンスアンドアソシエイツ（ＣＡｔ）勤務を経て、ラーバンデザインオフィス一級建築士事務所代表。設計実務のほか、大学との共同による実践研究や地域活動にも積極的に取り組む。共編著＝『メガシティ６　高密度化するメガシティ』（東京大学出版会、２０１７）など。受賞＝ＳＤレビュー（２０１３、２０２１）、日本建築学会作品選集新人賞、日本建築学会教育賞、グッドデザイン賞２０２０、FRAME AWARDS 2021 Small Office of the Yearなど。

板坂留五／いたさか・るい

１９９３年生まれ。２０１６年東京藝術大学美術学部建築科主席卒業。２０１８年同大学院修了後、《半麦ハット》（２０２０、西澤徹夫と共同設計）をきっかけに、RUI Architectsとして独立。主な受賞＝「Architects of the Year 2019入選」「Under 35 Architects exhibition 2021 Gold Medal」など。主な作品＝《TANNERAUM》（２０２０）、《Tacit》（２０２３）など。主な著書＝『半麦ハットから』（盆地edition、２０２０）など。プロダクトや素材開発から、建物、作品制作まで、大きさにかかわらない設計活動を行っている。最近の興味は「気づき」「都合」。

井本佐保里／いもと・さおり

１９８３年生まれ。日本女子大学建築デザイン学部建築デザイン学科准教授。博士（工学）。日本女子大学家政学部住居学科、同大学院修士課程修了。藤木隆男建築研究所を経て、東京大学大学院工学系研究科建築学専攻博士後期課程修了。東京大学復興デザイン研究体助教、日本大学理工学部建築学科助教、同准教授を経て現職。共著書＝『アジア・アフリカの都市コミュニティ――「手づくりのまち」の形成論理とエンパワメントの実践』（学芸出版社、２０１５）など。受賞＝日本建築学会奨励賞（２０２２）など。

岩元真明／いわもと・まさあき

１９８２年生まれ。建築家、九州大学准教授、博士（工学）。東京大学大学院工学系研究科修了後、難波和彦＋界工作舎勤務、VTN Architectsパートナーを経て、ＩＣＡＤＡ共同主宰。受賞＝日本空間デザイン賞金賞（２０１９）、ウッドデザイン賞林野庁長官賞（２０２１）、iF Design Award（２０２３）など。

江本弘／えもと・ひろし

１９８４年生まれ。東京大学工学部卒業、同大学院工学系研究科修了。博士（工学）。京都美術工芸大学准教授。一級建築士。専門は近現代建築史。著書＝『歴史の建設——アメリカ近代建築論壇とラスキン受容』（東京大学出版会、２０１９）、監訳書＝ロバート・マクシミリアン・ヴォイチュツケ『未完の美術館：調和に向かって——ル・コルビュジエの思想と国立西洋美術館』（Echelle-1、２０２３）など。受賞＝第８回東京大学南原繁記念出版賞（２０１８）、２０２２年日本建築学会著作賞など。

大村高広／おおむら・たかひろ

１９９１年生まれ。建築設計・批評。博士（工学）。２０２１〜２３年ＧＲＯＵＰ共同代表。２０２３年より茨城大学助教。建築設計、研究、批評・執筆活動、芸術作品の制作を通して、都市化以降の——郊外での、あるいは後背地での——生の持続を支え励ます共同の可能性と、そこでの建築の新たな必然性の位置を検討している。作品＝《倉賀野駅前の別棟》（齋藤直紀と共同、２０１９、ＳＤレビュー２０１９入選・奨励受賞）。

小柏典華／おがしわ・のりか

博士（文化財）。１９８９年生まれ。日本女子大学家政学部住居学科卒業、東京藝術大学大学院文化財保存学専攻修了。東京藝術大学助手を経て、現職は芝浦工業大学建築学部建築学科 准教授。専門は、日本建築史・庭園史・文化財保存学。歴史的史料の検討や数多くの建築の実測調査を通して、歴史的建造物の価値評価に取り組む。前田工学賞、住総研博士論文賞、日本建築学会奨励賞など受賞。社会的活動として、各種自治体の文化財審議委員など。

小田原のどか／おだわら・のどか

１９８５年生まれ。彫刻家・評論家、芸術学博士。著書＝『近代を彫刻／超克する』（講談社、２０２１）、『モニュメント原論——思想的課題としての彫刻』（青土社、２０２３）など。展覧会＝「ここは未来のアーティストたちが眠る部屋となりえてきたか？——国立西洋美術館65年目の自問｜現代美術家たちへの問いかけ」（国立西洋美術館、２０２４）、「近代を彫刻／超克する——津奈木・水俣編」（個展、つなぎ美術館、２０２３〜２４）など。

海法圭／かいほう・けい

２００７年東京大学大学院修士課程修了。２０１０年海法圭建築設計事務所設立。人間の身の回りの環境と、人智を超えた環境体との接点をデザインすることをテーマに、壮大でビジョナリーな構想から住宅やプロダクトの設計まで、スケールを横断した提案を行う。作品＝《箱根本箱》（２０１８）、《タカオネ》（２０２１）、《上越市雪中貯蔵施設ユキノハコ》（２０２１）など。受賞＝ＪＩＡ新人賞、東京建築賞優秀賞など。第17回ヴェネチア・ビエンナーレ国際建築展特別招待出展（２０２１）。

川勝真一／かわかつ・しんいち

１９８３年生まれ。建築キュレーター。一般社団法人建築センターＣｏＡＫ代表理事。京都工芸繊維大学未来デザイン・工学機構 KYOTO Design Lab特任研究員、京都芸術大学大学院 建築・環境デザイン領域教授。２００８年京都工芸繊維大学大学院建築設計学専攻修了。２００８年にＲＡＤ（Research for Architectural Domain）を共同主宰。２０２３年にＲＡＤを終了し、一般社団法人建築センターＣｏＡＫを設立。２０２４年に京都市内に「けんちくセンターＣｏＡＫ」をオープン。建築展覧会キュレーション、市民参加型ワークショップの企画・運営、レクチャーイベントの実施、都市やまちづくりのためのリサーチなどの実践を通じ、建築と社会のかかわり方を探っている。

川崎和也／かわさき・かずや

Synflux CEO。慶應義塾大学大学院政策・メディア研究科エクスデザインプログラム修士課程修了、同後期博士過程単位取得退学。専門は、デザインリサーチとファッションデザインの実践的研究。経済産業省「これからのファッションを考える研究会 ファッション未来研究会」委員。著書＝『SPECULATIONS——人間中心主義のデザインをこえて』（監修、ビー・エヌ・エヌ新社、２０１９）など。共著＝『サステナブル・ファッション——ありうるかもしれない未来』（学芸出版社、２０２２）など。受賞＝H&M財団グローバルチェンジアワード特別賞（２０１９）、毎日ファッション大賞新人賞・資生堂奨励賞（２０２３）など。

川島範久／かわしま・のりひさ

１９８２年生まれ。建築家。博士（工学）。明治大学准教授。川島範久建築設計事務所代表。２００５年東京大学工学部建築学科卒業。２００７年同大学院工学系研究科建築学専攻修士課程修了後、日建設計勤務。２０１２年UCバークレー客員研究員。２０１６年東京大学大学院博士課程修了。東京工業大学助教などを経て、現職。受賞＝２０１４年《NBF大崎ビル（旧ソニーシティ大崎）》（２０１１）にて日本建築学会賞（作品）、２０２３年『環境シミュレーション建築デザイン実践ガイドブック——自然とつながる建築をめざして』（２０２２、彰国社）にて日本建築学会著作賞、２０２４年《GOOD CYCLE BUILDING 001—淺沼組名古屋支店改修PJ》（２０２１）にて日本建築学会作品選奨など。

小松理虔／こまつ・りけん

１９７９年生まれ。地域活動家。法政大学文学部卒。『新復興論』（ゲンロン叢書、２０１８）で第18回大佛次郎論壇賞、いわきの地域包括ケア「igoku」でグッドデザイン賞金賞を受賞。著書＝『地方を生きる』（ちくまプリマー新書、２０２１）、『新地方論——都市と地方の間で考える』（光文社新書、２０２２）など。共著＝『常磐線中心主義』（河出書房新社、２０１５）、『ローカルメディアの仕事術——人と地域をつなぐ８つのメソッド』（学芸出版社、２０１８）など。

小見山陽介／こみやま・ようすけ

１９８２年生まれ。２００５年東京大学建築学科卒業。ミュンヘン工科大学への留学を経て、２００７年東京大学大学院建築学専攻修了後、２０１４年まで英国Horden Cherry Lee Architectsに勤務。帰国後は、エムロード環境造形研究所を経て、２０１７年より京都大学助教、２０２０年より講師。専門は構法計画、建築設計、構法史。作品＝《MK10 Mobility》（２０２２）など。著書＝『CLTの12断面』（『新建築』連載をまとめたもの、２０１８）など。

金野千恵／こんの・ちえ

１９８１年生まれ。２００５年東京工業大学工学部建築学科卒業。大学院在学中の２００５〜０６年スイス連邦工科大学奨学生。２０１１年東京工業大学大学院博士課程修了、博士（工学）。２０１１年KONNOを設立ののち、２０１５年よりteco代表。２０２１年より京都工芸繊維大学特任准教授。作品＝《向陽ロッジアハウス》（２０１１、平成24年東京建築士会住宅建築賞金賞ほか）、《春日台センターセンター》（２０２２、２０２３年日本建築学会賞（作品）ほか）など。

酒井康史／さかい・やすし

１９８５年生まれ。MIT Media Lab所属博士課程兼リサーチアシスタント。研究対象は建築や都市における集団的合意形成をサポートするシステム。展示＝クーパーヒューイット美術館（２０１８）、ＳＩＧＧＲＡＰＨ（２０１８）など。受賞＝文化庁メディア芸術祭（審査員推薦作品、２０１４）、WIRED Common Ground Award（入賞、２０２２）など。

鮫島卓臣／さめじま・たくおみ

１９９５年生まれ。２０１８年慶應義塾大学理工学部システムデザイン工学科卒業。２０１９年度フルブライト奨学生。２０２２年イェール大学建築大学院修士課程修了。２０２２年よりニューヨークのSHoP Architects勤務。

山道拓人／さんどう・たくと

１９８６年生まれ。２００９年東京工業大学工学部建築学科卒業。同大学院修士課程を経て、２０１８年同大学院博士課程単位取得満期退学。ELEMENTAL、Tsukuruba Inc.チーフアーキテクトを経て、２０１３年ツバメアーキテクツ設立。法政大学准教授。著書＝『ふたしかさを生きる道具』（ＴＯＴＯ出版、２０２４）。受賞＝日本建築学会作品選集新人賞（２０２２）、第34回ＪＩＡ新人賞（２０２３）など。

杉田真理子／すぎた・まりこ

ブリュッセル自由大学大学院アーバン・スタディーズ修了。都市体験のデザインスタジオfor Cities共同代表理事。都市・建築・まちづくり分野でのキュレーションや新規プログラムのプロデュース、ディレクション、ファシリテーション、アーティストとしての表現活動のほか、京都左京区にて元小児科の洋館を改修したアート・アーバンセンター「Bridge Studio」の運営や同エリアでのまちづくり活動を行う。共著＝『多拠点で働く――建築・まちづくりのこれから』（ユウブックス、２０２３）。

須崎文代／すざき・ふみよ

建築史家。博士（工学）。専門は住宅史、生活史。神奈川大学建築学部住生活創造コース准教授。千葉大学大学院（修士）、日本学術振興会特別研究員（DC1）、ＡＵＳＭＩＰ国費留学（ラヴィレット建築大学・リスボン工科大学）、神奈川大学大学院（博士）、フランス国立高等研究院での在外研究等を経て現職。日本常民文化研究所所員。常民研基幹共同研究「便所の歴史・民俗に関する総合的研究」代表者。嶺岡・佐久間家住宅再生プロジェクト主宰。小さな地球プロジェクトＳＳＤ参加。共著＝『台所見聞録――人と暮らしの万華鏡』（ＬＩＸＩＬ出版、２０１９）など。訳書＝カトリーヌ・クラリス『キュイジーヌ――フランスの台所近代史』（鹿島出版会、２０２４）。

砂山太一／すなやま・たいち

美術家・プログラマー。砂木―ＳＵＮＡＫＩ共同代表。京都市立芸術大学美術学部総合芸術学科准教授。情報性・物質性を切り口に芸術表現領域における企画・批評・作品制作を手がけつつ、建築家の木内俊克とともに設立した建築スタジオ砂木にて建築やプロダクトのデザインを行う。主な活動に第17、19回ヴェネチア・ビエンナーレ国際建築展日本館展示参加、中山英之との協働による《かみのいし》（２０２０）、「新建築データ」ディレクターなど。

谷繁玲央／たにしげ・れお

１９９４年生まれ。２０２３年東京大学大学院工学系研究科建築学専攻博士課程修了。博士（工学）。建築構法、建築理論、プレハブ住宅の構法史・商品史。２０２３年より青木茂建築工房勤務、東京大学特任研究員。

根来美和／ねごろ・みわ

キュレーター、研究者。ベルリンとウィーンを拠点に、主に現代美術と舞台芸術分野で展覧会企画、研究調査、制作、運営、翻訳活動を行う。神戸大学工学部建築学科卒業、早稲田大学大学院創造理工学研究科建築学専攻修了（建築史）。空間デザインに従事した後、チューリッヒ芸術大学キュレーティング修士課程修了。日本建築学会ウェブマガジン「建築討論」、「建築ジャーナル」など建築・人文系メディアに多数寄稿。

長谷川香／はせがわ・かおり

東京藝術大学美術学部建築科准教授。東京大学大学院工学系研究科建築学専攻博士課程修了。博士（工学）。一級建築士。文化庁国立近現代建築資料館研究補佐員、東京藝術大学教育研究助手、東京理科大学理工学部建築学科助教等を経て、現職。著書＝『近代天皇制と東京――儀礼空間からみた都市・建築史』（東京大学出版会、２０２０）など。共著＝『明治神宮以前・以後――近代神社をめぐる環境形成の構造転換』（鹿島出版会、２０１５）など。

林憲吾／はやし・けんご

建築史家。博士（工学）。総合地球環境学研究所（地球研）プロジェクト研究員等を経て、２０１７年より東京大学生産技術研究所講師、２０２０年より同准教授。インドネシアを中心に東南アジアの近現代建築・都市史を研究。地球研では「メガシティが地球環境に及ぼすインパクト」（研究代表・村松伸）でサブ・リーダーを務めた。共編著＝『メガシティ５ スプロール化するメガシティ』（東京大学出版会、２０１７）。共著書＝『相関地域研究３ 衝突と変奏のジャスティス』（青弓社、２０１６）など。

三谷繭子／みたに・まゆこ

都市環境デザイナー。株式会社Groove Designs代表取締役、一般社団法人アーバニスト理事、大和建設株式会社専務取締役。全国各地でプレイスメイキングプロジェクトを支援しながら、同時にまちづくりＤＸのため地域エンゲージメントプラットフォーム「my groove」の開発、社会実装を行っている。また広島県福山市で家業の建設会社にも参画し、プレイヤーとして地域価値創造に取り組む。共著＝『アーバニスト――魅力ある都市の創生者たち』（ちくま新書、２０２１）。

宮崎晃吉／みやざき・みつよし

建築家。株式会社ＨＡＧＩＳＯ代表取締役。２００８年東京藝術大学大学院修士課程修了後、磯崎新アトリエ勤務。２０１１年より独立し建築設計やプロデュースを行うかたわら、２０１３年より自社事業として東京・谷中を中心エリアとした築古のアパートや住宅をリノベーションした飲食、宿泊事業を設計および運営している。２０２４年より東京藝術大学藝術未来研究場特任准教授。受賞＝《ｈａｎａｒｅ》で２０１８年グッドデザイン賞金賞受賞／ファイナリスト選出など。

元木大輔／もとぎ・だいすけ

１９８１年生まれ。ＤＤＡＡ／ＤＤＡＡ ＬＡＢ代表。ＣＥＫＡＩ所属。Mistletoe Community。シェアスペースhappa運営。２００４年武蔵野美術大学造形学部建築学科卒業後、スキーマ建築計画勤務。２０１０年ＤＤＡＡ設立。２０１９年、コレクティブ・インパクト・コミュニティを標榜し、スタートアップの支援を行うMistletoeとともに、実験的なデザインとリサーチのための組織ＤＤＡＡ ＬＡＢを設立。２０２１年第17回ヴェネチア・ビエンナーレ国際建築展日本館展示参加。２０２１〜２３年東京藝術大学非常勤講師。

湯浅良介／ゆあさ・りょうすけ

2010年東京藝術大学大学院修士課程修了。内藤廣建築設計事務所を経て、2019年よりOffice Yuasaを主宰。現在、多摩美術大学准教授。東京理科大学、武蔵野美術大学、明治大学非常勤講師。受賞＝東京藝術大学吉田五十八修了制作賞、東京建築コレクション2010内藤廣賞、第9回（2022）aP賞、SDレビュー2023槇賞、住宅建築賞2024入賞など。

吉本憲生／よしもと・のりお

1985年生まれ。博士（工学）。専門は都市評価、データ分析、人の行動・感性の分析。2014年東京工業大学大学院博士課程修了。2014～18年横浜国立大学大学院Y-GSA産学連携研究員を経て、2018～19年㈱日建設計総合研究所研究員、2020～24年主任研究員にて主にモビリティデザイン・スマートシティ・ウォーカブルなまちづくり分野の業務に従事した後、現在、デジタル関連会社にてデータ分析・活用、デジタルサービスに関するコンサルティング業務に従事。2018年日本建築学会奨励賞受賞。

建築をあたらしくする言葉

2024年10月18日　初版第1刷発行

編　者：市川紘司、連勇太朗
発行者：渡井 朗
発行所：TOTO出版（TOTO株式会社）
〒107-0062　東京都港区南青山1-24-3　TOTO乃木坂ビル2F
[営業]　TEL：03-3402-7138　FAX：03-3402-7187
[編集]　TEL：03-3497-1010
URL：https://jp.toto.com/publishing

デザイン：泉美菜子（PINHOLE）

編集協力：株式会社スペルプラーツ

印刷・製本：株式会社東京印書館

Printed in Japan
ISBN978-4-88706-410-2